인간생활과 심리학

| 민윤기 · 김보성 · 안권순 · 한건환 공저 |

HUMAN LIFE AND

PSYCHOLOGY

학지사

머리말

"심리학이란 무엇이며, 그것이 왜 과학인가?" "심리학의 분야에는 어떤 것이 있는가?" "심리학자는 어떤 일을 하는가?" "심리학의 역사적인 근거는 무엇인가?" "심리학의 핵심 논점은 무엇인가?"

심리학이란 '인간과 동물의 행동과 정신과정을 연구하는 과학' 이라는 정의를 배운 지 벌써 30년이라는 시간이 흘렀다. 처음 심리학 과목을 수강할 때만 해도 심리학은 재미있고 흥미로운 학문일 것이라고 기대하였다. 그러나 심리학 강의를 들으며 그 기대는 곧 무너지고 말았다. 왜냐하면 심리학은 사람들이 살아가는 사회 속에서 나타나는 심리과정과 행동을 체계적이고 과학적으로 연구하는 학문으로서 거의 모든 학문과 관련되어 있어 대단히 복잡다단하기 때문이다.

심리학이 학문으로서 출범한 지 120여 년이 지나는 동안 심리학자들은 사람들이 어떻게 생각하며, 또 어떻게 행위를 하는지 이해하기 위해 끊임없이 과학적인 방법을 동원하여 밝히고자 노력해 왔다. 이후 일반인도 쉽게 읽고 접할 수 있는 심리학 관련 서적이 다수 출판되고 있고, 많은 사람이 자기 주변에서 발생하는 문제에 대한 이해나 해결책을 구하기 위하여 전문심리학자를 찾는 경향이 늘어나고 있다. 그만큼 심리학이 생활 깊숙이 침투해 있고, 관심도 증가되고 있음을 알 수 있다. 그러나 이러한 심리학 분야와 관련된 많은 사람의 욕구를 충분히 만족시켜 주는 서적은 여전히 부족한 실정이다. 이와 더불어 현대사회는 과학문명의 발달과 글로벌 정보화 현상으로 인간의 삶 또한 점점 더 복잡해지고 다양화되었다. 이전에는 경험하지 못했던 새로운 현상이나 예상치 못한 문제에 봉착하게 되고, 기존의 이론이나 원리로는 설명할 수 없거나 새로운 해석을 가하여야 하는 다양하고 복잡한 현상 속에서 살아가고 있다. 이에 따라 심리학 분야 또한 우리가 경험하는 이러한 복잡하고 새로운 문제를 해석하고 설명하기 위해 점점 더 영역이 세분되고 확장되고 있다. 이처럼 심리학은 현대 사회에서 그 역할이 증대되고 있으며, 심리학 개론서 또한 이러한 새로운 경향성을 반영하는 내용으로 구성되어야 할 필요성이 생겨났다.

이러한 요구에 부응하기 위하여 저자들은 누구나 심리학에 쉽게 접근할 수 있는 심리학 입문서가 되도록 이 책을 구성하였고, 각 장마다 사례를 제시하고 이론과 원리를 적용시키는 방식으로 내용을 전개하였다. 그리고 최근의 기술 진보에 따른 연구 경향성을 반영하고 우리 생활 속에서 발생하는 다양한 심리과정이나 현상을 보다 쉽게 이해할 수 있도록 구성하였다. 이 책은 한 학기 일정에 맞추어 강의할 수 있도록 모두 12개 장으로 구성되었으며, 1장 심리학이란, 2장 행동의 생물학적 기초, 3장 감각과 지각, 4장 학습, 5장 기억, 6장 인지, 7장 정서와 동기, 8장 발달, 9장 성격, 10장 스트레스와 건강, 11장 이상행동 그리고 12장 사회행동으로 이루어져 있다.

전체 내용은 네 명의 저자가 공동으로 집필하고 검토하였다. 심리학을 처음 접하는 학생이나 일반인도 쉽게 읽을 수 있는 책을 집필하고자 나름대로 노력했으나 출간을 앞두고 보니 여전히 미진한 부분이 보여 아쉬운 마음이 든다. 이 책의 부족한 부분은 앞으로 수정 · 보완해 나갈 예정이며, 이를 위해 많은 독자의 격려와 질책을 바란다.

끝으로 이 책이 나오기까지 많은 배려와 도움을 주신 학지사 김진환 사장님과 편집부의 김경민 님, 영업부의 이규환 님에게 고마운 마음을 전한다.

2011년 2월

집필진 일동

차례

제1장

심리학이란

1. 심리학이란 무엇인가
2. 심리학의 연구방법
3. 심리학의 역사
4. 오늘날의 심리학 모형
5. 심리학의 주요 문제
6. 주요 하위 영역 심리학자

HUMAN LIFE AND PSYCHOLOGY

1. 심리학이란 무엇인가

심리학은 행동과 정신 과정에 대한 체계적이고 과학적인 학문이다. 이 정의에서 중요한 것은 각각의 용어가 폭넓은 의미를 가지고 있다는 것이다. 예를 들면, 행동(behavior)이란 인간과 동물 모두에게 관찰될 수 있는 행위나 반응을 말한다. 행동에는 먹고, 말하고, 웃고, 달리고, 읽고, 잠자는 것 등이 포함된다. 직접 관찰될 수 없는 정신과정(mental process)에는 사고, 상상, 공부, 그리고 꿈과 같은 광범위하고 복잡한 것이 포함된다. 다시 말해서, 심리학의 연구 범위에는 단지 사람들이 행하는 것뿐 아니라 그들의 사고, 감정, 지각, 추리과정, 기억 및 신체 기능을 유지시키는 생물학적 활동까지도 포함된다.

또한 심리학은 다른 과학과 마찬가지로 과학적인 방법을 사용하여 사람들의 삶과 그들이 살고 있는 세계를 기술하고, 설명하며, 예측하고, 궁극적으로 통제하여 향상을 도모하고자 한다. 즉, 심리학자들은 유기체가 행동을 하는 방식을 기술(describe)하고, 그와 같은 행동의 원인을 설명(explain)하며, 이를 통해 유기체가 어떤 상황에서 어떻게 행동을 할 것인지 예측(predict)하고자 한다. 그리고 행동을 예측할 수 있다면 유기체의 행동 통제(control)가 가능해진다.

통제라는 용어에는 긍정적 · 부정적 측면 모두가 포함되어 있다. 긍정적인 측면은 심리학자가 바람직하지 못한 행동을 통제하도록 학습시킴으로써 사람들이 바람직한 행동을 하도록 도와줄 수 있다는 것이다. 반면 부정적인 측면은 사람들의 행동이 그들로부터의 어떤 동의 없이도 통제될 수 있다는 것이다. 이 때문에 어떤 심리학자는 행동 통제의 남용을 최대한 막고, 실험에 참여하는 참여자의 권리와 사생활을 보호하기 위해 엄격한 지침을 정해 놓기도 하였다.

2. 심리학의 연구방법

1) 과학적 방법

과학적인 연구를 하기 위해서 가장 먼저 해야 될 것은 자신이 탐구하고자 하는 내용이 무엇인지를 확인하는 것이다(문제 제기). '인간은 왜 존재하는가?' 와 같은 철학적 물음도 탐구하고자 하는 내용에 포함될 수 있으나, 과학적인 방법을 사용하여 이러한 물음에 답할 수 없기 때문에 심리학의 영역에 있어서 이러한 물음은 적절하지 못하다. 관심 문제가 제기되면, 다음으로 이러한 문제가 이미 연구되었는지를 확인해야 한다(선행 연구 검색). 만일 '사람들의 도움 행동은 어떤 상황에서 감소하는가?' 라는 문제가 제기되었다면 도움 행동에 대한 연구가 선행되었는지를 살펴보면 된다. 이러한 물음에 대한 연구를 실제로 검색하다 보면 키티 제노비스(Kitty Genovese) 사건과 이로 인해 촉발된 1968년의 달리와 라타네(Darley & Latané)의 책임감 분산(diffusion of responsibility) 연구에 도달하게 될 것이다. 그러나 선행 연구는 단지 연구과정의 초기 단계다. 그다음 단계로는 위의 연구자들이 추론한 내용이 과연 옳은지를 검증하는 방법을 고안해야 한다. 이를 위해 검증이 가능한 방식으로 진술되는 예측 혹은 예언을 의미하는 가설(hypothesis)을 도출해야 한다(가설 설정). 즉, '위기 상황에서 목격자가 많으면 많을수록 피해자에게 제공되는 도움 행동은 덜 발생될 것이다' 라는 가설을 설정할 수 있다. 이처럼 가설이 설정되면, 그다음으로 가설을 검증해야 한다(가설 검증). 그러나 가설을 검증하기 위해서는 조작화(operationalization)라 불리는 과정이 요구된다. 이는 가설이 측정될 수 있고 관찰될 수 있도록 구체적이면서도 검증 가능한 절차로 전환시키는 과정을 말한다. 예를 들면, 도움 행동은 목격한 대상이 직접 피해자가 안전할 수 있도록 대피시키는 행위의 빈도로 조작화될 수 있다. 가설을 검증하는 방식에는 관찰, 조사, 실험 등이 있으며, 이러한 방식을 거쳐 자료를 수집하게 된다. 자료 수집이 완료되면, 자료를 분석하는 절차가 요구된다(자료 분석). 이를 통해 연구자가 설정한 가설이 지지되는지 혹은 기각되는지를 결정할 수 있다. 만일 가설이 기각된다면 가설을 설정하는 과정에서부터 혹 문제가 있었는지, 설정된 가설에 영향을 줄 수 있는 다른 요인이 존재하는지 등을 비판적인 시각에서 살펴보고, 가설을 재설정하거나 다른 요인을 통제 또는 제거하는 방식의 순환적인 절차를 반복해야 한다.

2) 연구방법

과학적 방법을 사용하여 문제를 해결해 가는 과정에는 연구 전략이 존재한다. 심리학적 문제를 해결하기 위한 연구 전략, 즉 가설을 검증하는 여러 방식에 대해 살펴보기로 하자.

(1) 기술 연구

① 자연 관찰

자연 관찰(natural observation)에서 연구자는 단지 자연적으로 발생되는 행동을 관찰하며 그 상황에 개입하지는 않는다. 예를 들면, 도움 행동을 연구하는 연구자는 우범 지역에서 범죄 피해자에게 주어지는 도움의 종류를 관찰할 수 있다. 자연 관찰에서 기억해야 할 중요한 점은 연구자가 수동적이어야 하며, 단지 무엇이 발생되는지만 기록하여야 한다는 것이다. 자연 관찰은 많은 장점을 가지고 있으나 관심을 가지는 요인을 통제할 수 없다는 단점도 가지고 있다. 자연적인 도움 행동의 발생이 거의 일어나지 않아서 어떤 결론을 도출할 수 없는 경우가 그 예다. 자연 관찰은 연구자로 하여금 상황을 변화시키지 못하도록 하기 때문에 적절한 조건이 발생될 때까지 기다려야 한다. 게다가 사람들은 자신이 관찰되고 있다는 사실을 알 때 자신의 행동을 변화시킬 수도 있다. 따라서 그 행동은 진실한 반응이 아니다.

2 사례 연구

많은 사람은 어떤 범죄의 가해자가 체포되었을 때 그 사람의 성격이나 배경을 궁금해한다. 이 질문에 대답하기 위해 심리학자는 사례 연구(case study)를 수행한다. 많은 사람을 대상으로 연구를 진행하는 조사 연구와는 달리, 사례 연구는 개인이나 소집단의 사람들에 대해 심층적이며 집중적인 조사를 행한다. 사례 연구는 흔히 개인의 성격에 대한 통찰을 얻기 위해 신중하게 설계된 문항으로 구성된 심리검사의 수행을 포함한다. 사례 연구가 하나의 연구기법으로 사용될 때 그 목표는 흔히 소수의 개인에 대해 이해하고자 하는 것이며, 또한 사람들을 더 잘 이해하기 위해 통찰을 사용하는 것이다. 그러나 그 결과의 적용에서는 신중을 기해야 한다. 예컨대, 어떤 범죄의 가해자가 그런 종류의 범죄를 저지르는 모집단을 대표하는 정도는 분명히 결과 적용 시에 문제가 될 수 있다.

3 조사 연구

사람들에게 직접 질문하는 것만큼 그들이 무엇을 생각하고 느끼며 행하는지를 발견하는 직접적인 방법은 없다. 이러한 이유로 조사는 중요한 연구법으로 여겨진다. 조사 연구(survey research)에서는 어떤 큰 모집단을 대표하는 사람들을 선택하고 그들에게 일련의 질문을 제시함으로써 그들의 행동, 사고, 혹은 태도를 연구하게 된다. 조사법이 매우 정교하게 구성된다면 매우 작은 표본을 사용하여도 정확하게 모집단의 반응을 추론할 수 있다. 예컨대, 신중하게 표본을 선정하기만 하면 단지 수천 명의 유권자만을 표집하더라도 누가 대통령이 될 것인지를 충분히 예측할 수 있다. 도움 행동을 연구하는 연구자라면 조사법을 통해 사람들에게 다른 사람을 도와주지 않는 이유를 직접 물어볼 수 있다.

사람들에게 그들의 행동에 대해 직접 물어보는 것이 사람들이 무엇을 하는지를 이해하기 위한 가장 직접적인 접근처럼 보일지라도, 조사법은 몇 가지 단점을 가지고 있다. 첫째, 사람들은 기억이 나지 않거나 그들의 생각을 드러내지 않기를 원하기 때문에 부정확한 정보를 제공할 수 있다. 더구나 사람들은 때때로 연구자의 의도에 맞추어 반응하기도 한다.

이 외에 사람들은 여러 가지 이유(예, 시간 소비)로 연구자에게 협조하기를 꺼린다. 미국의 경우 조사 연구를 요청받은 사람들의 절반 이하만이 조사에 응하는 것으로 나타났다. 이와 같이 조사에 참여하는 사람의 비율이 낮은 것에 따른 어려움은 조사에 응하는 사람과 응하지 않는 사람 간에 태도와 의견의 차이가 존재할 수 있다는 것이다. 만약 그렇다면 어떤 조사는 해당 조사에 기꺼이 응하고자 하는 사람들에게만 적용된 결과일 수 있으며, 따라서 그 결과는 전체 집단을 대표하는 결과가 아닐 수 있다.

(2) 상관 연구

이미 설명된 연구법을 사용함에 있어 연구자들은 흔히 두 행동이나 반응 간의 관계성을 결정하기를 원한다. 예컨대, 연구자는 종교를 가지고 있는 사람들이 위기 상황에서 낯선 사람들에게 더 많은 도움을 제공할지의 여부를 알기 원할 수 있다. 만약 종교와 도움 행동이 관계가 있다는 것을 발견한다면 그 두 행동 간에 관계성(혹은 상관)이 있다고 말할 수 있다.

상관 연구(correlational study)에서는 두 요인이 관계 혹은 상관이 있는지의 여부를 결정한다. 관계성의 정도는 +1.0에서 −1.0의 범위에서 표현된다. 정적 상관은 한 요인의 값이 증가함에 따라 다른 요인의 값 또한 증가하는 것을 의미한다. 예컨대, 시험공부를 많이 하면 할수록 더 높은 점수를 획득하며, 시험공부를 적게 하면 할수록 더 낮은 점수를 받는다는 것을 예측한다면, 우리는 그 두 요인(시험공부의 양과 시험 점수)이 정적 상관이 있을 것으로 기대한다. 이때 관계성은 양의 값으로 표시되며, 공부와 학점의 상관이 높을수록 그 값은 +1.00에 접근된다.

한편 부적 상관은 한 요인의 값이 증가할수록 다른 요인의 값은 감소하는 것을 의미한다. 예컨대, 공부하는 데 투자한 시간이 많을수록 여가 활동에 투자하는 시간은 감소된다. 이 관계는 0과 −1 사이의 부적 상관을 나타낸다. 공부와 놀이 간의 부적 상관이 강하면 강할수록 관계성은 −1.00에 접근된다.

물론 두 요인 간에 관계성이 존재하지 않을 수도 있다. 예컨대, 공부에 투자한 시간의 수와 키는 관계가 없을 것이다. 두 요인 간에 관계성이 적으면 적을수록 상관의 값은 0에 접근된다.

두 요인이 서로 크게 상관이 있다는 것을 발견했을 때, 우리는 한 요인이 다른 한 요인의 원인이 된다고 추정하는 경향이 있다. 예컨대, 공부를 많이 했기 때문에 높은 성적을 받았다고 생각하는 경우다. 그러나 이는 단지 추측에 불과하다. 두 요인이 상관이 있다는 것을 발견했다고 해서 그 요인들 간에 인과관계가 존재한다고는 말할 수 없다. 즉, 공부를 많이 했다는 것이 시험을 잘 보게 된 원인이라는 것을 의미하지 않는다. 예컨대, 보다 지적인 사람은 덜 지적인 사람보다 더 많이 공부하는 경향이 있을 수 있으며, 시험 수행의 원인이 되는 것이 단지 공부에 투자한 시간의 수보다는 지능일 수 있다. 따라서 두 요인 간의 상관은 이러한 다른 요인이 결합된 결과일 수 있기 때문에 단지 어느 하나가 다른 것의 원인이라고 말할 수 없다. 이와 같이 인과관계를 추론할 수 없다는 것이 상관 연구의 단점이다.

(3) 실험 연구

심리학자가 연구를 통해 인과관계를 밝힐 수 있는 유일한 방법은 실험을 수행하는 것이다. 실험에서 두(혹은 그 이상) 요인의 관계성은 임의적으로 한 요인을 변화시키고 다른 요인에서 나타나는 변화나 효과를 관찰함으로써 연구될 수 있다. 임의적인 변화를 **실험 조작**(experimental manipulation)이라 부른다. 실험 조작은 어떤 식으로든 변화될 수 있는 변인 간, 행동 간, 사건 간, 혹은 특성 간의 관계성을 탐지하기 위해 사용된다. 실험은 몇 가지 단계를 통해 수행된다. 전형적으로 그 과정은 검증될 하나 이상의 실험 가설의 도출로부터 시작된다. 예를 들면, 도움 행동 이론을 검증하기 위해 달리와 라타네에 의해 도출된 가설은 '위기 상황을 목격하는 사람이 많으면 많을수록 그들이 피해자에게 도움을 제공할 가능성은 작아진다' 였다. 이 가설을 검증하기 위해 수행된 실험을 살펴보기로 하자.

첫 번째 단계는 가설을 검증될 수 있는 식으로 개념화시키는 조작화를 행하는 것이다. 이를 위해 달리와 라타네는 실험 연구의 기본 원리를 고려하였다. 즉, 조작이 다른 변인에 어떠한 영향을 미치는지를 관찰하기 위해 최소한 한 변인을 조작하여야 했다. 그러나 이러한 조작은 독립적인 것으로 고려될 수 없다. 만약 인과관계를 도출하여야 한다면 조작의 효과가 조작되지 않거나 다른 조작의 효과와 비교되어야 한다.

실험 연구에서는 최소한 두 집단의 반응을 서로 비교할 수 있어야 한다. 한 집단은 어떤 특별한 **처치**(treatment), 즉 실험자에 의해 실시되는 조작을 받으며, 다른 한 집단은 무처치나 다른 처치를 받는다. 처치를 받는 집단은 **처치집단**(treatment group)이라 부르며, 처치를 받지 않는 집단은 **통제집단**(control group)이라 부른다. 연구자들은 실험에서 처치집단과 통제집단 모두를 사용함으로써 실험 조작 이외의 어떤 것이 실험 결과에 영향을 미칠 가능성을 배제시킬 수 있다. 만약 통제집단이 없다면 실험이 시행되는 방의 온도나 시간 경과와 같은 다른 요인이 관찰된 변화에 영향을 미치지 않았다는 것을 확신할 수 없다. 연구자들은 통제집단을 사용함으로써 결과에 대한 특별한 원인을 분리시킬 수 있다(인과관계 추론의 도출).

달리와 라타네는 하나 이상의 처치집단이 필요하다는 것에 기초하여 가설 조작을 쉽게 행할 수 있었다. 그들은 방관자의 도움이 필요한 위기 상황을 구성하였다. 그들은 방관자의 수를 변화시킴으로써 실험 조작을 가하였다. 즉, 두 사람이 존재하는 실험집단과 통제집단을 단지 한 사람만이 있는 실험집단과 통제집단을 가지는 상황과 비교하는 식으로 하여 체계적으로 두 사람, 세 사람, 네 사람, 그리고 여섯 사람이 있는 상황으로 변화시켰다.

달리와 라타네는 이제 조작이 되는 변인인 **독립변인**(independent variable)을 결정하였다. 이 경우 사람(방관자)의 수가 독립변인이다. 다음 단계는 방관자 수의 변화가 참가자의 행동에 어떠한 영향을 미치는지를 결정하는 것이다. 모든 실험에서 중요한 것은 **종속변인**(dependent variable)이다. 이는 실험자의 조작에 의해 일어난 변화의 결과로서 측정되고 변화가 예측되는 변인이다. 실험자는 독립 및 종속 변인 모두를 가지게 된다(그 차이를 기억하기 위해 가설은 독립변인의 조작이 종속변인에 어떻게 영향을 미치는지를 예측하기 위해 설정된다는 것을 기억하라).

달리와 라타네의 실험에서 종속 측정치는 무엇인가? 한 가지 방법은 연구에 참여한 사람(subject)에게 도움을 줄 것인지 혹은 도움을 주지 않을 것인지를 간단히 '네' 혹은 '아니요'로 반응하게 함으로써 측정치를 얻는 것이다. 그러나 두 연구자는 도움 행동에 대한 보다 정확한 분석을 위해 피험자가 도움을 제공하는 데 걸린 시간을 측정하였다. 달리와 라타네는 이제 모든 실험의 요소를 갖추었다. 독립변인은 위기 상황에 존재하는 방관자의 수이며, 종속변인은 각 집단 내의 방관자가 도움을 제공하는지의 여부와 도움을 제공하는 시간의 양이다.

가설의 타당한 검증 실험이 되기 위해서 연구자는 피험자를 특별한 처치집단에 적절히 할당시키는 설계의 마지막 단계를 생각해 보아야 한다. 예컨대, 실험자는 2명의 방관자 집단에 남자만 할당되거나, 3명의 방관자 집단에 여자만 할당될 가능성을 고려해야 한다. 그런 식으로 피험자가 할당된다면 도움 행동에서의 어떤 차이는 집단이 부적절하게 구성되어서 나타난 것일 수 있으며, 실험에서 관심을 가지는 집단 크기 때문에 나타난 것이라고는 볼 수 없다. 좀 더 합리적인 절차는 각 집단이 성비에 따라 동등하게 배분되도록 하는 것이다. 그럴 때 집단 비교가 더욱 정확하게 이루어질 수 있다. 각 처치집단 내의 피험자를 비교하여야 하기 때문에 각 집단은 유사한 성비로 구성되어야 한다. 성 이외에 각 처치집단의 피험자가 지능, 성격, 협조성 등의 특성에서 동등하다는 것을 어떻게 보장할 수 있는가?

이 문제에 대한 해결책은 조건에 대한 **무선할당**(random assignment)을 하는 것이다. 조건에 대해 무선할당을 할 때, 피험자 집단은 우연에 기초하여 여러 실험집단에 할당된다. 예컨대, 실험자는 각 피험자의 이름이 적힌 쪽지를 모자 속에 넣고, 한 번에 하나의 쪽지를 뽑아내어 차례로 각 집단에 할당할 수 있다. 이 방법의 장점은 피험자의 특성이 모든 집단에 분배될 확률이 같다는 것이다. 실험자는 무선할당을 사용함으로써 각 집단이 모든 특성에서 거의 동일하다는 것을 확신할 수 있다.

3. 심리학의 역사

대부분의 심리학자는 1879년 빌헬름 분트(Wilhelm Wundt, 1832~1920)가 심리학 실험실을 처음으로 설립한 시점을 현대 심리학이 탄생한 시기로 보고 있다. 그러나 일부 학자는 분트의 실험실이 간단한 생물학 및 정

빌헬름 분트

신물리학 도구를 갖춘 그야말로 초라하기 그지없었다는 점을 고려하여 1881년에 스탠리 홀(Stanley Hall, 1844~1924)이 설립한 심리학 실험실이 최초의 심리학 실험실이라고 주장하기도 한다. 그럼에도 불구하고 분트가 '심리학의 아버지' 라 불리는 데에는 별다른 이견이 없다. 분트는 마음이 과학적이며 객관적으로 연구될 수 있다고 주장한 인물로 심리학의 영역에서 객관성과 측정을 처음으로 통합하였다.

1) 구성주의

에드워드 티치너

구성주의(structuralism) 학파는 분트의 가장 훌륭한 제자인 에드워드 티치너(Edward Titchener, 1867~1927)에 의해서 설립되었다. 그는 인간의 경험이 개별적인 정서와 감각으로 쪼개질 수 있다고 보았다. 따라서 인간의 의식에 있어 개별적인 요소를 확인하고 이러한 요소가 어떻게 결합되고 통합되는지를 보고자 하였다. 사람들에게 잘 알려져 있는 내성법(method of introspection)은 훈련된 사람들에게 자신의 내부를 성찰하고 감각 및 지각과 같은 경험의 다양한 요소를 보고하도록 하는 방법이다. 이러한 내성법은 분트의 공헌으로 알려져 있으나, 분트가 사용한 내성과 티치너가 사용한 내성에는 차이점이 존재한다. 분트는 꽃을 봄으로써 나타나는 즉각적인 반응, 즉 즉각적인 경험과 그것을 사진을 통해서 보게 되는 것과 같은 중재적 경험을 구분하는 것이 중요하다고 보았다.

반면 티치너는 이러한 구분이 불필요하며 단지 하나의 경험만이 존재한다고 주장하였다. 이러한 구성주의는 심리학의 실용적 응용을 회피하고, 진화의 연구로부터 나온 증거를 수용하지 않았으며, 내성법이 실제 감각이 아니라 감각에 대한 기억을 보고하는 것과 같은 회상의 방법과 차이가 없다는 방법론적 한계점으로 인해 1900년대 초기에 쇠퇴하기 시작하였다. 심리학의 역사에서 구성주의는 아주 짧은 기간 동안 존재하였으나, 감각과 지각에 대한 연구에서는 오늘날까지도 그 영향력을 끼치고 있다.

2) 기능주의

윌리엄 제임스

윌리엄 제임스(William James, 1842~1910)는 의식을 개별적인 요소의 집합이라기보다는 끊임없이 변화하는 연속적인 흐름으로 보았다. 또한 제임스는 이러한 의식이 존재하기 때문에 유기체가 환경에 적응할 수 있다는 의식의 기능적인 측면을 강조하였다. 즉, 제임스는 의식이 유기체가 환경에 적응하도록 돕는 데 그 목적이 있다고 본 것이다.

의식의 구조보다는 기능을 연구한 기능주의(functionalism)는 우리의 마음이 변화하는 환경에 어떻게 적응하는지에 관심을 두었다. 기능주의는 독특한 접근으로 그리 오래 지속되지는 않았으나, 제임스의 많은 아이디어는 정서, 주의, 기억과 같은 현대 심리학의 연구 주제로 발전되어 왔다(Hunt, 1993). 이 외에 제임스는 심리학적 원리를 교육 장면에 적응시키는 방법을 제안하였다. 유명한 미국 교육자인 존 듀이(John Dewey)는 이러한 기능주의 접근을 받아들이면서 이를 기반으로 학교심리학(현재는 교육심리학 분야)이라는 이론체계를 확립하였다. 이 분야는 교육체계를 통해 학생의 요구를 어떻게 충족시켜 줄지에 대한 관심의 반영으로 고려된다.

3) 게슈탈트

운전자는 공사 중 차선 변경을 알리는 임시 도로 표지판을 볼 때 화살표를 구성하고 있는 전등이 실제로 한 방향으로 움직이고 있다고 생각한다. 그러나 이러한 움직임은 실제로는 착각이다. 전등은 정지되어 있으며, 단지 켜졌다 꺼지는 점등만이 있을 뿐이다.

막스 베르트하이머

점등되는 전구가 움직이고 있는 것처럼 보이는 착각은 1912년 3명의 심리학자 막스 베르트하이머(Max Wertheimer), 볼프강 쾰러(Wolfgang Köhler), 그리고 쿠르트 코프카(Kurt Koffka)에 의해 처음으로 연구되었다. 그들은 일정한 거리에 위치된 두 개의 전구를 일정한 시간차를 두고 켰다 끄는 것을 반복할 때 빛이 움직인다는 지각을 생성시킬 수 있었다. 비록 두 개의 전구가 고정되어 있을지라도, 빛은 마치 하나의 전구에서 다른 전구로 움직이는 것처럼 보였다. 그들은 이러한 현상을 파이현상(phi phenomenon)이라 불렀으며, 오늘날에는 가현 운동(apparent motion)이라 불린다.

베르트하이머와 동료들은 가현 운동 지각은 구성주의자에 의해 설명될 수 없다고 주장하였다. 즉, 두 개의 고정된 빛으로부터 나온 감각을 단지 더하는 것으로 그러한 빛의 움직임이 초래될 수 없기 때문이다. 움직이는 빛을 지각하는 것과 같은 지각 경험은 '전체 패턴' 혹은 독일어로 게슈탈트(Gestalt)를 분석함으로써 가능하다는 주장을 하였다.

4) 행동주의

"나에게 12명의 건강한 아기들을 맡겨라. 그들을 양육할 나만의 특별한 세계가 있다. 나는 그들을 내가 선택한 어떤 유형의 전문가, 즉 의사, 변호사, 예술가……로 만들 수 있다." (Watson, 1924)

이는 1913년에 출판된 『심리학에 대한 행동주의의 관점(Psychology as a Behaviorist Views It)』이라는 기념비적인 책에서 존 왓슨(John B. Watson)이 한 말이다. 이 책에서 왓슨은 구성주의와 정신적 요소 및 의식과정에 대한 연구를 부정하였다. 그리고 다른 심리학자에 의해 사용되는 과학적으로 입증될 수 없는 내성법이라는 심리학적 기법을 부정하였다. 대신에 그는 과감하게 객관적 실험과학으로서 심리학은 그 목표를 관찰 가능한 행동의 분석, 예측, 그리고 그런 행동의 통제에 두어야 한다고 주장하였다.

존 왓슨

행동주의적 접근은 관찰 가능한 행동의 객관적 및 과학적 분석을 강조하였다. 1920년대부터 1960년대까지 행동주의(behaviorism)는 미국 심리학의 지배적인 세력을 형성하였다. 이러한 지배적인 세력은 스키너(B. F. Skinner)와 왓슨의 아이디어를 현대적 행동 접근으로 발달시킨 다른 행동주의자의 연구에 의해 주도되었다. 그러나 1970년대에 들어서 행동주의는 서서히 인지적 접근에 의해 도전받기 시작하였고, 1990년대에는 행동주의 세력이 인지적 접근에 의해 완전히 진압되었다.

4. 오늘날의 심리학 모형

심리학의 초기 접근이 복잡하고 다양하게 이루어졌다는 사실은 오늘날이 분야가 매우 다양하고 세분화되는 기초가 되었다. 그러나 이러한 다양한 심리학의 범위는 몇 개의 기본적인 모형으로 포괄될 수 있다. 계속해서 발전되고 있는 이런 각 모형은 행동과 정신과정의 다른 측면을 강조하고 있으며, 심리학자로 하여금 각기 다른 방향에서 문제에 접근할 수 있도록 해 준다. 이 분야를 구성하고 있는 5개의 주요 모형으로는 생물학 모형, 정신역동 모형, 인지 모형, 행동 모형, 그리고 인본주의 모형을 들 수 있다.

1) 생물학 모형

기본적으로 행동은 피부와 내장으로 구성되어 있는 살아 있는 피조물에 의해 수행된다. 생물학 모형(biological models)에 따르면 사람과 동물의 행동은 개개 신경세포가 어떻게 조합되는지, 부모와 다른 선조로부터 물려받은 어떤 유전적 특성은 어떤 식으로 행동에 영향을 미치는지, 신체의 기능은 희망과 공포라는 정서에 어떻게 영향을 미치는지, 어떤 행동이 본능에 기인하는지 등의 생물학적 기능으로부터 고려되어야 한다. 모든 행동이 생물학적 요소로 분리될 수 있기 때문에 생물학 모형은 광범위한 호소력을 지닌다. 이러한 모형을 따르는 심리학자는 특정 유형의 청각장애 치료 개발에서부터 심각한 정신장애를 가진 사람을 치료하기 위한 약물의 효과성을 확인하는 것에 이르기까지 인간의 삶에 대한 이해와 향상에 기여해 왔다.

2) 정신역동 모형

심리학을 공부해 보지 않은 많은 사람에게는 심리학의 시작과 끝이 정신역동 모형(psychodynamic models)으로 비춰진다. 정신역동적 조망에 따르면 행동은 개인이 거의 통제할 수 없는 내부의 압력에 의해 동기화된다. 꿈과 설단현상(slips of the tongue)은 잠재의식의 활동 속에서 개인이 진실로 느끼는 것의 발현으로 고려된다. 정신역동적 관점은 1900년대 초에 비엔나 정신과 의사인 지그문트 프로이트(Sigmund Freud)에 의해 처음으로 전개되었다. 행동의 무의식적 결정인에 대한 그의 아이디어는 심리학뿐 아니라 관련 분야의 20세기 사고에 혁신적인 영향을 미쳤다. 비록 정신역동적 사고의 기본 원리에 대해 많은 비판이 제기되기는 하였지만, 프로이트로부터 시작된 이 모형은 정신장애의 치료뿐 아니라 편견 및 공격성과 같은 일상적인 현상의 이해에 유용한 수단을 제공하였다.

3) 인지 모형

행동을 이해하기 위한 또 다른 통로는 마음의 다양한 구조를 확인하는데 관심을 가졌던 구성주의의 전통으로부터 파생된 인지 모형(cognitive models)이다. 인지 모형은 사람들이 세계를 어떻게 알고 이해하며 사고하는지에 초점을 맞춘다. 이 모형의 강조점은 마음 자체의 구조를 확인하는 것에서부터 사람들이 외부 세계를 어떻게 이해하고 표현하는지, 그리고 이러한 이해가 행동에 어떻게 영향을 미치는지에 대한 관심으로 확대되었다(Rouse & Morris, 1986).

이 모델에 의존하는 심리학자는 사람들이 TV를 시청하면서 동시에 독서를 할 수 있는지의 여부에서부터 사람들이 스스로 타인의 행동 원인을 어떻게 이해하는지에 이르기까지 다양한 문제를 다룬다. 인지적 접근과

연계되는 공통적인 요소는 사람들이 세계를 어떻게 이해하고 그에 대해 어떻게 생각하는지를 포함하여 마음의 작용 패턴과 규칙성을 설명하는 데 대한 관심의 표명이다.

4) 행동 모형

생물학, 정신역동, 그리고 인지 모형이 행동의 원인을 결정하기 위해 유기체 내부를 살핀다면, 행동 모형(behavioral models)은 그와는 매우 다른 접근을 택한다. 행동 모형은 마음의 내부 작용에 대한 초기 심리학의 강조를 비판하면서 등장한 모형으로 관찰 가능한 행동이 심리학의 초점이 되어야 한다고 주장하였다. 1920년대에 왓슨은 개인이 처한 환경을 연구하고 수정함으로써 행동을 완전히 이해할 수 있다는 강한 신념을 가지고 있었다. 실제로 그는 환경을 적절히 통제함으로써 어떤 원하는 종류의 행동을 얻을 수 있다는 낙관적인 신념을 가지고 있었다. 그 이후 행동 모형은 스키너에 의해 전수되었고, 그는 1990년 사망할 때까지 당대에 가장 유명한 심리학자로 기억되었다. 사람들이 새로운 행동을 어떻게 학습하는지에 대한 많은 이해가 행동 모형의 기초가 된다. 이 모형은 학습 분야에 큰 영향을 주었음은 물론 정신장애, 공격성, 성 및 약물중독 문제 등의 치료 분야에도 크게 기여하였다.

5) 인본주의 모형

인본주의 모형(humanistic models)은 행동이 생물학적 압력, 무의식적 과정, 혹은 오로지 환경에 의해 결정된다는 관점에 반대하면서, 사람들은 자신들의 삶을 통제할 수 있는 능력을 가지고 있는 존재라고 가정하였다. 인본주의 심리학자(humanistic psychologists)는 사람들이 더 높은 성장과 충족을 위해 발달해 가려는 자연적인 성향을 가지고 있으며, 만약 기회가 주어진다면 그들이 지닌 잠재력을 발휘하기 위해 노력할 것이라고 주장하였다. 따라서 이 접근은 인간이 자신의 삶을 결정할 수 있는 능력, 즉 자유의지(free will)를 강조한다. 다른 어떤 접근보다도 인본주의 모형은 심리학이 사람들의 삶을 충족시키고, 자아실현에 도달하도록 도와줄 수 있는 역할을 하여야 한다고 주장하였다.

5. 심리학의 주요 문제

심리학의 여러 영역과 모형 간에는 또 다른 연계가 존재한다. 즉, 심리학 분야의 핵심 문제와 관련하여 각 영역과 모형이 제시하는 대답은 일치하거나 불일치하기도 한다. 그러나 심리학을 하나의 통합된 과학으로 인식하게 만드는 것은 이러한 문제와 의문에 대해 제시되는 집합적인 지식에 기초된다.

1) 본성(유전) 대 양육(환경)

우리의 행동은 얼마나 본성(유전)과 양육(환경)에 기인하는가? 이 질문은 많은 심리학 모형과 영역 속에 용해되어 있는 철학적 및 역사적 뿌리와 관련되어 있다. 심리학자가 채택하는 어떤 특별한 모형은 부분적으로 이 문제가 어떻게 표명되는지를 결정한다. 예컨대, 전 생애에 걸쳐 사람들이 어떻게 성장하고 변화하는지에 초점을 맞추는 발달심리학자가 생물학 모형에 지향되어 있다면 본성적 측면을 강조하게 될 것이다. 반면 행동 모형을 선호하는 발달심리학자는 아마도 행동의 양육적 결정인에 초점을 맞추기 쉬울 것이다.

2) 행동의 의식 대 무의식적 결정인

우리의 행동은 얼마나 완전히 인식되는 압력에 의해 영향을 받으며, 얼마나 무의식적인 활동(의식되지 않는 정신과정)에 기인될 수 있는가? 행동이 무의식적 압력에 의해 영향을 받는지의 여부는 심리학 분야에서 가장 논쟁을 많이 불러일으키는 논제 가운데 하나다. 예컨대, 정신역동 모형을 채택하는 임상심리학자들은 이상 행동(abnormal behavior)의 많은 부분이 무의식적 압력에 의해 유발된다고 주장하는 반면, 인지 모형을 채택하는 임상심리학자들은 그것이 잘못된 사고과정의 결과라고 본다. 이와 같이 동일한 분야의 심리학자에 의해 채택된 특정한 모형은 이상 행동을 어떻게 다룰지에 상이한 영향을 미친다.

3) 관찰 가능한 행동 대 내적 정신과정

심리학은 오로지 외부 관찰자에 의해 관찰될 수 있는 행동만을 다루어야 하는가, 아니면 보이지 않는 정신과정이 심리학 분야의 초점이 되어야 하는가? 특히 행동 모형에 주로 의존하는 심리학자들은 심리학의 유일한 정보원이 오로지 관찰될 수 있는 행동이라고 주장한다. 인지 모형을 선호하는 다른 심리학자들은 사람의 머릿속에서 발생되는 것이 가장 중요한 심리학의 정보원이며, 정신과정을 무시하고는 행동을 이해할 수 없다고 주장한다.

4) 선택의 자유 대 결정주의

행동은 얼마나 개인에 의해 자유롭게 선택된 결과인가? 아니면 얼마나 결정주의, 즉 사람들의 선택적 의지를 벗어난 외부 요인에 의한 결과인가? 철학자들이 오랫동안 논쟁을 해 왔던 자유 대 결정주의 문제 또한 심리학 분야의 핵심 문제가 되었다(Kimble, 1989). 예컨대, 이상 행동에 관심을 가지고 있는 심리학자는 행동이 사람들의 의도적 선택에 의해 지배되며, 소위 '이상 행동'이라 일컬어지는 행동을 보이는 사람들은 자신들의 행위에 책임이 있다고 주장한다. 이와 반대의 입장을 보이는 심리학자들은 그러한 개인은 통제를 벗어난 외부 압력의 희생자일 뿐이라고 주장한다. 따라서 어떤 입장을 취하느냐에 따라 치료방법이 결정된다.

5) 개인차 대 보편적 원리

행동은 얼마나 우리 각자가 지닌 독특하고 특별한 특성에 의해 영향을 받는가, 그리고 얼마나 많이 유사한 생물학적 요인과 어느 정도 유사한 경험을 공유하는 인간이라는 사실에 기인하는가? 이 질문은 사람들이 어느 정도 서로 유사한 행동을 하는가의 문제와 맥을 같이한다. 생물학 모형에 의존하는 심리학자들은 행동의 보편성을 주장하는 경향이 있으며(예, 어떤 호르몬이 성 행동에 관여하는가), 반면에 인본주의 모형을 사용하는 심리학자들은 모든 개인의 독특성에 보다 초점을 맞춘다.

이상의 다섯 가지 중요한 심리학 문제가 〈표 1-1〉에 요약되어 있다. 심리학자는 행동이 오로지 본성 혹은 양육에 기인한다고 주장하지 않는다. 다만 심리학자 간의 견해 차이는 양극단을 가진 연속 선상의 어느 쪽에 치우치는지의 정도 차이로 이해되어야 할 것이다.

표 1-1 주요 심리학 모형에 따른 심리학자의 견해

	모형				
	생물	정신역동	인지	행동	인본주의
개념적 초점 문제	행동의 기초로서 생물학적 기능	행동의 무의식적 결정인	사고과정 이해의 성질	관찰 가능한 행동	잠재력 발휘에 대한 인간의 소망
본성(유전) 대 양육(환경)	본성	본성	모두	양육	모두
행동의 의식 대 무의식적 결정인	무의식	무의식	모두	의식	의식
관찰 가능한 행동 대 내적 정신과정	내적 정신과정	내적 정신과정	내적 정신과정	관찰 가능한 행동	내적 정신과정
선택의 자유 대 결정주의	결정주의	결정주의	자유	결정주의	자유
개인차 대 보편적 원리	보편성	보편성	개인차	모두	개인차

6. 주요 하위 영역 심리학자

많은 사람은 대부분의 심리학자가 이상 행동을 분석하고 다룬다고 생각한다. 그러나 심리학 분야는 일반인이 생각하는 것보다 훨씬 더 광범위하며, 각 심리학자는 다양한 심리학 하위 영역을 연구하고 있다.

1) 생물심리학자

근본적으로 인간은 생물학적 유기체이며, 어떤 심리학자는 몸의 생리적 기능과 구조가 우리의 행동에 영향을 미친다는 점을 강조한다. 생물심리학은 행동의 생물학적 기초를 다루는 심리학의 하위 영역이다. 생물심리학자(biopsychologists)는 뇌와 신경계의 작용을 연구한다. 예컨대, 생물심리학자는 뇌의 어느 영역이 기억장애와 관련이 있는지를 연구하며, 신체 감각이 정서와 어떻게 관련이 있는지를 결정하려는 시도를 한다.

2) 실험심리학자

시력이 얼마나 좋은지, 통증은 어떻게 경험되는지, 어떻게 공부를 가장 효과적으로 할 수 있는지, 감각과 지각의 강도는 어떻게 측정될 수 있는지 등의 문제는 실험심리학자(experimental psychologists)에 의해 가장 잘 설명될 수 있을 것이다. 실험심리학은 세계에 대한 감각, 지각, 학습, 그리고 정신과정을 연구하는 심리학의 하위 분야다. 실험심리학자의 연구 범위는 생물심리학자뿐 아니라 다른 유형의 심리학자에 의해 수행되는 연구 범위와 중복된다. 실제로 실험심리학자란 용어는 다소 오해를 일으키기도 한다. 그것은 심리학의 모든 하위 분야가 실험기법을 사용하고 있으며, 실험기법이 오로지 실험심리학자만의 전유물이 아니기 때문이다.

몇몇 하위 분야는 실험심리학으로부터 파생되기도 하였다. 그 가운데 한 분야가 인지심리학(cognitive psychology)이다. 이 분야는 사고, 언어, 기억, 문제 해결, 추리, 판단 및 의사결정을 포함하는 고차적 정신과정을 연구한다. 예컨대, 인지심리학자(cognitive psychologists)는 좀 더 효과적인 기억법과 논리를 포함하여 문제 해결을 위한 더 나은 전략이 무엇인지를 연구한다.

3) 발달 및 성격 심리학자

아기가 처음으로 미소를 짓고, 첫 걸음을 떼고, 처음으로 말을 하는 등의 사상은 발달에 있어 보편적인 이정표로 특징지어진다. 발달심리학자

(developmental psychologists)는 사람의 이러한 행동 변화와 전 생애에 걸쳐 획득되는 능력을 추적한다. 이와 같이 발달심리학은 전 생애에 걸쳐 사람들이 어떻게 성장하고 변하는지를 연구하는 심리학의 하위 분야다.

또 다른 하위 분야인 성격심리학을 연구하는 성격심리학자(personality psychologists)는 시간의 경과에 따른 사람들의 행동에 있어 일관성과 변화뿐 아니라 동일한 상황에 직면할 때 다른 사람과는 다른 행동을 보이는 개인적 특질 모두를 설명하고자 시도한다.

4) 건강, 임상 및 상담 심리학자

만약 다른 사람과 교제하는 데 어려움을 가지고 있거나 정상적인 활동을 할 수 없을 만큼 계속해서 불행감이나 두려움을 느낀다면 신체 혹은 정신 건강을 연구하는 건강심리학자(health psychologists), 임상심리학자(clinical psychologists), 그리고 상담심리학자(counseling psychologists) 가운데 한 사람으로부터 도움을 받을 수 있을 것이다. 건강심리학은 심리적 요인과 신체 질병 간의 관계성을 연구한다. 예컨대, 건강심리학자는 장기간에 걸쳐 경험하는 스트레스(심리적 요인)가 신체건강에 어떤 영향을 미칠 수 있는지에 관심을 갖는다. 그들은 또한 건강을 유지하기 위한 행동 촉진방법(예, 운동)이나 흡연과 같은 건전하지 않은 행동을 줄이기 위한 방법을 찾는 데 관심을 가지고 있다. 임상심리학자의 경우, 연구의 초점은 심리적 혼란을 치료하고 예방하는 것에 맞추어져 있다. 임상심리학은 이상 행동의 연구, 진단, 그리고 치료를 다루는 심리학의 하위 분야다.

임상심리학자는 사랑하는 사람의 죽음과 같은 인생의 위기에서부터 현실감 상실과 같은 보다 극단적인 조건에 이르는 문제를 진단하고 다루기 위해 훈련을 받는다. 어떤 임상심리학자는 심리적 혼란의 초기 신호를 확인하는 것에서부터 가족 구성원이 어떻게 상호작용하며 그것이 심리장애와 어떤 관계가 있는지에 이르기까지 다양한 문제를 연구하기도 한다. 또한 임상심리학자는 심리검사를 실시하고 평가하며, 정신건강 센터에서 심리 서비스를 제공하기도 하며, 성 문제도 다룬다.

상담심리학자는 임상심리학자와 마찬가지로 사람의 심리 문제를 다루지만 특별한 종류의 문제에 초점을 맞춘다. 상담심리학은 주로 교육적, 사회적, 직업적 적응 문제에 초점을 맞추는 심리학의 하위 분야다. 거의 모든 대학은 상담심리학자를 중심으로 구성된 상담소를 운영하고 있으며, 그것을 통해 직업상담은 물론 일상적인 어려움을 해결하기 위한 전략, 그리고 대인관계 문제에서 학점 관리에 이르기까지 광범위한 영역에 걸쳐 상담 서비스를 제공하고 있다. 많은 회사와 조직체 역시 종업원의 직업과 관련된 문제를 돕기 위해 상담심리학자를 고용하고 있다.

교육심리학과 학교심리학은 상담심리학과 사촌관계다. 교육심리학은 교육과정이 학생들에게 어떤 영향을 미치는지를 고려한다. 예컨대, 지능에 대한 이해, 보다 나은 교육기법의 개발, 그리고 교사와 학생의 상호작용에 대한 이해에 관심을 가진다. 이와는 대조적으로 학교심리학은 학업 및 정서 문제를 가진 초등학교와 중학교 아동을 평가하고 그러한 문제에 대한 해결책을 개발하는 데 기여하는 심리학의 하위 분야다.

5) 사회, 산업-조직, 소비자 및 비교문화 심리학자

어느 누구도 혼자 고립되어 살 수 없다. 우리는 복잡한 상호관계의 한 부분이다. 이러한 다른 사람 및 사회와의 관계는 많은 다른 종류의 심리학자의 연구 초점이 된다. 사회심리학은 사람들의 사고, 감정, 그리고 행위가 타인에 의해 어떻게 영향을 받는지를 연구한다. 사회심리학자(social psychologists)는 인간의 공격성, 타인과의 관계성 형성의 이유, 타인에 의한 영향을 이해하는 등의 다양한 주제에 초점을 맞춘다. 산업 및 조직 심리학자(industrial-organizational psychologists)는 작업장에서의 심리에 관심을 가진다. 특히 생산성, 직무 만족, 그리고 의사결정과 같은 주제에 관심을 가진다. 이와 관련된 하위 분야로는 소비자 심리학이 있는데, 이를 연구하는 소비자 심리학자(consumer psychologists)는 구매 습관에 관심을 두며, 광고가 구매자의 행동에 미치는 영향에 대해서도 관심을 가진다. 마지막으로 비교문화 심리학자(cross-cultural psychologists)는 여러 문화와 인종에 대해 심리적 기능의 유사점과 차이점을 연구한다.

6) 기타 심리학자

심리학 분야가 발달해 감에 따라 많은 하위 분야가 등장하기 시작하였다. 예컨대, 환경심리학자(environmental psychologists)는 사람들과 물리적 환경 간의 관계성을 고려한다. 환경심리학자는 물리적 환경이 우리가 타인에 대해 행동하는 방식, 우리의 정서, 그리고 특별한 장면에서의 스트레스 경험에 어떻게 영향을 미치는지를 다룬다. 한편 범죄심리학자(forensic psychologists)는 재판과정에서 공평한 판결을 하는 데 도움을 주는 기준 결정과 같은 법 관련 문제에 초점을 둔다. 프로그램 평가에 관심을 가지고 있는 심리학자는 보통 정부에 의해 시행되는 규모가 큰 프로그램(예, 정부 주도의 사회복지 서비스 프로그램)을 평가하고 프로그램의 본래 목표를 달성하는 데 있어 그것이 효과적이었는지를 결정하는 데 초점을 맞춘다.

이 외에 1990년대에 새롭게 탄생된 심리학의 하위 분야로는 우주심리학(space psychology)이 있다. 『스타트랙: 다음 세대(Star Trek: The Next Generation)』의 저자는 심리학자를 엔터프라이즈라는 우주선의 승무원에 포함시켰다. 외계 탐사의 몇 가지 측면은 생물학적 요인에서부터 사회적 요인에 이르는 다양한 심리 문제와 관련이 있다. 가장 중요한 요인으로는 다음과 같은 것이 있다(Adler, 1990).

① 우주 비행은 오랜 기간(최소 3년)이 소요된다. 승무원은 다양한 연령, 성, 그리고 인종을 가진다. 이러한 이유로 승무원 간에 갈등 가능성이 증가하며, 그 결과 심각한 심리 문제가 발생할 소지가 크다.

② 차멀미와 유사한 우주병(멀미, 구토, 두통, 졸림)은 승무원에게 나타나는 가장 일반적인 현상이다. 비록 이러한 증상이 우주 여행이 시작되고 며칠 지나면 사라지지만, 이러한 증상은 우주 여행 초기부터 불쾌한 정서를 일으켜 임무 수행에 부정적인 영향을 미칠 수 있다. 이에 심리학자는 사전 훈련을 통해 승무원이 그러한 생물학적 반응을 조절할 수 있도록 하는 훈련방법을 개발하여 승무원이 바이오피드백 훈련을 사용함으로써 자신의 신체 반응을 조절하는 방법을 학습하도록 할 수 있다.

③ 환경심리학자는 승무원에게 스트레스를 다루는 방법으로 우주선 밖을 관찰하거나 그 아래 펼쳐져 있는 지구를 보도록 권고한다. 우주선의 창밖을 보는 것은 스트레스를 해소시키는 데 매우 중요하다는 것이 환경심리학자의 주장이다. 이 외에 클리어워터(Clearwater, 1985)는 우주선의 색 도식이 중요하다고 주장한다. 즉, 우주선 내부는 하나의 색이 아닌 다양한 색으로 도색되어야 한다는 것이다.

④ 우주 승무원과 같이 고립된 집단은 흔히 집단 사고라 불리는 현상에 의해 의사결정의 어려움을 가진다. 결국 우주 승무원에 의해 내려진 결정은 그 효과성 측면에서 세심하게 감찰되어야 한다.

⑤ 마지막으로 이러한 특별한 집단에게서 발생할 수 있는 성 문제가 중요하다. 장기간에 걸친 우주 여행은 성적 긴장과 간통까지 발생시킬 가능성이 크다. 심리학자는 이러한 가능성을 다루는 데 도움을 제공할 수 있다(Broad, 1992).

이 같은 이유로 우주심리학자(space psychologists)는 우주 탐사에서 매우 중요한 역할을 할 수 있다. 향후 심리학은 이러한 '우주심리학' 이라는 하위 분야를 포함하게 될 것이다.

생각해 보기

키티 제노비스(Kitty Genovese)라는 이름의 한 여성은 1960년대 중반 뉴욕의 아파트 단지 근처에서 괴한의 공격을 받았다. 30분 동안 폭행이 가해졌고, 그녀는 비명을 지르며 도망가려는 시도를 하였고, 큰 소리로 주변 사람의 도움을 요청하기도 하였다. 근처 아파트들의 창문은 열려 있었고, 불빛도 있는 것으로 미루어 보아 분명히 아파트에 살고 있는 사람들이 있었다. 어떤 부부는 전등을 끄고 아예 의자를 창가에 가져다 앉아서 그 광경을 구경하기도 하였다. 어떤 사람은 아파트에서 "그 여자를 내버려 둬!"라고 소리를 지르기도 하였다. 그러나 그러한 고함 소리는 살인마를 물리치기에 역부족이었다. 살인자는 계속해서 그녀를 쫓아가 칼로 찔러댔고, 그녀가 쓰러지자 성폭행을 가하였다. 결국 그녀는 그 자리에서 사망하였다. 후에 밝혀진 사실이지만, 이 광경을 목격한 사람은 38명이나 되었는데도 그중 어느 누구도 그녀를 적극적으로 도와주지 않았다. 그 이유는 무엇인가?

제2장

행동의 생물학적 기초

HUMAN LIFE AND PSYCHOLOGY

1. 뉴런

1) 구조와 기능

매우 다양한 인지 및 신체 활동, 즉 생각하고, 기억하고, 걷고, 웃고, 말할 수 있는 것은 뉴런(neuron)이라 불리는 수많은 미세 뇌세포들의 활동에 의해 이루어진다. 수많은 모양과 크기를 가진 뉴런은 기본적으로 세 가지 구조, 즉 세포체, 수상돌기, 그리고 축색으로 이루어져 있다([그림 2-1] 참조).

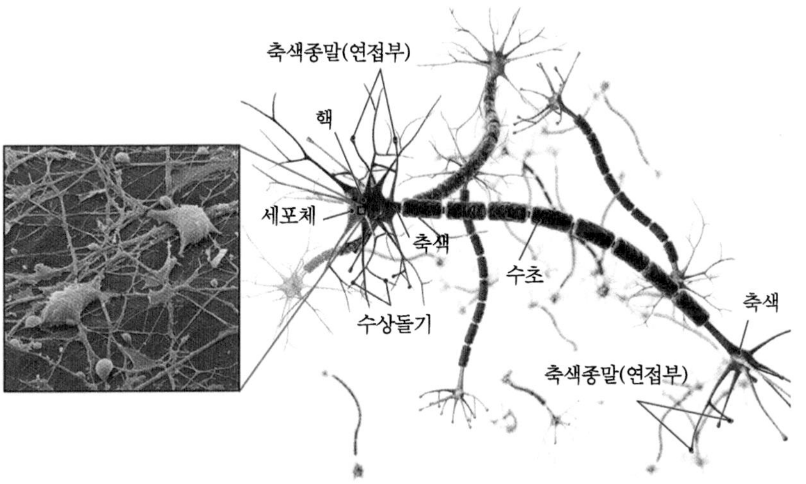

[그림 2-1] 뉴런의 기본 구조(Baird, 2010)

(1) 세포체

세포체(cell body 혹은 soma)는 수상돌기로부터 수집된 정보를 모아 처리하는 신경체계다. 세포체의 중심부에는 작은 타원형 핵이 있다. 핵은 화학물질의 생성과 뉴런의 조절을 위한 유전자 지시문(DNA 형태)을 포함하고 있다.

(2) 수상돌기

수상돌기(dendrites)는 세포체로부터 뻗어 나온 나뭇가지와 같은 모양을 하고 있으며, 다른 뉴런, 근육, 혹은 감각기관으로부터 신호를 받아 이 신호를 세포체로 전달하는 일을 한다. 즉, 다른 뉴런 또는 다른 세포나 기관 간에 의사소통 네트워크를 형성하는 신경체계다.

(3) 축색

축색(axon)은 한 줄의 실과 같은 구조로 되어 있으며, 세포체로부터 뻗어 나와 이웃하는 뉴런, 기관, 혹은 근육으로 신호를 보내는 일을 담당한다. 축색은 머리카락 폭만큼 짧은 것에서부터 척수에서 발끝까지의 긴 것에 이르기까지 다양한 길이를 가지고 있다.

(4) 수초

수초(myellin sheath)는 관과 같은 분리된 모양의 지방질로 구성되어 있으며, 축색을 둘러싸고 있어 절연체의 역할을 한다. 백색을 띠고 있는 수초는 이웃하는 축색에서 생성된 전기적 신호로부터 간섭을 받지 않도록 하는 역할을 한다. 운동 뉴런을 포함한 대부분의 큰 뉴런들의 축색은 수초를 가지고 있다.

(5) 축색종말

축색종말(end bulbs 혹은 terminal buttons)은 작은 방울 모양으로 축색 가지의 가장 끝단에 위치하며, 이웃하는 세포와 의사소통하기 위해 사용되는 신경전달물질이라 불리는 화학물질을 적재하고 있다. 각 종말은 이웃하는 뉴런의 수상돌기의 표면과 약간의 공간(연접)을 형성하면서 접해 있다.

(6) 시냅스

시냅스(synapse, 연접)는 축색종말과 이웃하는 세포 기관, 근육, 혹은 세포체 사이의 미세한 작은 공간이다. 축색으로부터 오는 전기적 신호에 의해 자극을 받을 때, 축색종말은 신경전달물질을 연접에 방출한다. 신경전달물질은 시냅스를 거쳐 이웃하는 세포로 전달되어 이웃하는 세포를 활성화시키거나 중지시키는 마치 스위치와 같은 역할을 한다.

2) 유형

(1) 감각 뉴런

감각 뉴런(sensory neurons)은 감각기관(눈, 코, 귀, 혀, 피부)으로부터 들어온 정보를 중추신경계로 보내는 역할을 한다. 이로 인해 구심성 뉴런(afferent neurons)이라 부르기도 한다.

(2) 운동 뉴런

운동 뉴런(motor neurons)은 중추신경계로부터 신체 전체에 퍼져 있는 여러 근육 또는 기관으로 정보를 전달하는 역할을 한다. 이로 인해 원심성 뉴런(efferent neurons)이라 부르기도 한다.

(3) 간 뉴런

간 뉴런(interneurons)은 감각 뉴런과 운동 뉴런 간에 정보를 전달하는 역할을 한다. 인간의 신경체계에 존재하는 대부분의 뉴런은 이 간 뉴런에 해당된다.

2. 뉴런의 정보 전달

1) 뉴런 내 정보 전달

자극이 없는 안정기(rest state) 동안에 축색의 내부는 음(-)전위를 띠고 있으며, 외부는 양(+)전위를 띠고 있다. 축색의 내부와 외부의 전위차는 -70mV로 유지된다. 그러나 자극이 가해지게 되면, 축색의 세포막에 존재하는 나트륨 펌프(sodium pump)가 작동을 멈추기 때문에 전위를 띠고 있는 이온들의 이동 통로가 개방되게 된다. 이때 수많은 양의 나트륨 이온(Na^{+})이 축색 내부로 돌진해 들어옴에 따라 축색 내부는 음전위에서 양전위로 역전된다. 이러한 현상을 **활동전위**(action potential)라 부른다. 이 활동전위는 축색을 따라 계속해서 전달되는데, 이러한 과정을 **신경충동**(nerve impulse)이라 부른다([그림 2-2] 참조).

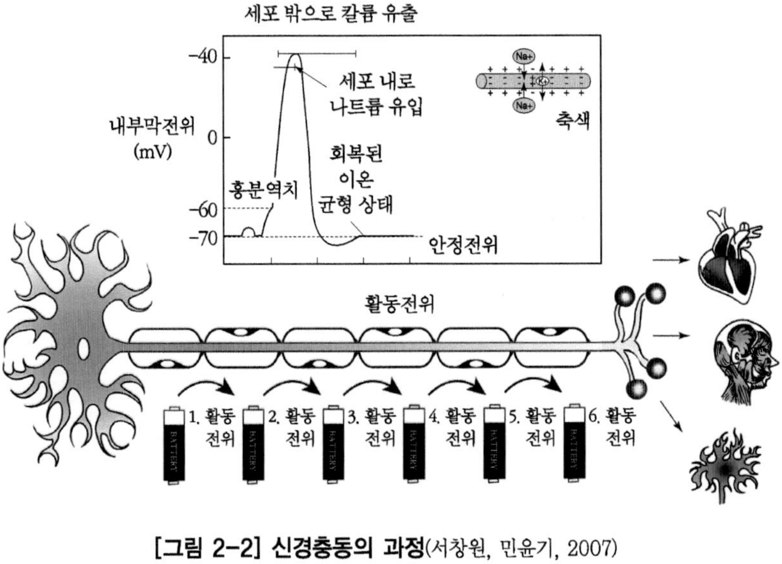

[그림 2-2] 신경충동의 과정(서창원, 민윤기, 2007)

2) 뉴런 간 정보 전달

일단 신경충동이 축색종말에 도달하게 되면, 이 마지막 활동전위는 축색종말로 하여금 신경전달물질(neurotransmitter)을 방출하도록 유도한다. 일단 방출된 신경전달물질은 연접에 방출되어 그 종류에 따라 이웃하는 수상돌기의 표면에 도달하게 된다. 수상돌기의 표면에는 수용기(receptors)가 있으며, 이는 마치 화학적 자물쇠와 같은 기능을 한다([그림 2-3] 참조). 신경전달물질의 종류는 많으나 각각이 어떤 종류의 화학적 자물쇠 혹은 수용기만을 열고 잠글 수 있는 유일한 화학적 열쇠를 가지게 된다. 그러나 알코올 분자는 뇌에서 생성되는 GABA라는 신경전달물질의 열쇠와 매우 닮았다. 따라서 GABA 뉴런이 흥분하면 불안과 긴장 감소, 억제력과 자기 통제감 상실, 친근감 증진과 같은 효과가 나타나게 되는데, 사람들이 알코올을 섭취했을 때에도 이와 같은 현상이 나타나게 된다.

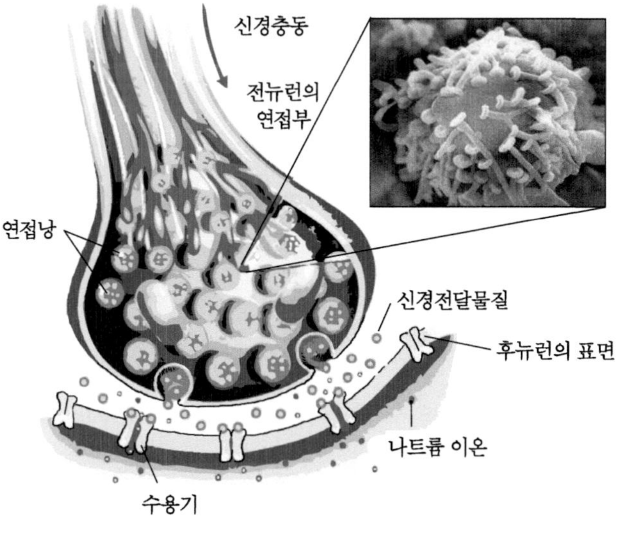

[그림 2-3] 신경전달물질 전달과정(Baird, 2010)

3. 신경계

1) 중추신경계

중추신경계(central nervous system: CNS)에 의해서 인간은 복잡한 인지기능(사고, 대화, 독서, 운전 등)을 수행할 수 있다. 중추신경계는 뇌와 척수(spinal cord)로 구성되어 있다. 뇌의 바로 아래에서 척수가 뻗어 나오며, 척수는 뇌와 신체 사이에 정보를 전달하는 뉴런과 축색다발, 수상돌기로 구성되어 있다.

2) 말초신경계

말초신경계(peripheral nervous system: PNS)에 의해서 인간은 근육을 움직이고, 신체로부터 감각 정보를 받으며, 다른 많은 신체 반응을 수행할 수 있다. 말초신경계는 척수로부터 분기되어 신체 전체에 퍼져 있는 다양한 근육, 분비선, 감각기관으로부터 메시지를 받고 보내는 역할을 한다. 말초신경계는 두 가지 하위 체계로 체성신경계(somatic nervous system)와 자율신경계(autonomic nervous system)를 가진다. 체성신경계는 팔, 다리, 등, 목, 그리고 가슴 근육과 같은 수의적으로 움직일 수 있는 감각수용기나 근육을 연결하는 신경망으로 구성된다. 자율신경계는 심장박동, 호흡, 혈압, 소화, 호르몬 분비와 기타 기능을 조절한다. 자율신경계는 일반적으로 의식적인 노력을 수반하지 않는 채 기능을 하며, 두 가지 하위 체계를 가진다.

(1) 교감신경계

교감신경계(sympathetic nervous system)는 위협적이고 도전적인 신체나 심리적 자극에 의해 촉발되며 생리적 각성을 증가시켜 신체가 행위를 하도록 준비시킨다. 예를 들면, 교감신경계는 무서운 뱀을 보았을 때 신체로 하여금 대적하거나 도망가도록 각성시킨다.

(2) 부교감신경계

부교감신경계(parasympathetic nervous system)는 신체를 이완시키며 소화에도 관여한다. 예를 들면, 이완감을 느끼거나 음식물을 소화시킬 때

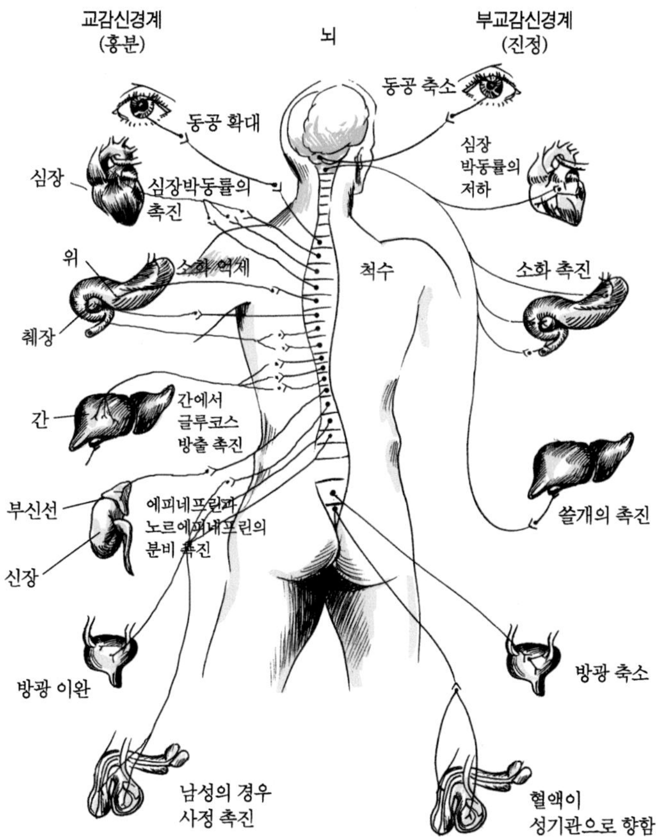

[그림 2-4] 자율신경계(Myers, 2007)

부교감신경계가 활성화된다.

3) 반사 반응

만약 우연히 뜨거운 전구를 만졌다면 손은 의식적인 사고나 노력이 없이 즉시 움츠러들게 될 것이다. 이것은 반사의 한 예다. 반사(reflex)란 어떤 자극에 대한 학습되지 않은 불수의적 반응을 말한다. 반사를 일으키는 신경망이나 연결은 유전자 지시에 의해 이미 확립되어 있다. 의사가 진단을 위해 무릎을 치는 것과 같은 경우, 무릎반사는 척수에 의해 조절된다. 밝은 빛에 눈이 노출될 때와 같은 다른 경우는 동공반사가 동공을 수축하게 만든다. 우리는 많은 프로그램화된 반사를 가지고 태어나며, 모든 반사는 그것들이 신경계에서 어떻게 연결되어 있는지에 따라 동일한 두 개 혹은 세 개의 단계를 공유한다.

반사가 매우 신속하게 일어나는 이유는 그것이 유전적으로 그렇게 작용하도록 프로그램이 구축되어 있으며, 비교적 적은 신경 연결을 가지고 있어 그만큼 시간이 절약되기 때문이다. 반사의 단계를 살펴보자.

(1) 센서

손가락의 피부는 온도에 민감한 특별한 센서 혹은 수용기를 가지고 있다. 손으로 뜨거운 전구를 만졌을 때, 이들 피부 센서는 손을 움츠리게 만드는 반사를 일으키는 뉴런을 촉발시킨다.

(2) 구심성 뉴런

길이가 긴 수상돌기는 피부수용기로부터 나온 전기적 신호 형태의 '통증 정보'를 척수로 보낸다. 이들 수상돌기는 감각 혹은 구심성(afferent) 뉴런의 일부다. 구심성 혹은 감각 뉴런은 감각으로부터 들어온 정보를 척수로 전송한다. 감각 뉴런은 손가락 끝에서 척수까지 뻗어 있는 긴 수상돌기를 가지고 있다. 통증 정보가 척수에 도달하면 두 번째 뉴런으로 전송된다.

(3) 간 뉴런

일단 구심성 뉴런들이 정보를 척수에 보내고 나면, 그 정보는 다시 간 뉴런(interneuron)이라 불리는 두 번째 뉴런으로 전달된다. 간 뉴런은 비교적 짧은 길이를 가진 뉴런으로, 다른 뉴런 간의 연결을 도모하는 역할을 한다. 예에서 간 뉴런은 통증 정보를 원심성 혹은 운동 뉴런이라 불리는 세 번째 뉴런으로 전송한다.

(4) 원심성 뉴런

척수의 내부에 있는 간 뉴런은 정보를 원심성 혹은 운동 뉴런이라 불리는 세 번째 뉴런으로 전달한다. 원심성(efferent) 혹은 운동 뉴런은 정보를 척수를 통해 내려 보내 신체 전체에 퍼져 있는 여러 근육 및 기관의 반응을 일으킨다. 원심성 뉴런은 척수로부터 전송된 전기적 신호를 긴 축색을 통해 손 근육으로 전송한다. 이런 전기적 신호는 '운동 정보' 를 포함하고 있어 손으로 하여금 어떤 신체 부위를 의식적 사고 없이 신속하게 움츠러들게 한다.

이 외에 간 뉴런은 통증 정보를 여러 뇌 영역으로 신속하게 전달하는 다른 뉴런에 보낸다. 이런 다른 뇌 영역은 손으로부터 들어오는 전기적 신호를 통증이나 뜨거운 것으로 해석한다. 이 시점에서 뇌는 운동 뉴런으로 하여금 안면과 성대 근육을 통제하여 아픈 표정을 짓게 하고 "아야!" 하고 소리 지르도록 만든다.

뜨거운 물체를 만졌을 때 자동적으로 손을 움츠리게 하고, 큰 소음이 있는 쪽으로 머리를 돌리게 하거나, 상한 음식을 먹고 토하게 하는 주요 이유는 그것이 생존과 관련되기 때문이다. 수백만 년 동안 진화되어 내려온 반사 기능은 부상이나 손상으로부터 신체를 보호하고 심장박동, 호흡, 그리고 혈압과 같은 생리적 반응을 자동으로 조절한다. 현대에 이르러 거의 사용되지 않고 있는 한 가지 원시적인 형태의 반사로 기모(piloerection)가 있다. 즉, 추운 곳에서 팔에 난 체모들이 곤두서는 것이 그 예다. 기모는 체모를 곤두서게 함으로써 절연 기능을 하게 하여 보온을 유지하는 데 도움을 준다. 그러나 이제 의복이 이러한 기능을 대신하고 있다.

4. 뇌의 구조와 기능

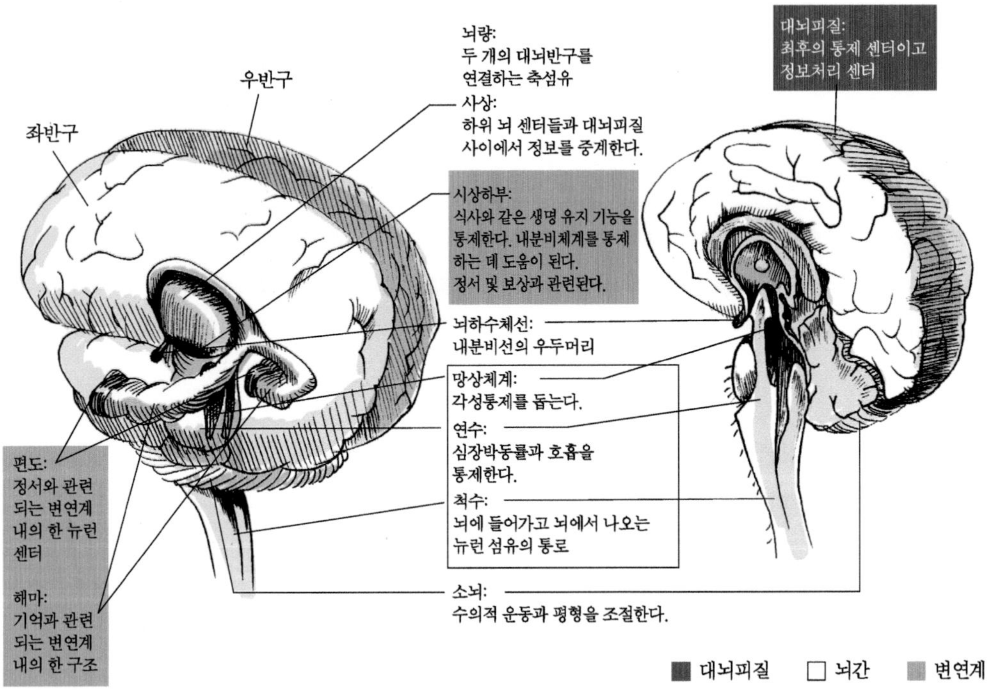

[그림 2-5] 뇌의 구조와 기능(Myers, 2007)

신경학자인 폴 맥린(Paul MacLean, 1990)은 우리의 뇌가 하나가 아닌 세 개의 구조로 구성되어 있다고 제안하였다. 그것은 뇌간, 변연계, 그리고 대뇌피질이다.

1) 뇌간

뇌간(brainstem)은 진화상 가장 오래된 부분에 해당된다. 뇌간은 호흡, 심장박동과 같은 생존과 관련된 기능을 담당하며, 뇌교(pons)와 연수(medulla)를 포함하고 있다.

(1) 뇌교

만약 어떤 사람이 심한 수면장애를 가지고 있다면 그 원인은 뇌교에 있을 수 있다. 라틴어로 뇌교를 뜻하는 'pons'는 척수와 뇌를 이어 주는 가교 역할을 한다. 또한 뇌교는 수면과 관련된 화학물질을 생성시킨다.

(2) 연수

어떤 사람이 약물 과다 복용으로 사망하였다면 사망의 원인은 연수에 있을 수 있다. 척수의 상단에 존재하는 연수는 생명과 관련된 반사 기능을 조절하는 세포군을 포함하고 있다. 알코올과 헤로인 등의 과다 복용은 연수세포의 기능을 억제시키고 호흡을 멈추게 함으로써 죽음을 초래할 수 있다.

2) 변연계

변연계(limbic system)는 동기 행동(예, 기, 갈, 성 행동), 정서행동(예, 공포, 분노, 공격성), 기억 저장에 관여한다. 변연계는 시상하부(hypothalamus),

편도체(amygdala), 해마(hippocampus)로 구성되어 있다.

(1) 시상하부

많은 정서 반응에 대한 통제소로 알려진 변연계의 구조로서 체온, 배고픔, 목마름, 피로, 노여움과 같은 기능을 조절한다. 이 외에도 자율신경계의 두 하위 체계인 교감신경계와 부교감신경계를 통제한다.

(2) 편도체

르두(LeDoux, 1994)는 편도체를 "의식적인 개입 없이 위험을 감지하고 빠른 대처 반응을 유발하는 신경체계"라고 설명하였다. 편도체는 정서에 관여하지만 정서의 형성과 기억에 더 많이 관여하는 구조다. 즉, 정서 경험과 얼굴 표정을 형성하고 인지하며 기억하는 일에 관여한다. 예를 들어, 편도체에 손상을 입은 환자들은 사람의 얼굴 표정을 인식하는 데 어려움을 보이며, 편도체가 제거된 동물들은 자신의 천적이 나타난 위험한 상황에서도 공포를 느끼지 않는다.

(3) 해마

해마는 많은 종류의 기억을 뇌의 여러 영역 속에 영구적으로 저장하는 일에 관여한다. 해마에 손상을 입은 사람은 새로운 정보를 잠시 동안 유지할 수는 있으나, 새로운 사건이 영구적인 저장소에 저장될 수 없기 때문에 새로운 사실, 장소, 혹은 대화를 기억하는 데 어려움을 겪는다.

3) 대뇌피질

진화상 가장 최근에 형성된 뇌의 구조는 신피질(neocortex), 즉 대뇌피질(cerebral cortex)이다. 피질은 뇌의 전체 표면을 망라하는 얇은 세포층

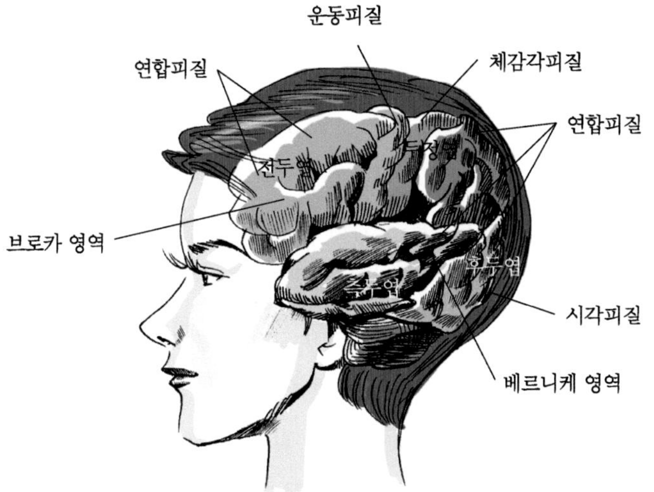

[그림 2-6] 대뇌피질과 언어담당 영역(Baird, 2010 참조)

으로 일찍이 연구자들에게 의해 네 개의 다른 영역 혹은 엽(lobe)으로 분리되어 있다는 사실이 밝혀졌다. 이 네 개의 엽은 전두엽(frontal lobe), 두정엽(parietal lobe), 측두엽(temporal lobe), 그리고 후두엽(occipital lobe)이다.

(1) 전두엽

전두엽은 종종 집행자(excutive) 또는 관리자(conductor)라고 불리는 영역으로 통합 및 관리 기능에 관여한다. 전두엽이 손상된 환자의 경우, 주의집중 문제, 기억 문제, 의사결정 문제, 사건을 계획하고 조직하는 문제 등을 겪는다. 또한 피니어스 게이지(Phineas Gage)와 같은 환자를 통해 전두엽의 손상은 성격과 정서의 변화를 초래한다는 것을 발견하기도 하였다(생각해 보기 참조). 전두엽의 후미에 보면 일차운동피질(primary motor cortex)이 존재하는데, 이는 모든 수의적 운동에 관여하는 영역이다. [그림 2-7]의 A는 복잡한 운동을 수행할 수 있는 능력을 보여 주기 위해 신체 부위를 다른 크기로 나타낸 운동 소인간(motor homunculus)이다.

(2) 두정엽

두정엽은 후두엽과 전두엽 사이에 위치한 영역으로 신체기관으로부터 들어오는 감각 정보 처리, 몸의 위치와 방향, 온각과 통각, 지각된 대상에 주의하기 같은 몇 가지 인지 기능을 관여한다. 그래서 두정엽이 손상된 환자는 껌과 동전과 같이 쉽게 구분할 수 있는 대상을 구분하지 못한다. 또한 PET 스캔 연구를 통해서 두정엽은 어떤 것을 기억할 때 관여하기도 한다는 것을 알 수 있었다. 두정엽의 앞쪽에 보면 체감각피질(somatosensory cortex)이 존재하는데, 주로 촉각, 몸의 위치, 통증 및 온도에 관한 감각 정보를 처리하는 부위다. [그림 2-7]의 B는 외부 자극에 대한 민감도의 양을 나타내기 위해 신체 부위의 크기를 다르게 그린 감각 소인간(sensory homunculus)이다.

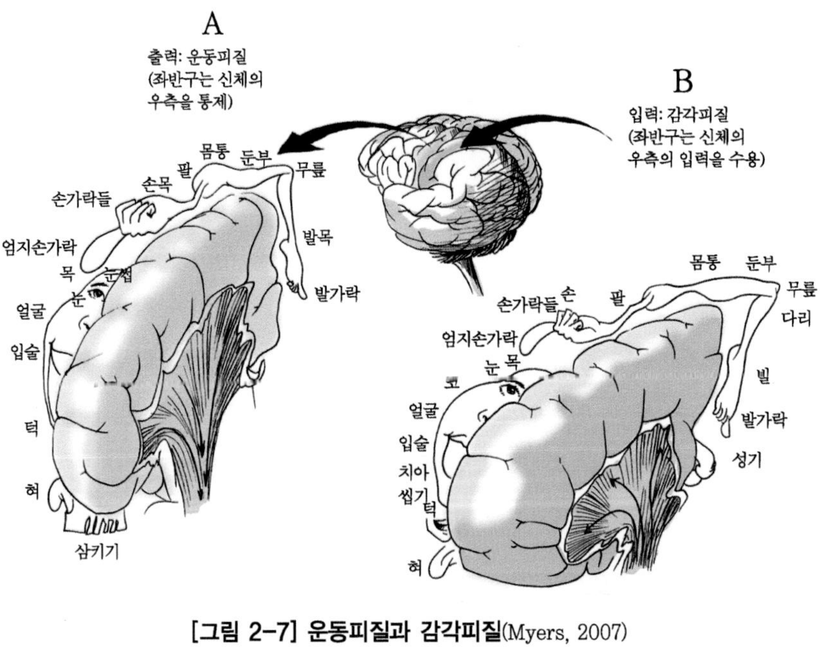

[그림 2-7] 운동피질과 감각피질(Myers, 2007)

(3) 측두엽

측두엽은 후두엽의 앞쪽에 위치해 있으며, 주로 청각 정보 처리(예, 듣기, 말하기 등)에 관여한다. 측두엽의 상단 가장자리에는 **일차 청각피질**(primary auditory cortex)이 위치해 있으며, 이 영역은 귀의 수용기로부터 전기적 신호를 전달받아 모음 및 자음과 같은 의미 없는 음 지각으로 변환시키는 기능을 한다. 일차 청각피질은 단지 귀로 들어오는 전기적 신호를 기본 감각 신호로 변환시킨다. 따라서 이 시점에서는 소리의 의미를 인식할 수 없을 것이다. 다만 이를 의미적으로 이해하기 위해서는 **청각연합영역**(auditory association area)이라 불리는 측두엽의 다른 영역으로 정보가 보내져야 한다. 이 영역은 일차 청각피질의 바로 아래에 위치해 있으며, 소음이나 소리와 같은 기본 감각 정보를 말이나 음악과 같은 인식할 수 있는 청각 정보로 변환시키는 기능을 한다.

(4) 후두엽

후두엽은 뇌의 뒷부분에 위치해 있으며, 인간의 뇌에 존재하는 네 개의 엽들 중에서 가장 작은 부분에 해당된다. 이 영역은 색을 보고 대상(object)을 지각하고 인식하는 것을 포함한 시각 정보 처리에 관여한다. 후두엽의 가장 뒷부분에 보면 **일차 시각피질**(primary visual cortex)이 존재하는데, 눈에 있는 수용기로부터 전기 신호를 받아 의미 없는 기본적인 시감각(예, 빛, 선, 그림자, 색, 질감)으로 변환시키는 기능을 한다. 청각 정보 처리와 유사하게 의미 없는 시감각이 의미 있는 시각 대상으로 지각되기 위해서는 시각연합 영역(visual associtation area)으로 정보가 전달되어야 한다. 만일 이 영역이 손상되게 되면 어떤 대상을 인식하지는 못하지만 시각 자극의 부분이나 조각을 설명할 수 있는 시각 실인증(agnosia)이 나타난다.

4) 언어와 뇌

언어는 인간에게 있어 서로 간에 의사소통이 가능하도록 하는 중요한 매체다. 이런 언어는 뇌의 여러 영역이 관여하여 처리된다. 그중 언어에 중요한 역할을 담당하는 브로카 영역(Broca's area)과 베르니케 영역(Wernike's area)에 대해 살펴보자.

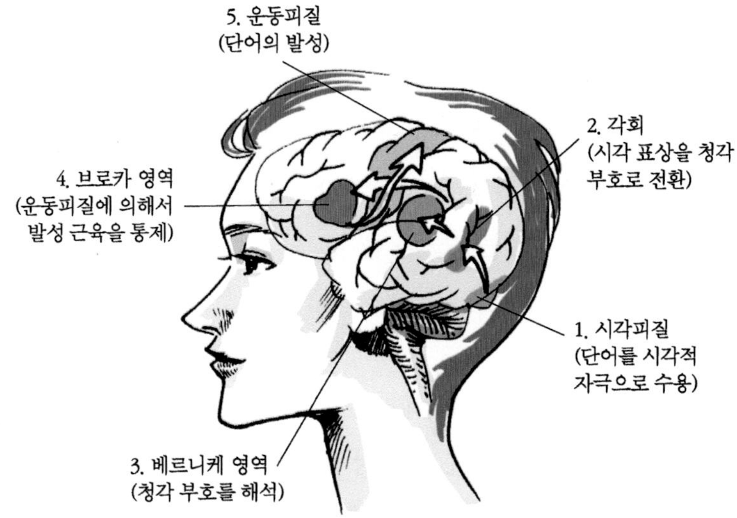

[그림 2-8] 언어담당 영역의 뇌(Myers, 2007 참조)

(1) 브로카 영역

브로카 영역은 일반적으로 좌측 전두엽에 위치해 있으며, 소리들을 단어로 결합하고 그 단어들을 의미 있는 문장으로 배열하는 기능을 담당한다. 이 영역에 손상을 입을 경우 브로카 실어증(aphasia)이 초래되며, 이는 말을 유창하게 할 수는 없지만 글이나 구술되는 문장을 이해할 수는 있는 현상을 의미한다. 예를 들어, 브로카 실어증을 가지고 있는 사람에게 "너는 병원에서 무엇을 했니?"라고 질문하면, "나 가요. 음……

원…… 물…… 리, 한, 말…… 읽고…… 쓰고…… 좋아…… 져요."와 같이 단어를 나열하는 데 그친다. 이 사람은 사실 "병원에 가서 1시에 물리치료를 받았고, 말하고 읽고 쓰는 연습을 했는데 많이 좋아졌어요."라고 말하고 싶었던 것이다. 브로카 실어증을 가지고 있는 환자가 유창하게 말을 할 수는 없으나 단어와 문장을 이해할 수 있는 이유는 측두엽에 있는 베르니케 영역 때문이다.

(2) 베르니케 영역

베르니케 영역은 일반적으로 좌측 측두엽에 위치해 있으며, 문장을 말하고 말을 이해하는 데 관여한다. 이 영역이 손상을 입으면 베르니케 실어증이 초래되며, 이러한 증상을 가지고 있는 사람은 단어를 이해하지 못할 뿐만 아니라 단어를 의미 있는 문장으로 배열하지 못한다. 언어 중추가 주로 좌반구에 위치해 있기 때문에 거의 모든 오른손잡이(95%)와 많은 왼손잡이(70%)는 브로카 영역과 베르니케 영역이 좌측에 존재한다. 그러나 일부 사람은 우반구에 언어 중추가 존재하기도 한다.

5. 분리 뇌

6세인 빅토리아는 간질병을 가지고 있었다. 발작을 시작하면 의식을 잃고 바닥에 쓰러져 근육을 통제할 수 없는 상태가 되며, 통증을 느끼지는 않지만 발작이 멈추고 나면 자신에게 어떤 일이 벌어졌는지를 기억하지 못한다. 그녀는 항경련제(anticonvulsant)를 복용하였고, 18세가 될 때까지 발작은 일어나지 않았다.

빅토리아가 18세가 되었을 때 알려지지 않은 이유로 발작이 다시 시작되었는데 그 강도는 더 심하였다. 항경련제도 더 이상 효과가 없었다. 발작은 그로부터 10년 동안 계속되었다. 결국 27세가 되었을 때, 그녀는 심각한 부작용의 가능성이 높음에도 불구하고 최후의 수단으로 뇌 절제술을 결심하게 되었다. 이 수술에서 의사는 우반구와 좌반구를 이어 주는 주요 연결 부위를 절단하였다. 이를 분리 뇌(split brain)라 부른다.

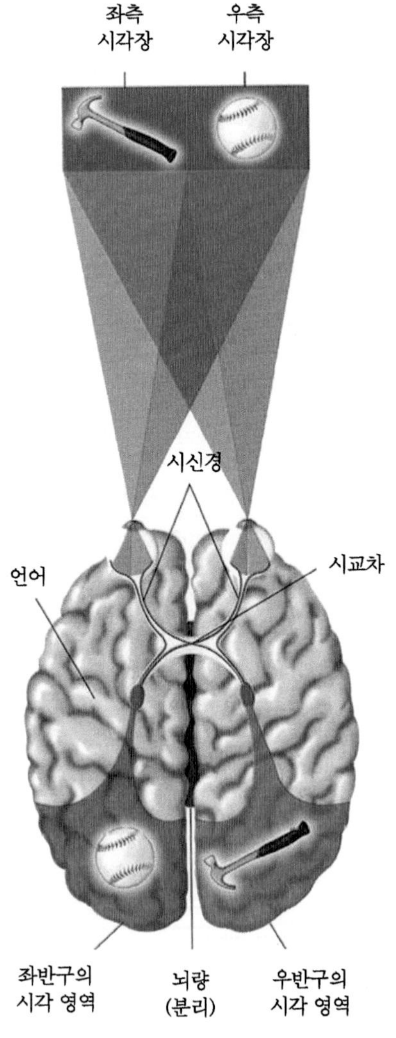

[그림 2-9] 분리 뇌(Baird, 2010)

각 반구가 무엇을 하고 무엇을 할 수 없는지를 결정하기 위해 뇌가 분리된 후에 빅토리아에게 실시한 가자니가(Gazzaniga) 검사를 살펴보기로 한다.

[그림 2-10]에서 보는 바와 같이 스크린에 'HE · ART' 라는 단어를 제시하고, 빅토리아에게 HE와 ART 사이에 있는 점을 응시하도록 요청하였다. 빅토리아의 뇌반구는 분리되었기 때문에 점의 각 측면으로부터 오는 정보는 반대 반구로만 들어갈 것이다. 이는 빅토리아의 좌반구가 단어 'ART' 만을 보고, 우반구는 'HE' 만을 볼 것임을 의미한다.

"무엇을 보았습니까?" 라고 질문하였을 때, 빅토리아는 말할 수 있는 능력을 가지고 있는 좌반구에 투사된 단어 'ART' 를 보았다고 대답하였다. 빅토리아의 우반구는 단어 'HE' 를 보았지만, 우반구는 본 것을 말할 수 없다는 것이 판명되었다. 그러나 빅토리아는 왼손으로 책상 위에 제시된 단어 카드 가운데 'HE' 라는 단어를 가리킬 수 있었다(우반구는 신체의

[그림 2-10] 분리 뇌 실험(Myers, 2007 참조)

좌측을 통제하기 때문에 왼손으로 가리켰다). 이는 우반구가 질문을 이해하고 단어 'HE' 를 보았다는 것을 시사한다.

6. 주요 뇌 연구방법

뇌는 본질적으로 단단한 두개골 속에 놓여 있는데 그것을 보거나 연구하는 것이 가능한가? 그러한 것이 가능하다는 것을 이해하기 위해 나무상자 속을 상상해 보라. 나무상자를 열지 않고 그 속을 어떻게 들여다볼 수 있을지 생각해 보자. 의사가 지난 수십 년에 걸쳐 개발된 놀라운 기법을 가지고 실제로 어떤 일을 행할 수 있는지를 생각해 볼 수 있다. 의사는 두꺼운 두개골 속에 위치해 있는 뇌의 크기와 모양을 볼 수 있고, 뇌의 미세한 굴곡 뇌도 연구할 수 있는 기법을 사용할 수 있다. 비록 뇌세포, 특히 뉴런이 극히 손상되기 쉬울지라도, 새로운 기법은 그것을 전혀 손상시키지 않으면서 연구할 수 있도록 해 준다. 그러한 기법 가운데는 MRI와 PET 뇌 스캔 기법이 있다.

1) MRI 스캔

그는 호텔에 걸어 들어가는 동안 심한 머리의 통증을 느꼈다. 방에서 앉아 있는 동안 시계를 보았고, 시계의 숫자를 볼 수는 있었으나 몇 시인지를 말할 수 없었기 때문에 갑작스러운 공포감을 느꼈다.

후에 신경학자는 스티브에게 혈관이 터져 피가 뇌의 주변 영역에 흘러 들어갔다고 말해 주었다. 손상된 뇌 부위의 위치와 정도는 MRI라는 기법에 의해 확인이 가능하다. MRI 혹은 자기공명영상(magnetic resonance imaging) 기법은 뇌에 인체에 무해한 무선 주파수를 통과시키는 방법이다. 컴퓨터는 이 신호가 뇌세포와 어떻게 상호작용하는지를 측정하며 이러한 상호작용을 정밀한 뇌(혹은 신체)영상으로 변환시킨다. MRI는 뇌의 구조를 연구하기 위해 사용된다([그림 2-11] 참조).

MRI 절차가 시행되는 동안, 스티브는 큰 돔 모양의 기계 장치의 중앙에 반듯이 누워 무선파가 방사되는 둔탁한 드럼 소리를 듣게 된다. 무선파로부터 반사되는 신호는 컴퓨터에 의해 분석되고, 컴퓨터는 이 분석 정보를 매우 상세한 살아 있는 뇌 그림으로 전환시킨다.

(1) 뇌손상

MRI 스캔을 하는 동안, 뇌의 단면 이미지가 화면에 제시된다. 뇌 단면의 정상적인 재색 영상이 갑자기 두드러지면 그 부분의 세포가 죽었다는 것을 나타낸다. 스티브의 경우는 시각 정보를 처리하는 뇌 부위에서 뉴런이 손상된 것으로 나타났기 때문에 시계를 쳐다볼 수는 있지만 시간을 말할 수 없는 시각 문제를 경험한 것이다. 그러나 그는 시각 영역의 아주 미세한 부분이 손상되었기 때문에 걷거나 느끼거나 말하고 듣는 대부분의 다른 기능은 정상이었다. 비록 엉뚱한 시간이기는 했지만 스티브가 소리 내어 시간을 말할 수 있는 이유는 청각을 담당하는 뇌 영역이 손상되지 않았기 때문이다.

(2) 장점

MRI 스캔의 장점은 인체에 해롭지 않은 무선 주파수를 사용하여 살아 있는 뇌의 내부 구조에 대한 정교한 영상을 제공한다는 것이다. MRI는 주로 뇌의 구조에 대한 연구뿐 아니라 종양이나 다른 유형의 뇌손상을 확인하기 위해 사용된다.

어느 뉴런이 활성화되고 있는지와 같은 뇌의 기능을 연구하고자 할 때, 연구자들은 PET 스캔으로 알려진 최근에 개발된 다른 방법을 사용한다.

2) PET 스캔

현재 생물심리학에 있어서 가장 관심을 모으는 발전 가운데 하나는 PET 스캔이라 불리는 비교적 새로운 영상기법을 사용하는 것을 포함한다. PET 스캔 혹은 양전자 방출 단층촬영(positron emission tomography)은 약간의 방사성 용해액을 혈관에 주사하고 뇌세포에 의해 흡수된 방사선 양을 측정하는 것이다. 매우 활동적인 뇌세포(뉴런)는 덜 활동적인 뇌세포보다 더 많은 방사성 용해액을 흡수한다. 컴퓨터는 흡수량에 따라 뉴런의 활동을 나타내는 색으로 전환시킨다. 적색과 노란색은 뉴런의 최대 활동을 나타내는 반면, 청색과 녹색은 최소 활동을 나타낸다. 예를 들면, '단어를 말할 때' 와 비교하여 '단어를 볼 때' 뇌의 어느 부분이 활성화되는가? 이는 피험자에게 '단어를 보거나' '단어를 말하도록' 요청하고 PET 스캔을 실시하여 확인해 볼 수 있다.

(1) 단어 보기

PET 스캔은 피험자가 '단어들을 보고 있지만' 그 단어들을 '말할 수 없을 때' 시각 정보 처리에 관여하는 뇌의 뒷부분에서 신경 활동이 가장 크게 일어난다는 것을 보여 준다.

(2) 단어 말하기

PET 스캔은 피험자가 단어를 생각하는 대신에 '그것들을 말할 때', 언어 처리에 관여하는 뇌의 전면 중앙 부위에서 가장 큰 신경 활동이 발생된다는 것을 보여 준다.

(3) 매핑(mapping) 영역

PET 스캔을 사용하여 연구자들은 사고, 언어와 같은 복잡한 인지 과제를 수행할 때의 뇌 활동 지도를 작성할 수 있다. 최근에 연구자들은 뇌의 어느 영역이 일상생활에서 행하는 어떤 것(예, 동물과 대상의 명칭 말하기)에 관여하는지를 보여 주는 흥미로운 뇌 활동 지도를 제시하였다(Martin et al., 1996).

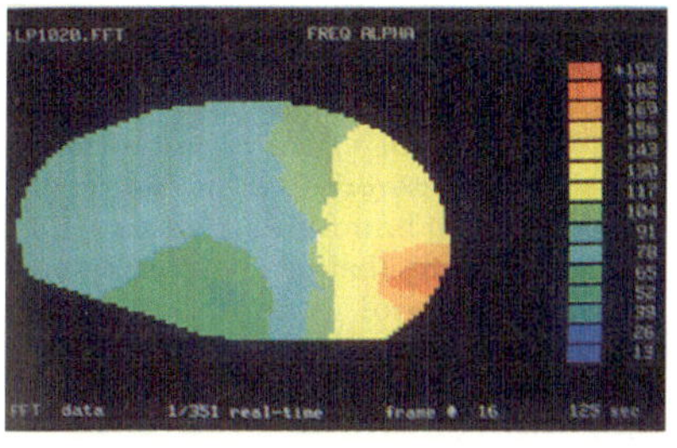

a 컴퓨터 생성 EEG 영상

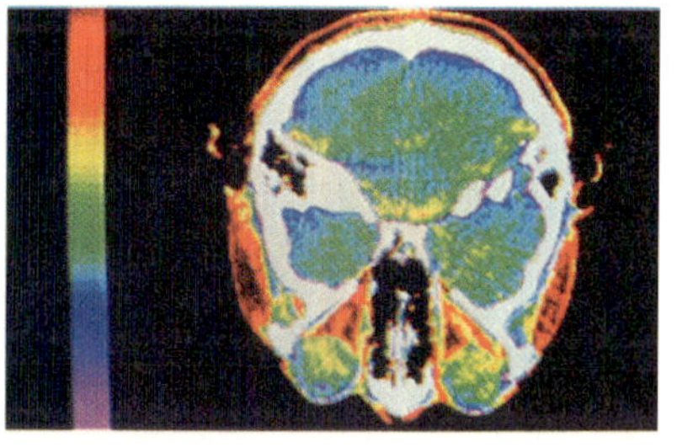

b CAT 스캔

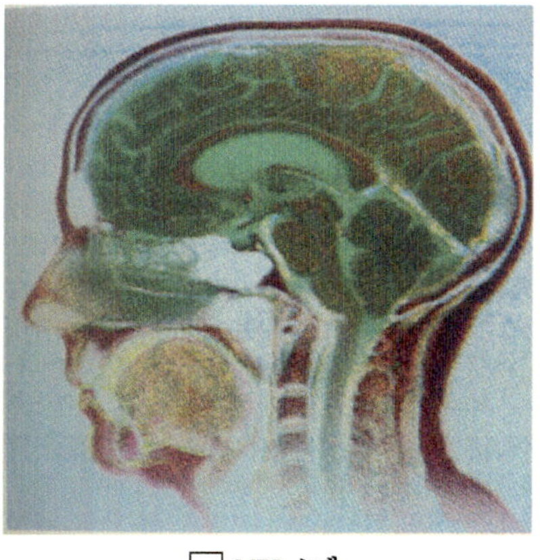

c MRI 스캔

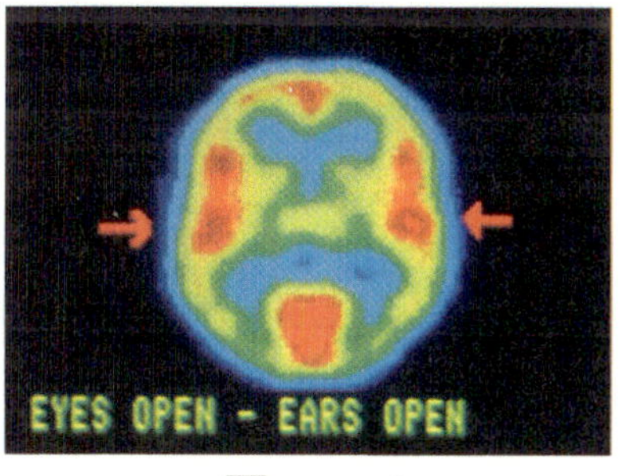

d PET 스캔

[그림 2-11] 스캔 사진

생각해 보기

1848년 9월 13일 오후 4시 반을 지날 무렵, 버몬트 주의 카벤디시라는 작은 마을 근처에서 한 건의 사고가 발생하였다. 철도원은 철길을 내기 위해 길에 놓여 있는 바위 폭발 작업을 하고 있었다. 피니어스 게이지는 바위에 작은 구멍을 내고 폭약을 장착하는 작업을 하고 있었다. 바위에 낸 구멍에 폭약 가루를 넣고 긴 쇠막대로 다진 다음 그 위에 모래를 채우는 작업이었다. 그러나 폭약 가루를 다지기 위해 긴 쇠막대를 바위 구멍에 넣고 다지는 순간 구멍의 내부에서 쇠막대와 바위 재질이 부딪치면서 발생된 작은 불꽃 스파크로 인해 그만 화약이 폭발하고 말았다. 폭발과 함께 쇠막대가 피니어스의 왼쪽 눈 바로 아래쪽에서 두개골을 뚫고 지나갔다.

이 사고로 피니어스는 겨우 생명은 유지할 수 있었으나 그의 성격이 변했다. 그는 동료 사이에서 인기가 있었고 친근한 성격을 가지고 있었으나, 사고 이후에는 참을성이 없고 동료를 비난하며 약속을 지키지 않는 성격으로 변하였다.

연구자들은 피니어스의 뇌손상 정도와 손상된 위치를 확인하기 위한 복원 작업을 시도하였다. 쇠막대는 피니어스의 전두엽을 관통하면서 큰 손상을 입혔다. 연구자들은 사고 후 피니어스에게 행해진 백질절제술(lobotomy) 중에 손상된 전두엽의 일부 영역을 제거한 후유증으로 정서 처리 및 의사결정에 있어서 어떤 결함이 초래되었다는 결론을 내렸다.

제3장

감각과 지각

1. 감각
2. 시각
3. 청각
4. 화학 감각
5. 촉각
6. 지각 조직화

HUMAN LIFE AND PSYCHOLOGY

1. 감각

1) 정신물리학

우리는 에너지의 공간에 살고 있으나 우리 주변에 존재하는 많은 물리적 에너지를 감지하지 못한 채 살아가고 있다. 예를 들면, 우리는 X선, 자외선, 가청 영역을 벗어난 주파수의 소리 등을 인식하지 못한다. 정신물리학(psychophysics)은 이처럼 물리적 특성과 물리적 자극이 수반된 감각 경험이 어떻게 관련되어 있는지를 연구한다. 이는 먼 거리에서 불빛을 탐지하거나 또는 소리를 지각하는 데 어느 정도의 자극 강도가 요구되는지를 알 수 있도록 도와준다.

(1) 절대역

절대역(absolute threshold)은 개인이 자극을 탐지할 확률이 50%인 자극의 강도 수준을 말한다. 이는 페히너(Gustav Theodor Fechner)가 정의

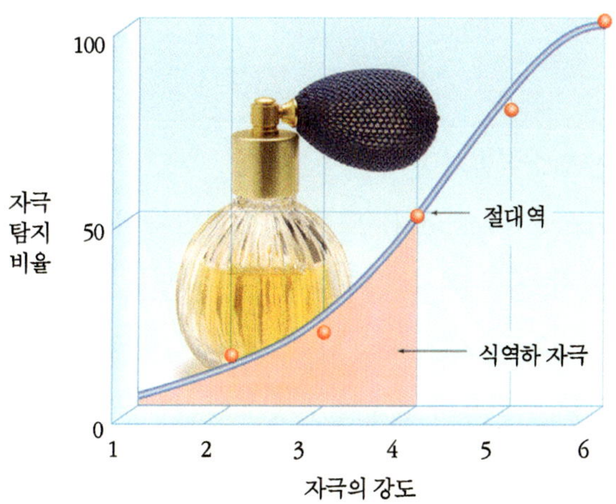

[그림 3-1] 자극 강도와 자극 탐지 비율에 따른 절대역(Baird, 2010)

한 절대역의 개념, 즉 '관찰될 수 있거나 경험할 수 있는 가장 소량의 에너지 자극' 이 개개인 또는 검사 상황에 따라 달라질 수 있다는 측정의 변산도를 고려하여 재정의된 개념이다.

(2) 식역하 자극

식역하 자극(subliminal stmuli)은 절대역 이하의 강도를 가지고 있는 자극을 말한다. 이러한 식역하 자극을 사람들이 감지하지는 못하지만 그 영향을 받을 수 있다는 논쟁은 영화 프레임에 포함된 '코카콜라를 마시고 팝콘을 먹자(Drink Coca-Cola, Eat Popcorn)' 라는 문구로 인해 콜라와 팝콘의 판매량이 증가했다는 신문 보도에서부터 시작되었다(Pratkanis, 1992). 이 사건의 진위 여부는 오보라는 잠정적인 결론에 도달했지만, 일부 연구에서는 특정 조건에서 이러한 식역하 자극의 효과가 나타날 수 있음을 보여 주었다. 크론식 등(Kronsick, Betz, Jussim & Lynn, 1992)은 역치 이하로 순간 노출시킨 장면(긍정적 장면: 신혼부부, 턱시도를 입고 웃고 있는 남성 등, 부정적 장면: 늑대, 화상 입은 얼굴 등)이 제시된 후 나타나는 사진 속 인물에 대한 태도를 측정하였다. 그 결과, 실험 참가자들은 긍정적인 장면에 노출된 이후 제시된 인물을 더욱 긍정적으로 평가하는 경향을 보였다.

(3) 차이역 또는 최소식별차이

차이역(difference threshold) 또는 최소식별차이(just noticeable difference: JND)는 두 자극 간의 차이를 식별할 수 있는 확률이 50%인 차이 강도 수준을 의미한다. 2g의 무게와 4g의 무게를 가진 두 자극의 강도 차이는 쉽게 탐지할 수 있으나, 50g의 무게와 52g의 무게를 가진 두 자극의 강도 차이는 쉽게 탐지하지 못한다. 이는 큰 강도를 가진 자극의 경우 강도 차이가 훨씬 클 때에만 그 차이가 탐지될 수 있음을 시사한다. 베버

(Ernst Weber)는 차이역이 자극의 일정한 양이 아니라 일정한 비율임에 주목했으며, 이후 이 원리는 베버의 법칙(Weber's law)으로 불렸다.

2) 감각의 특성

감각은 감각기관의 수용기에 물리적 에너지가 전달되면서부터 시작된다. 이 과정에서 감각기관은 물리적 에너지를 전기적 에너지로 변화시키는 과정인 **변환**(transduction)의 과정을 수행하게 된다. 이렇게 변환된 신호는 처리를 위해 뇌로 보내진다. 예를 들면, 음식의 향이 코로 들어오면 코는 향 분자를 전기 신호 혹은 전기적 충동으로 변환시키고, 변환된 신호는 뇌로 보내져 그 신호가 유쾌한지 혹은 불쾌한지를 해석하게 된다. 그러나 이런 감각기관은 지속적으로 동일한 자극에 노출되면 자극에 대한 반응이 둔감해지게 된다. 이 과정을 **순응**(adaptation)이라고 한다. 예를 들어, 우리는 화장실에 들어갈 때 처음에는 불쾌한 냄새로 인해 인상을 쓰게 되지만, 화장실에 있는 시간이 길어짐에 따라 나중에는 그 불쾌한 냄새를 인식하지 못하게 되는 현상을 경험하게 된다.

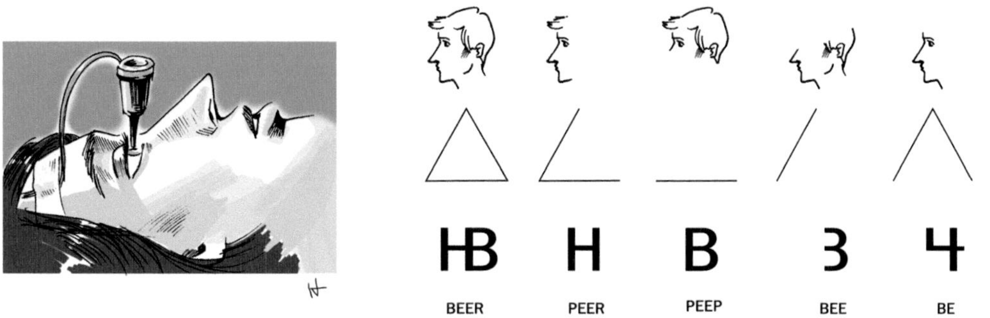

[그림 3-2] 감각 실험(Myers, 2007 참조)

▶ 감각 대 지각(sensation vs. perception)

감각은 뇌가 감각기관으로부터 들어오는 전기적 신호를 처리할 때 초래되는 비교적 의미 없는 정보 조각이다. 일반적으로 우리는 뇌가 감각을 즉시 지각으로 변화시키기 때문에 감각을 인식하지 못한다. 반면 지각은 뇌가 수많은 감각을 조합한 후에 초래되는 의미 있는 감각 경험을 의미한다. 예를 들면, 시감각은 의미 없는 선, 색, 그리고 모양으로 구성되며, 시지각은 이러한 의미 없는 감각을 조합하여 완전하고도 의미 있는 경험으로 변화시킨다.

2. 시각

1) 눈의 구조와 기능

(1) 각막

각막(cornea)은 눈의 전면을 덮고 있는 둥근 투명막이다. 빛 파장이 각막을 통과하면 각막의 굽은 표면은 빛을 보다 협소한 빛으로 구부려 초점을 맞춘다.

(2) 홍채

홍채(iris)는 동공을 둘러싸고 있는 원형 근육으로 눈으로 들어오는 빛의 양을 조절한다. 홍채는 희미한 또는 어두운 빛 조건에서는 이완되어 빛이 더 많이 들어올 수 있도록 하며(동공 확장), 밝은 빛 조건에서는 수축하여 빛이 적게 들어오도록 한다(동공 수축).

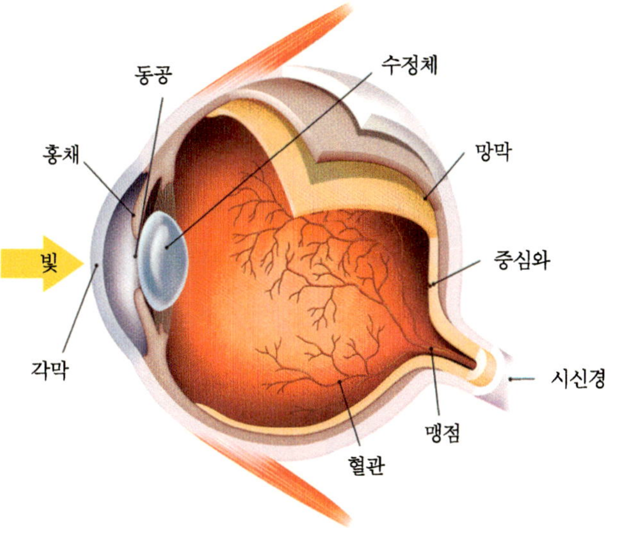

[그림 3-3] 눈의 구조(Baird, 2010)

(3) 동공

동공(pupil)은 빛 파장을 눈의 내부로 통과시키는 눈의 전면에 있는 둥근 개방구다. 동공이 커지거나 작아지는 이유는 홍채라 불리는 근육 때문이다.

(4) 수정체

수정체(lens)는 굽은 표면을 가지며, 빛 파장을 보다 협소한 빛으로 구부려 초점을 맞추는 둥근 타원형 구조로 이루어져 있다. 원거리에 있는 대상을 보기 위해서는 빛 파장이 작은 각도로 굴절되어야 하기 때문에 수정체가 평평한 형태로 유지되지만, 근거리에 있는 대상을 보기 위해서는 빛 파장이 큰 각도로 굴절되어야 하기 때문에 수정체가 볼록한 형태로 조절된다.

(5) 망막

망막(retina)은 안구 후면에 위치해 있으며, 빛에 극히 민감한 세포를 포함하고 있는 조직이다. 빛에 민감한 세포를 광수용기(photoreceptor)라 부르는데, 망막에는 두 종류의 광 수용기가 존재한다. 하나는 **간상체**(rod)로 주로 망막의 주변 영역에 분포되어 있다. 이것은 적은 양의 빛에 의해 활성화되기 때문에 어두운 조명 조건에서도 사물을 볼 수 있도록 해 준다(흑백과 회색의 음영). 다른 하나는 **원추체**(또는 **추상체**, cone)로 주로 망막의 중심와(fovea)에 분포되어 있다. 이것은 밝은 조명 조건에서 활성화된다.

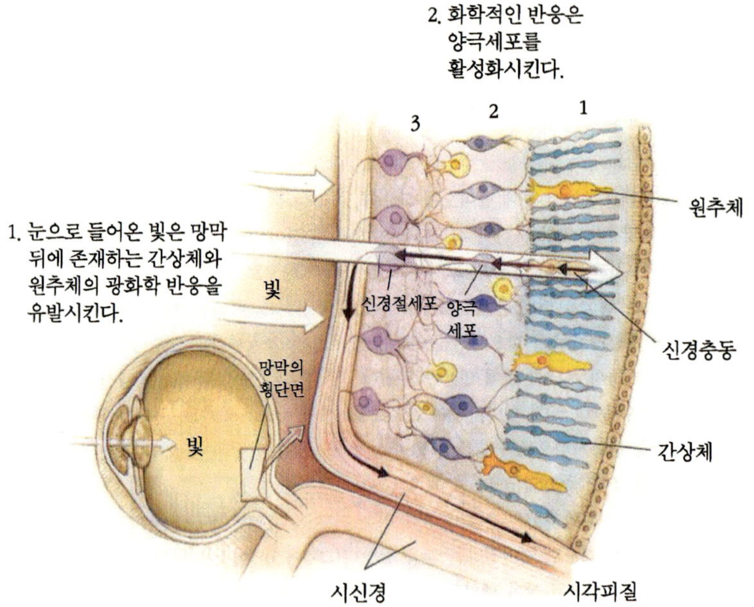

[그림 3-4] 원추세포와 간상체(Myers, 2007)

(6) 맹점

맹점(blind spot)은 시신경이 눈을 빠져나가는 곳으로 광수용기가 존재하지 않는다. 따라서 이곳에 상이 맺히게 되면 그 상은 눈에서 사라지는 것처럼 보인다. 그러나 일상생활에서 우리의 눈은 계속해서 움직이기 때문에 맹점으로 인해 상이 사라지는 일은 좀처럼 발생하지 않는다.

2) 시각 정보 처리

우리가 상(image)을 처리할 때, 빛의 파장은 망막에 도달하게 된다. 망막에 도달한 빛 파장은 신경절세포(ganglion cells)에 의해서 전달되는데, 이때 신경절세포의 축색이 시신경(optic nerve)을 이루고 있다. 이렇게 시신경을 따라 전달되는 정보는 시교차(optic chiasm)라고 하는 두 눈의 중간 지점에서 분리된다. 즉, 오른쪽 눈을 통해 전달되던 시각 정보는 좌반구

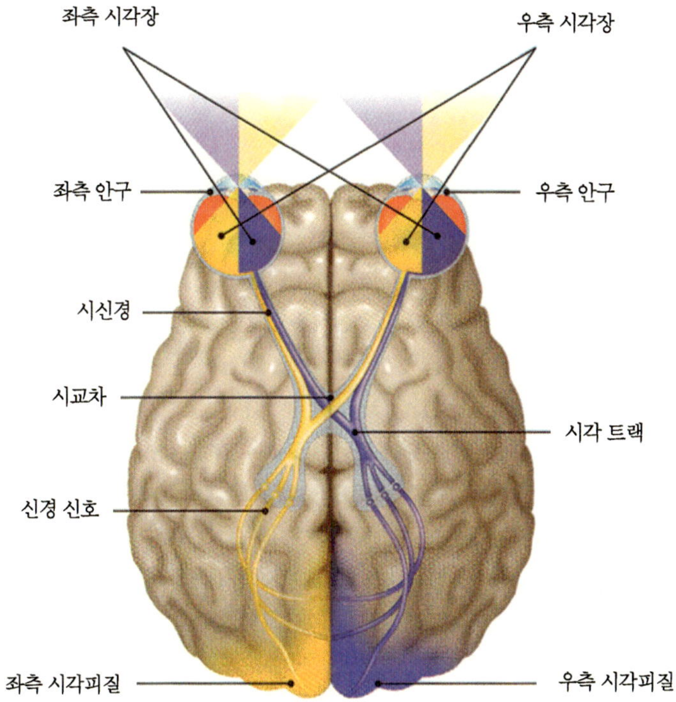

[그림 3-5] 시각 정보 처리(Baird, 2010)

의 시각피질에, 반대로 왼쪽 눈을 통해 전달되던 시각 정보는 우반구의 시각피질에 각각 분리되어 전달되게 된다.

3) 색채시

(1) 영과 헬름홀츠의 삼원색설

영(T. Young)과 헬름홀츠(H. L. F. von Helmholtz)는 어떤 색이든 세 가지 색(빨강, 파랑, 초록)에 해당하는 빛의 파장을 조합하면 만들 수 있다는 삼원색설(trichromatic theory of color vision)을 주장하였으며, 인간의 눈이 색을 인식함에 있어서도 세 가지 유형의 수용기가 존재할 것으로 추론하였다.

[그림 3-6] 색의 혼합(Baird, 2010)

(2) 헤링의 대립과정설

에드워드 헤링(Edward Hering)은 잔상(afterimages)현상이 삼원색설로 설명되기 어려운 현상임을 지적하고 대립과정설(opponent-process theory)을 주장하였다. 잔상은 색을 가지고 있는 대상을 응시하지 않을 때조차 망막의 활성화가 계속되기 때문에 나타나는 현상이다. 예를 들면, 초록색의 막대를 오랫동안 바라보다가 흰 여백이 있는 곳을 바라보면 마치 빨간색의 막대가 그곳에 있는 것과 같은 현상을 경험하게 된다. 이처럼 동일한 색의 막대가 아닌 보색관계에 있는 색의 막대가 보이는 현상을 통해 빨강-초록, 파랑-노랑, 검정-하양과 같이 서로 짝을 이루어 색이 처리되는 것으로 추론하였다.

[그림 3-7] 잔상 실험(Myers, 2007)

3. 청각

1) 귀의 구조와 기능

(1) 외이

외이(outer ear)는 귓바퀴(pinna), 이도(ear canal), 그리고 고막(ear drum)으로 이루어져 있다. 귓바퀴는 머리의 외측에 형성되어 있는 타원형 구조로 이루어져 있으며, 음파를 수집하여 이도라 불리는 좁고 긴 터널로 보내는 기능을 담당한다. 이도는 음파를 그 관을 따라 집중시켜 얇은 고막을 때리도록 하는 기관이다. 음파가 고막을 때리면 고막은 진동하게 되는데, 이 진동은 고막과 연결되어 있는 중이(middle ear)의 3개의 뼈 중 첫 번째 것에

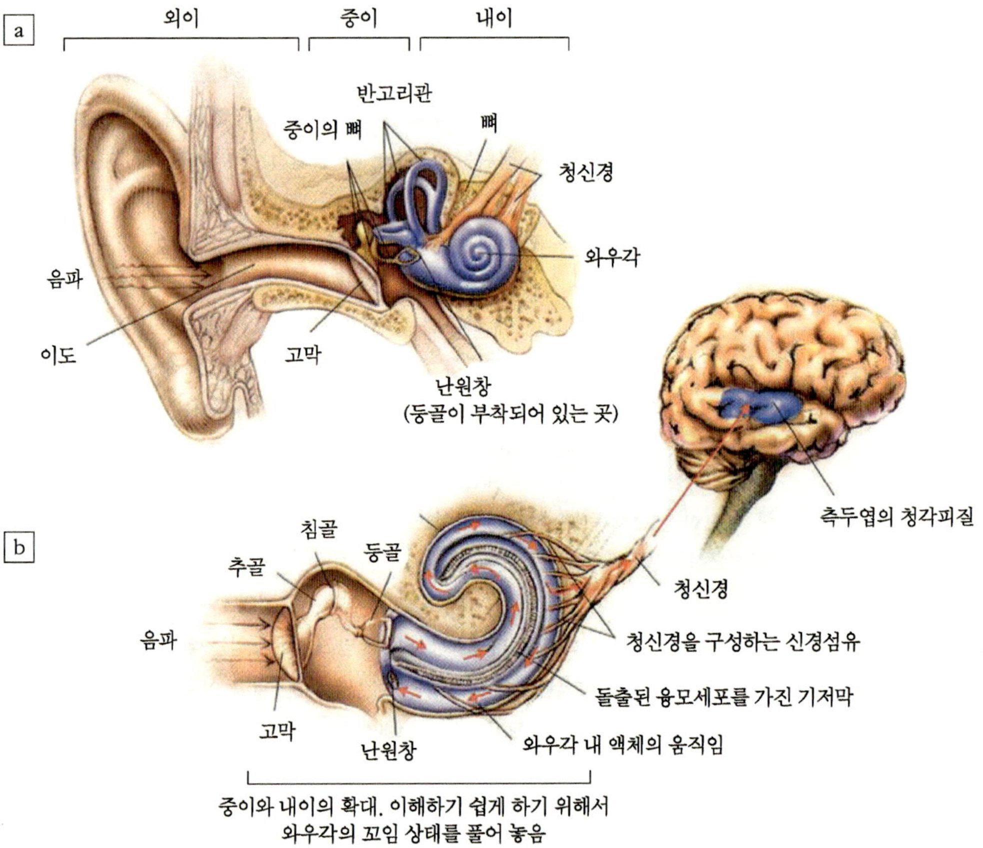

[그림 3-8] 귀의 구조와 기능(Myers, 2007)

전달된다. 이처럼 고막은 외이와 중이를 구분시켜 주는 경계에 해당된다.

(2) 중이

중이(middle ear)는 마치 라디오의 증폭기와 같이 음파의 진동을 증가 혹은 증폭시키는 역할을 하며 세 개의 뼈로 구성되어 있다. 추골(hammer)은 고막의 뒷면에 부착되어 있어, 고막이 진동할 때 추골도 진동하게 된다. 추골의 진동은 다음 뼈인 침골(anvil)과 등골(stirrup)로 전달된다. 이와 같은 세 개의 뼈, 즉 이소골(ossicles)은 지렛대 모양을 하고 있어 진동을 크게 증폭시킬 수 있다.

(3) 내이

내이(inner ear)는 와우각(cochlea)과 균형을 담당하는 전정계(vestibular system)로 구성되어 있다. 와우각은 달팽이 모양의 외관을 가진 나선형 뼈로 되어 있다. 와우각은 달팽이 모양의 외관을 가진 나선형 뼈로, 중이와 내이의 경계선에 해당되는 난원창(와우각의 막)이 중이의 등골에 의해 진동되면, 청각 수용기가 위치해 있는 와우각 관 속의 액체도 진동하게 된다. 융모세포(hair cells)라고 불리는 청각 수용기들은 미세한 머리카락 모양의 세포로 와우각의 기저막(basilar membrane)에 부착되어 있다. 와우각 관에 있는 액체의 진동은 기저막을 움직이고, 융모세포를 구부리게 한다. 융모세포의 기계적 구부림은 미세한 전기를 발생시키고, 그 힘이 역치 이상이면 신경충동이 일어나 청신경을 통해 뇌로 전달된다.

전정계는 청각 정보의 전달과 관계없이 신체의 위치와 균형에 관여하는 기관이다. 이는 서로 다른 각도로 각각 구성된 세 개의 반고리관(semicircular canals)을 포함하고 있으며, 와우각과 동일하게 관내에 액체로 채워져 있다. 머리가 움직임에 따라 이 액체들이 움직이며, 융모세포가 이 움직임에 따라 반응하게 된다. 만약 내이에 염증이 생기면 전정계에 영향을 미쳐 어지럼증과 구토 증상을 보일 수 있다. 또한 전정계는 멀미(motion sickness)에도 관여한다.

2) 소리의 위치

인간의 귀는 왜 눈과 같이 얼굴의 정면에 위치해 있지 않고 좌우 양측에 위치해 있을까? 이는 단순히 심미적 차원에서가 아니라 그 기능적인 측면에서 입체적으로 소리를 들을 수 있도록 하기 위해서라고 볼 수 있다. 청각검사를 받을 때 흔히 눈을 감고 '째깍째깍' 거리는 시계를 좌측 또는 우측에 가져간 후 소리가 들리는 방향의 손을 든 경험이 있을 것이다. 만일 좌측에 시계를 가져다 놓았다면 좌측에 있는 귀에는 우측에 있는 귀보다 좀 더 빠르고 강하게 시계 소리가 전달될 것이다. 이는 우리의 머리가 소리 그림자(sound shadow)의 역할을 하기 때문이다. 즉, 소리가 우측에 있는 귀에 전달되기 위해서는 머리를 지나가야 한다. 그러나 산세(山勢)가 험한 지역에서 전파가 잘 전달되지 않듯이 소리, 즉 음파(sound waves)도 머리를 지나가게 되면 약해질 수밖에 없다. 이를 통해 우리는 소리의 위치를 파악할 수 있다.

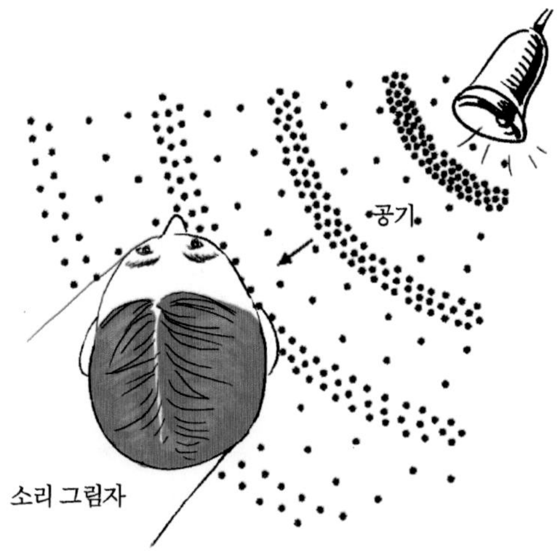

[그림 3-9] 소리의 위치 실험(Myers, 2007)

4. 화학 감각

1) 맛

당신은 매일같이 입으로 들어오는 수많은 화학물질에 대해 거의 생각해 보지 않았을 것이다. 그러나 당신은 어떤 것은 맛(taste)이 매우 좋거나 나쁘다는 것을 안다. 또한 뜨거운 음식이나 물에 혀를 데었을 때는 맛감각이 현저하게 떨어질 수 있다.

맛감각을 일으키는 자극은 여러 화학물질이기 때문에 화학 감각이라고도 불린다. 혀의 표면에는 네 가지 기본적인 맛(단맛, 짠맛, 신맛, 쓴맛)을 감지하는 미뢰(taste buds)라 불리는 수용기가 있다. 미뢰의 기능은 화학적 반응을 신경충동으로 변환시키는 것이다.

(1) 혀: 네 가지 기본 맛 영역

레몬 조각을 입으로 빨며 신맛을 느낀다고 생각해 보자. 혀의 특별한 영역은 각각 네 가지 기본 맛에 민감하게 반응한다([그림 3-10] 참조). 단맛-짠맛과 같은 맛의 조합에 반응하는 겹친 영역도 있다. 많은 사람은 신

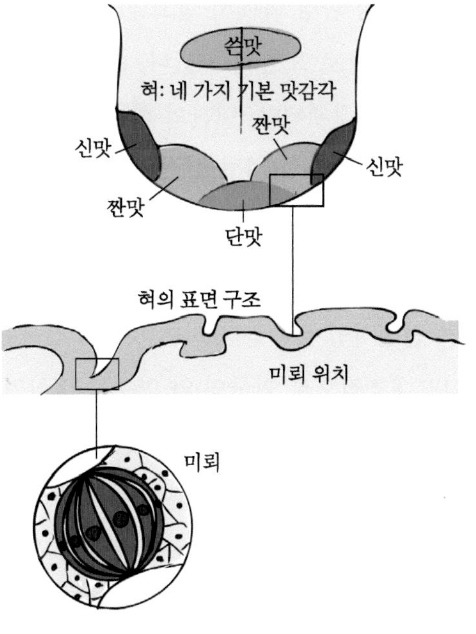

[그림 3-10] 혀의 구조와 네 가지 기본 맛감각 위치

생아 때부터 단맛과 짠맛을 선호하는 본래적인 성향을 가지고 있다는 사실이 보고되었다(Harris et al., 1990). 대부분의 동물과 마찬가지로 인간도 쓴맛이 나는 물질을 피하는 경향이 있으며, 이는 많은 독성물질이 쓴맛을 가지고 있기 때문이다. 만약 신 레몬주스를 좋아한다면 신맛의 선호를 학습했기 때문이다. 혀의 표면에 난 작은 고랑에서 어떤 일이 벌어지는지를 살펴보자.

(2) 미뢰

미세 전구와 같은 수많은 미뢰가 혀의 표면 고랑에 묻혀 있다. 양파와 같은 모양을 한 미뢰는 맛수용기다. 침 속에 용해된 화학물질이 미뢰를 활성화시키면 신경충동이 일어난다. 이러한 신경충동은 종국적으로 뇌의 두정엽에 보내지게 된다. 뇌는 이러한 신경충동을 맛감각으로 변환시킨다.

미뢰는 어느 정도 독성 환경 속에서 살고 있으며 열, 냉, 양념, 박테리아, 그리고 침에 지속적으로 노출되어 있다. 그 결과, 미뢰는 닳게 되고 10일마다 새로운 미뢰로 대체된다. 인간의 혀는 많게는 약 1만 개에서 적게는 약 500개 정도의 미뢰를 가지고 있으며, 그 수치는 일생 동안 변하지 않는다.

드물지만 미뢰가 없이 태어나는 사람도 있으며, 이러한 사람은 어떠한 맛도 느낄 수 없는 선천적인 장애를 가지는 것으로 간주된다(Bartoshuk & Beauchamp, 1994). 대조적으로 인구의 약 25%는 정상인보다 약 2~3배 더 많은 미뢰를 가지고 있어 단맛, 신맛, 쓴맛, 그리고 짠맛에 대해 매우 민감하다. 예를 들어, 이러한 사람은 다른 사람보다 설탕과 같은 물질의 단맛을 2배 더 단것으로 느끼며, 고추와 같은 매운맛에 대해 더 강렬한 감각을 느낀다. 또한 포도주스에 대해 매우 쓴맛을 느끼며, 쓴 화학물질을 포함하는 채소(예, 브로콜리)를 싫어한다(Drewnowski, 1997).

연구자들은 뛰어난 맛감각의 소유자가 되는 것은 타고난 특질이며, 이러한 사람은 진화적으로 어떤 장점을 가지는 것으로 본다. 예를 들면, 뛰어난 맛감각 소유자들은 과일 종류에 독성이 있는지의 여부를 더 잘 판단할 수 있다(Bartoshuk, 1979). 오늘날 뛰어난 맛감각 소유자들은 음식 제조업체의 신제품을 맛보는 직업에서 능력을 발휘한다. 그러나 대부분 사람은 맛 능력이 냄새 능력에 의해 크게 영향을 받는다.

(3) 풍미: 맛과 냄새

만약 맛수용기가 단지 네 가지 기본적인 맛에만 민감하다면 두 가지 단맛이나 두 가지 신맛 간의 차이는 어떻게 말할 수 있는가? 맛에 기여하는 상당한 양의 감각이 실제로 후각에 의해 영향을 받는다는 사실이 밝혀졌다.

미각과 후각이 조합될 때는 향을 경험하게 된다. 추운 곳에 있을 때는 보통 비강 통로가 막히고 후각이 방해를 받기 때문에 미뢰의 능력이 제한을 받는다. 음식에 대한 맛은 후각에 의해 크게 증진될 수 있다.

2) 냄새 혹은 후각

매년 미국에서는 우수한 향수를 개발하기 위해 약 5억 달러를 지출하고 있다. 혀가 1만 개의 미뢰를 가지고 있다면, 놀랍게도 코는 600만 개의 수용기세포를 가지고 있다. 그것은 후각이 미각보다 600배 더 민감하다는 것을 의미한다(Reyneri, 1984).

후각은 그 자극이 공기에 의해 전달되는 다양한 화학물질이기 때문에 화학 감각으로 불린다. 코의 상단 부위에는 후각을 위한 수용기세포를 포함하는 작은 영역이 있다. 후각수용기의 기능은 화학적 반응을 신경충동으로 변환시키는 것이다.

(1) 자극

화가 난 스컹크는 자신을 보호하기 위하여 배설 통로를 통해 많은 분자를 방출하며, 그것은 공기를 통해 코로 전달된다. 스컹크의 분자 방사와 같은 기체물질을 냄새 맡을 수 있는 이유는 그것이 휘발성이기 때문이다. 휘발성 물질은 분자가 적정 실내 온도에서 공기 중에 방출될 수 있는 물질이다. 휘발성 물질의 예로 스컹크의 방귀나 향수가 있다. 우리는 단지 휘발성 물질만을 냄새 맡을 수 있으나, 냄새를 맡기 위해서는 그러한 물질이 먼저 코의 후각세포에 도달되어야 한다.

(2) 후각세포

후각수용기인 후각세포는 비강 통로의 상단 부위에 두 개의 조직 패치(1인치 사각형)에 위치되어 있다. 후각세포는 점액으로 덮여 있어 그곳에 휘발성 분자가 용해된다. 점액에 용해된 분자는 후각세포를 자극하여 신경충동을 촉발시키며, 그것이 뇌로 전달되도록 한다.

숨을 쉴 때 코로 들어오는 전체 공기량 가운데 소량은 후각세포가 위치해 있는 비강의 상피에 도달된다. 사람들은 몇 가지 방식으로 후각을 상실할 수 있다. 예컨대, 바이러스나 염증은 코의 후각수용기를 파괴할 수 있고, 머리의 부상은 뇌로 신경충동을 전달하는 신경망을 손상시킬 수 있다(Bartoshuk & Beauchamp, 1994). 비록 후각세포가 휘발성 분자를 신경충동으로 변화시키기는 하지만, 실제로 사람은 신경충동이 뇌에 도달되기 전까지는 아무 냄새도 맡을 수 없다.

(3) 감각과 기억

후각세포에 의해 변환된 신경충동은 먼저 뇌의 하단에 놓여 있는 작은 포도송이 모양의 후각공(olfactory bulb)에 도달된다. 그곳으로부터 충동은 뇌의 심부에 위치되어 있는 일차 후각피질로 중계된다. 이러한 피질은 신경충동을 스컹크 방귀나 향수와 같은 후각으로 전환시킨다(Firestein et al., 1996).

비록 1만 개 정도의 다른 냄새를 확인할 수 있을지라도, 후각세포의 적응 때문에 그 냄새는 오래가지 않는다(Kurahashi & Menini, 1997). 진화과정에서 볼 때, 냄새는 매우 원시적인 감각이다.

냄새는 세 가지 기능을 수행한다. 냄새의 한 가지 기능은 음식의 맛을 강화시키는 것이다. 두 번째 기능은 우리에게 잠정적으로 해로운 음식을 경고하는 것이다. 최근에 밝혀진 세 번째 기능은 냄새가 흔히 정서와 연합된 강한 기억을 유발시킨다는 것이다. 예를 들면, 라면을 삶을 때 나는 냄새는 과거에 즐거웠던 친구들과의 여행 장면을 기억하게 한다. 고양이나 개와 같은 많은 동물에게는 냄새가 음식을 찾고, 짝을 구하며, 자기 영역을 구분하게 하는 기능을 가진다.

5. 촉각

고양이를 손으로 어루만져 주면 부드럽거나 꼿꼿이 선 털에 대한 촉감을 느낄 것이다. 촉각은 압력, 온도, 통증을 포함한다. 촉각수용기는 피부의 외피 바로 아래에 위치해 있다. 촉각수용기의 기능은 물리적 압력이나 온도 변화를 신경충동으로 변화시켜 그 충동을 뇌로 보내는 것이다.

만약 당신이 피부 표면을 면밀히 살핀다면 털로 덮여 있는 비교적 부드러운 막을 볼 수 있을 것이다. 몇몇 촉각 센서는 모낭 주변을 감싸고 있으며, 털이 없는 피부(예, 손바닥)에 있는 센서와는 약간 다르다.

1) 피부

신체 중에서 가장 큰 영역을 차지하고 있는 피부는 3개 층으로 이루어져 있다. 가장 바깥 층은 수용기를 포함하고 있지 않은 죽은 세포의 얇은 필름이다. 죽은 세포층 바로 아래에는 첫 번째 수용기가 있으며, 중간 지방층에는 다른 모양과 기능을 가진 다양한 수용기가 포함되어 있다. 피부의 중간층에 있는 주요 센서 가운데 몇몇은 융모 수용기다.

2) 융모 수용기

중간층에는 각 모낭의 밑부분을 둘러싸고 있는 자유 신경종말이 있는데 이를 융모 수용기(hair receptors)라 부른다. 융모 수용기는 털이 처음에 구부러지면 반응하거나 활동을 개시한다. 그러나 털이 일정 시간 이상 동안 구부러진 채 있다면 수용기가 반응을 멈추게 되는데, 이는 감각순응의 예다. 손목에 시계를 찰 때, 처음에는 털이 구부러져 융모 수용기를 반응하게 만들고, 뇌는 이러한 정보를 손목에 대한 압력으로 해석한다. 만약 시계를 계속해서 차고 있으면 털은 구부러진 채 있게 되며, 융모 수용기들은 순응하게 되거나 반응을 중지하여 더 이상 시계의 압력을 느끼지 못하게 된다. 피부에는 쉽게 순응되는 수용기가 있으며, 천천히 순응하는 융모 수용기도 있다. 순응은 촉각이 과부하되지 않도록 해 준다.

3) 자유 신경종말

피부의 외피 하단 주변에는 마치 실이 엉켜 있는 것과 같은 조직이 있다. 이는 그것들을 보호하거나 둘러싸고 있는 것이 없기 때문에 자유 신경종말(free nerve endings)이라 불린다. 자유 신경종말에 관한 한 가지 질문은 동일한 수용기가 어떻게 온도와 통증 모두에 관한 정보를 전달할 수 있느냐 하는 것이다. 연구자들은 다른 신경 활동 패턴이 다른 감각을 신호한다고 생각한다. 즉, 온도에 대해서는 빠른 충동을, 그리고 통증에 대해서는 느린 충동을 신호한다(Ferster & Spruston, 1995).

4) 파시니 소체

피부의 지방층은 파시니 소체(pacinian corpuscle)라 불리는 가장 큰 촉각수용기를 포함하고 있다. 이 수용기는 촉각에 매우 민감하여 진동에 반응하는 유일한 수용기이며 매우 신속하게 적응한다. 이런 수용기는 모두 신경 신호를 뇌로 보낸다.

5) 뇌 영역

압력(촉각), 온도, 혹은 통증이 피부 수용기를 자극하면 물리적 에너지를 신경충동으로 변환시킨다. 충동은 척수를 거슬러 종국에는 뇌의 체감각피질에 도달하게 된다. 체감각피질은 두정엽에 위치해 있으며, 신경충동을 촉각, 온도 감각, 그리고 통각으로 변환시킨다. 촉각 및 온도 감각에 비해서 통각은 특별한 자극이 없이 심리적 요인에 의해 억제될 수 있기 때문에 다르다.

6. 지각 조직화

1) 게슈탈트

독일어로 'Gestalt'는 '형태(form)' 또는 '전체(whole)'를 의미한다. 이 용어는 결국 사물을 지각함에 있어 개별적인 부분보다는 전체의 모양 또는 개체가 묶인 형태로 지각함을 의미하는 것이다. 게슈탈트 심리학자는 1900년대 초에 지각의 형성에 대한 논쟁을 벌이고 지각이 일련의 규칙에 따라 형성된다고 믿었다. 즉, 지각은 일련의 규칙에 따라 단어를 의미 있는 문장으로 조직화하는 것과 유사하다고 보았다. 예를 들면, [그림 3-11]의 넥커 정육면체(Necker cube)는 각각 수렴하는 선분을 포함하는 8개의 파란색 원이 2차원 평면에 그려졌을 뿐이다. 그러나 우리는 그것들을 3차원의 정육면체로 지각한다.

[그림 3-11] 3차원의 정육면체

2) 지각 조직화 규칙

(1) 전경-배경

전경-배경(figure-ground) 지각을 조직화하는 데 있어 가장 기본적인 규칙 가운데 하나는 배경으로부터 대상을 확인하는 것이다. 대상이 되는 전경은 보다 상세한 요소를 가지며, 덜 상세한 배경으로부터 두드러지게 드러난다. [그림 3-12]에서 우리가 검은색의 부분을 배경으로 인식한다면 흰색으로 그려진 천사의 모습이 전경이 된다. 그러나 계속 응시하게 되면 전경과 배경이 갑자기 바뀌는 경험을 하게 될 것이다. 이를 전경-배경 역전현상이라고 한다.

[그림 3-12] 전경과 배경

(2) 집단화

프라그난츠의 법칙(law of Pragnantz)은 게슈탈트 심리학의 중요한 개념이다. 프라그난츠는 독일어로 '간결(conciseness)'을 의미한다. 즉, 우리가 자극을 볼 때 그 자극을 가장 단순하면서도 가능한 형태로 집단화(grouping)한다는 것이다. 이러한 간결의 원리 몇 가지를 살펴보자.

- 유사성(similarity): 자극을 조직함에 있어 유사한 것으로 보이는 요소(예, 모양, 크기, 색상 등)가 함께 집단화되는 원리다.
- 근접성(proximity): 자극을 조직함에 있어 서로 물리적으로 근접해 있는 것끼리 집단화되는 원리다.
- 연속성(continuity): 자극을 조직함에 있어 일련의 점이나 선을 해석할 때 부드럽거나 연속적인 궤적을 보이는 요소를 집단화하는 원리다.
- 폐쇄성(closure): 자극을 조직함에 있어 그림에서 생략되거나 미완성된 부분을 채워서 지각하려는 원리다.
- 대칭성(symmetry): 자극을 조직함에 있어 서로 대칭적인 요소를 함께 집단화하여 지각하려는 원리다.

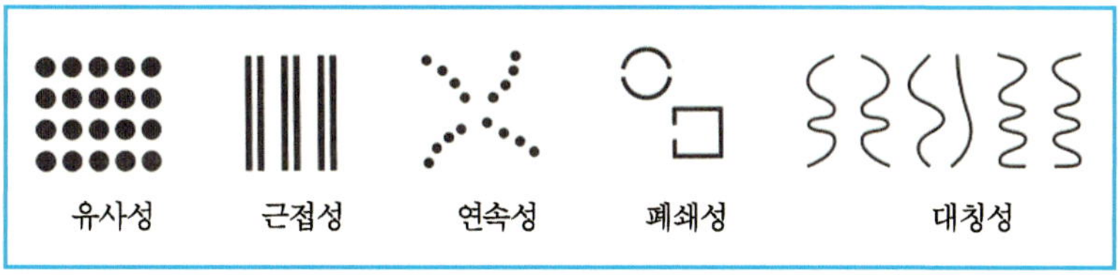

[그림 3-13] 지각의 원리(Baird, 2010)

3) 지각 항등성

지각 항등성(perceptual constancy)은 크기, 모양, 색, 명암 등의 물리적 특성들이 지속적으로 변하더라도 항상 동일한 것으로 지각하는 우리의 경향성을 말한다.

(1) 크기 항등성

크기 항등성(size constancy)은 망막상의 대상 이미지가 커지거나 작아진다 할지라도 대상을 항상 동일한 크기로 지각하는 경향성을 의미한다. 자동차가 멀어질수록 망막에는 점점 더 작은 자동차 이미지가 투사된다. 그러나 우리는 망막 이미지가 작아져도 그 자동차의 크기가 작아진 것으로 지각하지는 않는다. 이는 크기 항등성 때문이다.

[그림 3-14] 크기 항등성

(2) 모양 항등성

모양 항등성(shape constancy)은 대상을 다른 각도에서 보았을 때 망막상에 다른 모양으로 투사될지라도 항상 동일한 모양으로 지각하는 경향성을 말한다. 출입문이 열리면 문의 형태는 망막상에 사다리꼴 모양으로 투사되지만, 우리는 여전히 그 문을 직사각형으로 지각하게 된다.

[그림 3-15] 모양 항등성(Myers, 2007)

(3) 밝기 항등성과 색 항등성

밝기 항등성(brightness constancy)은 밝기가 조명의 차이에 의해 달라 보이더라도 항상 동일한 밝기인 것으로 지각하는 경향성을 말한다. 색 항등성(color constancy)은 조명의 차이에 의해 대상의 색이 달라져 보이더라도 항상 동일하고 안정된 색을 가진 대상으로 지각하는 경향성을 말한다.

[그림 3-16] 밝기 항등성

[그림 3-17] 색 항등성(Myers, 2007)

4) 깊이 지각

깊이 지각(depth perception)이란 망막에 투사된 이미지가 단지 두 개의 차원인 높이와 넓이만을 가질지라도 눈과 뇌가 모든 시지각에 제3의 차원인 깊이를 더할 수 있는 능력을 말한다. 깊이 지각 단서는 양안 단서(binocular cues)와 단안 단서(monocular cues)로 분류된다. 양안 단서는 두 눈의 움직임에 의존하는 반면, 단안 단서는 대부분 환경 속의 대상이 배열되는 방식에 의해 발생한다.

(1) 양안 단서

1 수렴(convergence)

눈의 방향을 움직이는 근육이 보내는 신호에 기초한 깊이 지각을 위한 양안 단서를 말한다. 가까이 있는 혹은 접근해 오는 대상에 초점을 맞추기 위해 눈 근육은 두 눈을 코 쪽으로 모아 준다. 뇌는 이런 근육이 보내는 신호를 사용하여 대상과의 거리인 깊이를 결정하게 된다.

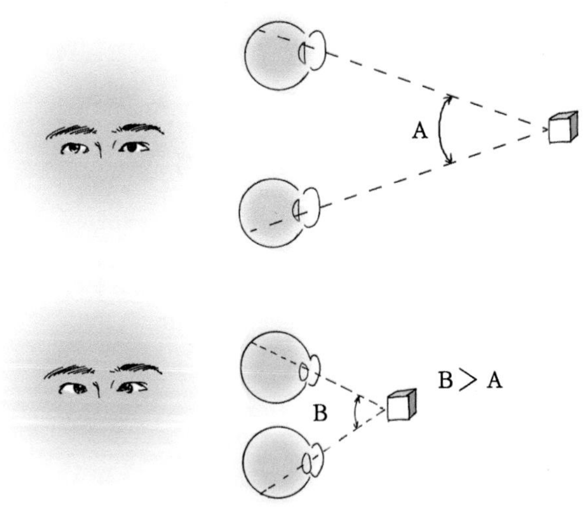

[그림 3-18] 수렴현상

2 **양안부등**(binocular disparity)/**망막부등**(retinal disparity)

두 눈 간의 거리차에 기인하는 양안 단서로서, 두 눈이 서로 다른 위치에 있기 때문에 각 망막에 약간씩 다른 이미지가 투사되며 이로 인해 두 눈의 이미지 차이가 발생하게 된다. 뇌는 양안부등이 클수록 대상이 더 가까이에 있는 것으로, 작을수록 대상이 멀리 있는 것으로 해석한다.

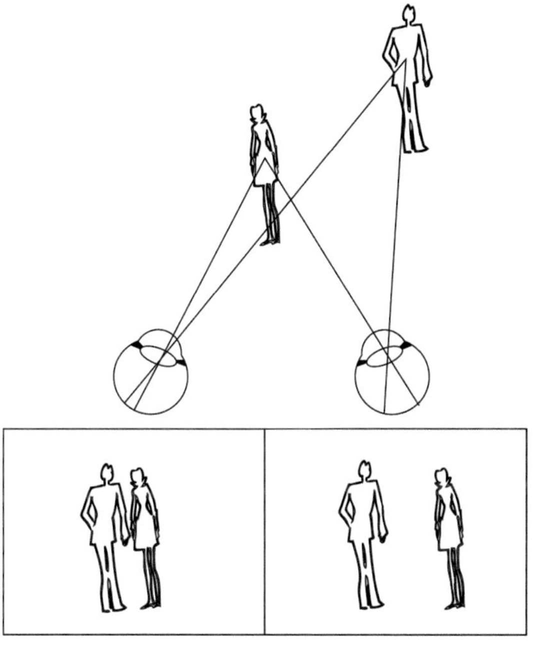

[그림 3-19] 양안부등 현상(서창원, 민윤기, 2007 참조)

(2) 단안 단서

1 상대적 크기(relative size)

만일 두 대상의 크기가 비슷하다고 가정한다면 두 대상 가운데 망막에 맺힌 상이 클수록 가까이에 있는 것으로, 작을수록 멀리 있는 것으로 지각하는 것을 말한다.

[그림 3-20] 상대적 크기(Myers, 2007)

2 선형조망(linear perspective)

평행선이 거리가 증가함에 따라 모아지는 결과(수렴)로 나타나는 단안 단서를 말한다. 따라서 선들이 모아질수록 지각된 거리는 더 멀다.

[그림 3-21] 선형조망

3 대기조망(aerial perspective)

가까이에 있는 대상보다 멀리 있는 대상이 덜 뚜렷하게 보이는 단안 단서를 말한다. 먼 거리에 있는 대상을 주시하기 위해서는 대기 속에 존재하는 먼지, 수증기와 같은 여러 입자를 통과해서 바라보아야 하기 때문에 선명하게 보이지 않는 것이다.

[그림 3-22] 대기조망

④ 중첩(interposition)

대상이 중복될 때 발생하는 단안 단서를 말한다. 중첩하는 대상은 더 가까이에 있는 것으로 보이며, 중첩되는 대상은 더 멀리 있는 것으로 보인다.

[그림 3-23] 중첩

⑤ 결의 밀도(texture gradient)

선명하고 세밀한 질감의 부분은 더 가까이에 있고, 덜 선명하고 세밀하지 않은 질감의 부분은 더 멀리 있는 것으로 지각되는 단안 단서다.

[그림 3-24] 결의 밀도

⑥ 운동 시차(motion parallax)

움직이는 대상의 속도에 기초된 단안 단서다. 빠른 속도로 움직이는 것처럼 보이는 대상은 천천히 혹은 정지되어 있는 것처럼 보이는 대상보다 더 가까이에 있는 것으로 지각된다.

[그림 3-25] 운동 시차(서창원, 민윤기, 2007)

5) 착시

착시(illusion)는 실제로 있을 수 없으며 존재하지 않는 왜곡된 지각을 하는 지각 경험이다. 착시는 우리의 뇌가 더 이상 공간, 크기, 깊이 단서를 정확하게 해석할 수 없는 식으로 지각 단서들을 조작함으로써 발생한다. [그림 3-26]에서 두 소녀의 키는 실제로 같지만 왜곡된 방의 구조 때문에 마치 오른쪽 소녀가 왼쪽 소녀보다 키가 훨씬 큰 것처럼 지각된다. 이러한 왜곡된 방이 아메스(Adelbert Ames)에 의해 고안되었기 때문에 이와 같은 착시는 아메스의 방(Ames's room)이라고 한다. 또 밤하늘의 보름달은 지평선 가까이에 있을 때와 하늘 꼭대기에 있을 때 그 크기가 다르게 지각된다. 즉, 지평선에 있는 보름달이 훨씬 커 보이게 되는데, 이러한 착시는 달 착시(moon illusion)라고 부른다. [그림 3-27]의 (b)에서 실제로 검은 두 막대의 길이는 같으나 위의 검은 막대가 아래의 검은 막대보다 훨씬 더 길게 보이게 된다. 이는 폰조 착시(ponzo illusion)라고 한다. 이와 더불어 [그림 3-27]의 (c)에서는 좌측에 제시된 두 개의 선분 중 위에 있는 선분이 더 길어 보인다. 그러나 실제로 두 선분의 길이는 동일하다. 이러한 경험은 집의 구조물 중 모서리를 바라볼 때에도 나타난다. 외부에서 바라본

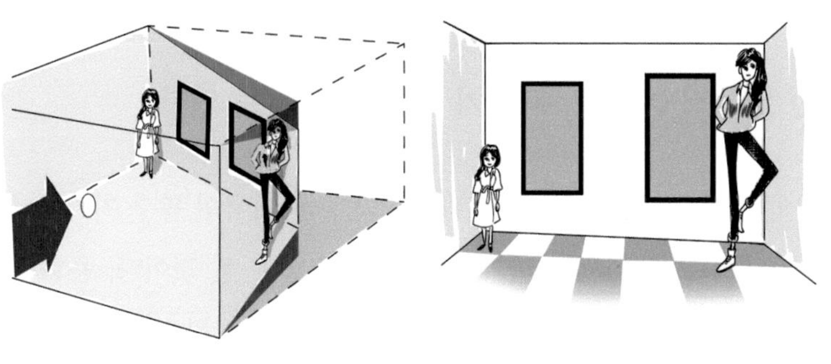

[그림 3-26] 아메스의 방(Myers, 2007 참조)

a 달 착시

b 폰조 착시

c 뮬러-라이어 착시

[그림 3-27] 착시현상(서창원, 민윤기, 2007)

모서리의 모양은 두 선분 중 아래에 있는 선분과 같으며, 내부에서 바라본 모서리의 모양은 위에 있는 선분과 같다. 따라서 내부에서 바라본 모서리의 길이가 더 길어 보이는 것이다. 이러한 착시는 뮬러-라이어 착시(Müller-Lyer illusion)라 부른다.

6) 문화적 다양성: 문화가 지각에 미치는 영향

만약 차이나타운이나 리틀이탈리아와 같은 미국의 특수 지역구나 외국을 방문한다면 문화적 차이와 영향에 대해 알게 될 것이다. 문화적 영향(cultural influence)은 특별한 사회나 인종 집단 구성원으로 하여금 공유된 행동, 가치, 그리고 신념에 동조하도록 고무시키는 확산된 압력이다. 문화적 영향이 사람들이 먹고 입고 말하고 사회화하는 방식에 영향을 미친다는 것을 의심할 사람은 없을 것이다. 그러나 문화적 영향이 환경 내에서 사물을 어떻게 지각하는지에 영향을 미친다는 사실은 다소 생소할 것이다. 다른 문화의 행동을 연구하는 문화인류학자의 연구 결과를 보면 문화적 경험이 지각과정에 영향을 미치는 예를 상당수 찾아볼 수 있다.

(1) 이미지 지각

문화인류학자는 아프리카 원주민에게 매우 친숙한 소와 개의 흑백 사진을 보여 주었다. 그러나 원주민은 그 사진을 보며 매우 의아해했다. 그들은 인류학자가 소와 개 사진에 대해서 거짓말을 하고 있다는 반응을 보였다. 그런 다음 인류학자는 동일한 동물의 컬러 사진을 보여 주었다. 원주민은 사진 속의 소와 개를 손가락으로 가리키면서 미소를 짓고 인정한다는 표현으로 고개를 끄덕거렸다(Deregowski, 1980).

이 종족의 원주민은 이전에 흑백 사진을 본 적이 없었기 때문에 사진 속의 동물을 인식하는 경험을 갖고 있지 않았던 것이다. 그러나 그들이 컬러 사진을 보았을 때는 사진 속의 동물이 그들이 경험한 것과 더 가까웠기에 사진을 보는 즉시 그 동물을 인식할 수 있었다. 추측컨대, 원주민은 색을 가지는 대상을 매일 경험하며 그들이 본 것을 실세계에서 본 것과 관련시켰을 것이다. 이는 문화적 경험이 사진이나 그림 형태로 제시되는 친숙한 이미지를 재인할 수 있는 능력과 같이 비교적 기본적인 지각능력에 얼마나 영향을 미칠 수 있는지를 보여 주는 예다.

(2) 항등성과 깊이 지각

한 연구자는 시각 경험이 비교적 근거리에 제한되어 있는 울창한 밀림지역에서 살고 있는 한 아프리카 피그미족을 연구하였다. 하루는 연구자가 켄지라는 피그미족과 함께 처음으로 다른 지역으로 여행을 떠났다. 광야로 차를 운전하는 동안, 켄지는 멀리서 풀을 뜯고 있는 한 무리의 버펄로 떼를 바라보면서 연구자에게 저 곤충의 이름이 무엇이냐고 물어보았다. 연구자는 곤충이 아닌 매우 큰 소 무리라고 대답해 주었다(Turnbull, 1961).

만약 켄지의 시각계 하드웨어가 우리 것과 동일하다고 가정한다면 그러한 켄지의 빈약한 크기 항등성과 깊이 지각 능력의 발달은 원거리 대상에 대한 제한된 시각 경험에 기인한다. 만약 당신이 울창한 밀림 지역에서 살았다면 당신 역시 멀리 떨어져 있는 대상을 처음 보고는 매우 어리둥절해했을 것이다.

(3) 운동 지각

잠시 [그림 3-28]의 강아지 그림을 보고 강아지의 꼬리가 무엇을 의미하는지에 주목하자. 대부분의 사람은 그림을 보는 즉시 그것이 무엇을 하고 있는지 정확하게 지각할 것이다. 즉, 강아지가 꼬리를 흔들고 있다고 지각할 것이다. 서구 문화에서 우리는 만화를 경험했기 때문에 어떤 종류

[그림 3-28] 강아지의 꼬리가 의미하는 것

의 반복 이미지(강아지의 꼬리)가 움직임을 나타낸다는 것을 이미 학습하였다. 우리는 강아지의 꼬리가 운동을 하는 것처럼 보이는 이런 종류의 만화 그림을 보는 데 이미 익숙해져 있다.

그러나 이런 만화 그림을 경험하지 않은 그 외 문화권에서 사는 사람들은 강아지의 꼬리가 움직이는 것으로 지각하지 않는다. 그들은 단지 꼬리가 3개 달린 이상한 강아지로 지각할 것이다(Friedman & Stevenson, 1980). 이는 특정 문화가 우리의 지각(흔히 그것을 인식하지 못하지만)에 영향을 미친다는 것을 보여 주는 예다.

(4) 지각적 준비

우리는 이미지와 대상에 대한 우리의 이전 문화적 경험을 통해 대상이 어떠하여야 한다는 기대를 발달시킨다. 이러한 기대는 지각적 준비(perceptual sets)라 한다. 지각적 준비는 우리의 개인적, 사회적, 혹은 문화적 경험에 기초한 학습된 경험이다. 이러한 기대는 정보, 의미, 또는 느낌을 우리의 지각에 자동적으로 더하여 우리의 지각을 변화시키거나 편향시킨다. 지각적 준비의 한 가지 기능은 자동으로 우리의 지각을 크게 수정할 수 있는 정보와 느낌을 채워 간다는 것이다.

이상의 예는 우리가 세계를 있는 그대로 지각하지 않는다는 것을 보여준다. 우리의 지각은 문화적 영향 및 지각적 자세와 같은 경험에 의해 변하고 편향되며 왜곡될 수 있다.

7) 적용: 지각 창출

약 2만 년 전에 살았던 초기 인류(호모사피언스)는 자연 염료를 이용하여 동굴에 말이나 무소 등의 동물을 그리는 행위를 통해 초보적인 지각을 창출하였다. 약 3천 년 전에 이집트인은 피라미드라는 위대한 건축물을 세움으로써 인상적인 지각을 창출하기도 했다. 오늘날의 컴퓨터 연구자들은 가상현실(virtual reality)의 3차원 세계를 창출하는 새로운 지각을 개발하고 있다.

(1) 파이 운동

광고판, 영화 간판, 신호등 등에서 이용되고 있는 점멸등의 원리는 막스 베르트하이머(Max Wertheimer)라는 게슈탈트 심리학자에 의해 제안되었다. 1900년대 초에 베르트하이머는 어두운 방에 두 개의 전등을 설치하고 일정한 거리에서 두 개의 등을 반복해서 켰다 끄는 실험을 수행하였다. 마침내 그는 두 불빛의 점멸 시간차를 적절하게 조절함으로써 마치 두 전등의 빛이 움직이는 것처럼 지각하게 만들 수 있다는 것을 발견하게 되었다. 그는 이러한 현상을 파이 운동(phi movement)이라 불렀다.

파이 운동이란 실제로 정지되어 있는 빛이 움직이는 것처럼 보이는 착각을 말한다. 오늘날에는 가현 운동(apparent motion)이라 불리는 이러한 착각 운동은 서로 가까이에 위치하면서 정지되어 있는 불빛을 일정한 시간 간격을 두고 반복해 점멸할 때 발생한다. 각종 광고판에서 사용되고 있는 전등의 움직임은 베르트하이머가 발견한 파이 운동의 적용 예다.

평범한 시각 자극을 조절함으로써 착각을 일으킬 수 있다는 것을 보여주는 또 다른 예는 1893년에 토머스 에디슨(Thomas Edison)에 의해 발명된 모션 픽처(motion pictures)다.

(2) 영화와 착각

만약 당신이 100m 육상경기를 보고 나서 잠시 후에 그 장면을 DVD로 재생하여 본다면 두 가지 다른 방식으로 일어난 운동을 지각하게 될 것이다. 운동의 한 종류는 실제적인 것인 반면, 다른 한 종류는 착각이다. 실제

운동은 공간에서 실제로 움직이는 어떤 자극이나 대상을 지각함을 말한다. 당신이 경기장에서 100m 육상경기를 보면 실제 운동을 지각하게 된다. 그러나 그 시합을 DVD로 재생하여 볼 때는 가현 운동을 보는 것이다.

가현 운동이란 자극이나 대상이 실제로 정지되어 있음에도 불구하고 그것들이 공간상에서 움직이는 것처럼 지각하는 착각을 말한다. 가현 운동 착각은 이전의 것과 약간씩 다른 위치나 자세를 가진 일련의 정지된 이미지를 빠른 속도로 연속해서 보여 줄 때 창출된다.

가현 운동을 창출하기 위한 원리는 의외로 간단한데, [그림 3-29]에서와 같이 시간에 따른 연속 동작 프레임을 살펴봄으로써 쉽게 이해될 수 있다. 그림의 좌로부터 시작하여 각 프레임은 선수의 신체 위치가 약간씩 변화된 것만을 보여 준다는 것에 주목하라. 그러나 이 프레임들이 빠르게 제시되면(예, 영화는 초당 24프레임을 기본으로 한다) 선수가 마치 트랙을 달리는 것과 같은 착각을 일으키게 될 것이다.

[그림 3-29] 가현 운동

일련의 창의적인 실험을 통해 연구자들은 시각계에 구축된 몇 가지 복잡한 기제가 운동 착각을 일으키는 단서를 탐지한다는 것을 발견하였다(Ramachandran & Anstis, 1986). 그러한 단서 가운데 하나는 폐쇄의 원리로, 우리의 뇌가 약간씩만 다르고 빠른 순서로 제시되는 이미지 사이에 기대되는 운동을 채운다는 것을 의미한다. 가현 운동 없이는 영화, TV 등을 감상할 수 없을 것이다.

(3) 가상현실

영화 카메라의 발명은 새로운 지각 경험, 즉 정지된 그림이 움직이는 착각을 창출하기 때문에 혁신적이라 할 수 있다. 최근에 또 다른 지각 혁명의 하나로 가상현실을 들 수 있다. 가상현실(virtual reality)이란 컴퓨터에 의해 창출되거나 모사된 대상의 내부를 탐색하거나, 환경 속에서 돌아다니거나, 어떤 행위를 수행하는 지각 경험을 말한다. 가상현실의 게임 산업에 대한 적용으로 게임을 하는 사람들은 강력한 컴퓨터와 접속되는 포인터로 기능하는 특수 장갑과 3차원 이미지를 일으키는 특수 안경을 착용한다. 다양한 이미지를 포인팅하거나 조작기를 움직이거나 신체 위치를 변화시키면서, 개인은 컴퓨터에 의해 창출된 3차원 공간 안에서 실제로 움직이는 듯한 느낌을 갖게 된다.

가상현실의 의학적 적용으로, 연구자들은 외과의사가 컴퓨터로 생성한 가상의 시체를 사용하여 외과수술 시뮬레이터를 통해 수술 기술을 연마할 수 있는 프로그램을 개발하고 있다. 이러한 가상현실 프로그램은 외과의사가 멀리 떨어져 있는 환자에게 원격 수술을 실시할 수 있도록 해 준다. 현재 외과의사가 미세 신체 조직이나 뇌의 보기 어려운 영역의 수술을 할 수 있게 하는 몇 가지 로봇 가상현실 장치가 개발되어 있다.

[그림 3-30] 가상현실

심리 분야에서의 가상현실 적용 예로는, 거미공포증이나 고소공포증을 가진 내담자를 대상으로 모든 것이 실재하는 것처럼 보이는 3차원 환경에서 공포를 느끼는 자극에 노출시키는 치료가 이루어지고 있다. 치료사는 가상현실 치료를 통해 공포증이 성공적으로 치료되고 있음을 보고하였다(Carlin et al., 1997).

제4장

학습

1. 학습이란 무엇인가
2. 고전적 조건화
3. 조작적 조건화
4. 사회 및 인지 학습

1. 학습이란 무엇인가

학습(learning)은 경험에 의해 일어나는 비교적 영속적인 행동의 변화다. 이 정의에서 특히 중요한 것은 성숙(maturation)으로 인해 나타난 변화와 경험에 의해 나타난 변화를 구분하는 것이다. 즉, 단지 나이가 듦에 따라 나타나는 생물학적으로 결정된 행동 패턴은 학습이 아니다. 예컨대, 아동은 나이가 들어감에 따라 신체 크기가 증가하고 힘이 세질 수 있는데 이를 학습의 결과로 보지는 않는다.

한편 어떤 심리학자는 매우 다른 식으로 학습에 접근한다. 그들은 학습을 단지 행동의 어떤 변화로 여기고, 학습과 수행이 동일한 것이라는 입장을 취한다. 이러한 접근은 학습의 정신적 요소를 무시하며 관찰 가능한 수행에 초점을 맞춘다. 이제 곧 살펴보겠지만, 학습에서 정신과정을 고려하는 정도에 따라 다양한 견해를 가진 학습 이론가가 존재한다.

2. 고전적 조건화

1) 고전적 조건화의 개념

(1) 조건화 이전

① 무조건 자극(unconditioned stimulus: US)

타액 분비나 눈 깜빡임과 같은 생리적 반사를 일으키는 일련의 자극을 의미한다. 파블로프(Ivan Petrovich Pavlov)의 고전적 조건화 실험을 예로 들면 개에게 준 음식이 무조건 자극에 해당된다. 즉, 개에게 음식을 주면 개는 타액 분비 반사를 일으킨다.

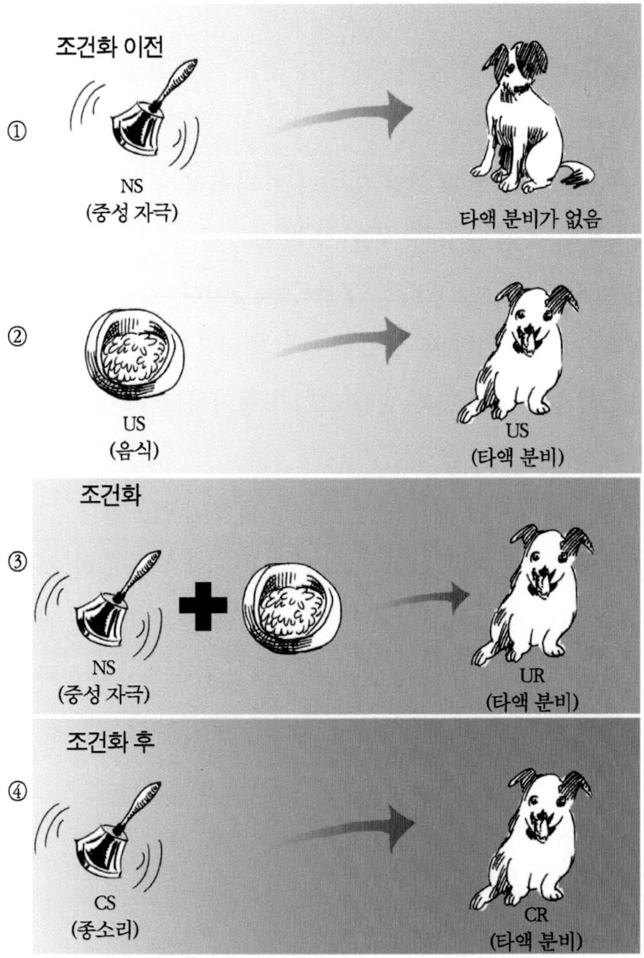

[그림 4-1] 고전적 조건화(Baird, 2010 참조)

[2] 무조건 반응(unconditioned response: UR)

무조건 자극에 의해 일어나는 학습되지 않은, 본래적이며 불수의적인 생리적 반사다. 예를 들면, 타액 분비는 음식이라는 무조건 자극에 의해서 유발된 무조건 반응에 해당된다.

③ 중성 자극(neutral stimulus: NS)

보고 듣고 냄새를 맡는 등과 같은 감각 반응을 일으키지만 검증 목표가 될 반사는 일으키지 않는 일련의 자극을 말한다. 예를 들면, 개에게 벨소리가 들릴 수는 있으나 타액 분비와 같은 반응을 유발하지는 않는다.

(2) 조건화 과정

조건화 과정은 무조건 반응을 유발하는 무조건 자극과 중성 자극을 반복해서 연합시켜 제시하여 중성 자극이 조건 자극으로 형성되어 가는 과정, 즉 습득(acquisition) 또는 연합학습(associative learning)이 이루어지는 과정을 의미한다. 이 과정에서 US와 NS(이후 CS)가 제시되는 방식에 따라 조건화 과정이 잘 이루어질 수도 있고 그렇지 않을 수도 있다.

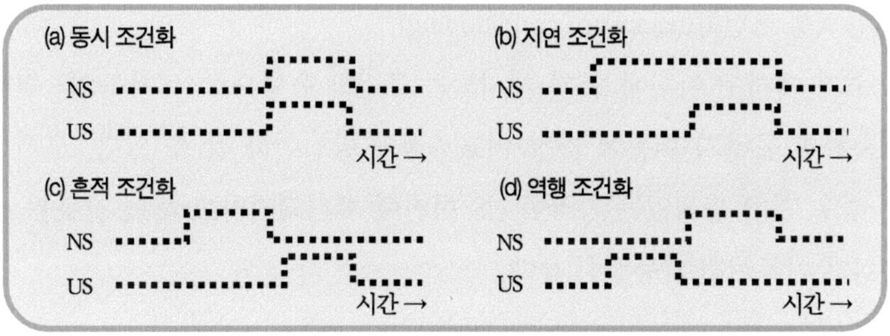

[그림 4-2] 중성 자극과 무조건 자극의 제시 순서에 따른 유형(현성용 외, 2008)

① 동시 조건화(simultaneous conditioning)

NS와 US가 동시에 제시되는 조건화 유형으로, 파블로프는 이러한 방식이 효과적이지 않다고 보았다. 왜냐하면 개들은 벨소리가 음식과 동시에 제시될 때 음식이 제시된다는 것을 예측할 시간적 여유가 없으며, 이에 따라 벨소리와 음식을 연합시키는 것이 어려워지기 때문이다.

② 지연 조건화(delayed conditioning)

US가 제시되기 이전부터 NS가 제시되는 조건화 유형으로 가장 효과적인 방법 중 하나다. 예를 들면, 벨소리가 먼저 울리고 음식이 제시되는 과정이 반복되면서 음식물을 제시받은 개는 음식물과 벨소리의 관계를 빠르게 학습한다.

③ 흔적 조건화(trace conditioning)

지연 조건화와 유사하지만, US가 제시되기 전에 NS의 제시가 끝난다는 점에서 지연 조건화와 차이가 있다. 즉, 흔적 조건화는 벨소리가 먼저 울리도록 한 후에 음식물을 제시함으로써 개가 음식물과 벨소리의 관계를 학습하도록 하는 조건화 유형이다.

④ 역행 조건화(backward conditioning)

US가 제시된 이후에 NS가 제시되는 조건화 유형으로 NS가 US를 전혀 예측하지 못하기 때문에 가장 비효과적인 방법이라 할 수 있다. 오히려 이 경우 전혀 관계없는 자극이 US 이전에 제시되기라도 하면 잘못된 조건화가 이루어질 가능성이 높다.

(3) 조건화 이후

US가 제시되지 않고 US와 반복적으로 연합 제시된 NS만 제시한 상황에서 UR과 유사한 반응이 나타나게 되면 NS는 더 이상 NS가 아닌 조건자극(conditioned stimulus: CS)이 되며, CS로 인해 나타나는 반응은 조건반응(conditioned response: CR)이 된다. 이때 기억해야 할 것은 일반적으로 CR은 UR과 겉으로 보기에 유사하지만 그 크기가 작다는 것이다. 앞의 [그림 4-1]에서 보는 바와 같이, 파블로프의 실험에서 처음에는 타액 분비를 일으키지 않던 종소리가 조건화된 이후에는 타액 분비를 일으키게 된다. 이때 종소리는 CS가 되며 타액 분비는 CR이 된다.

2) 고전적 조건화와 관련된 현상

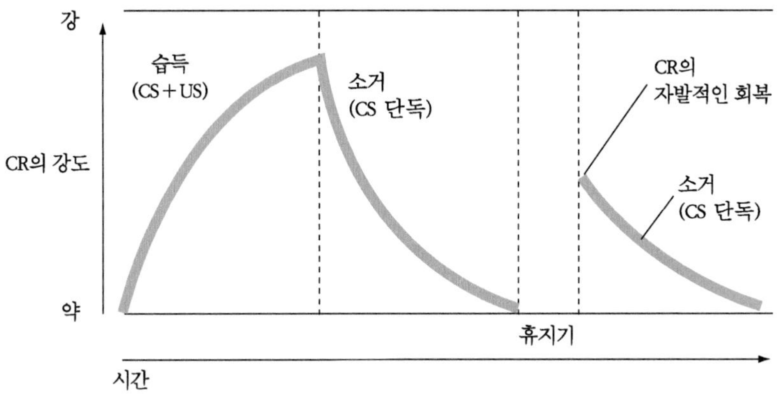

[그림 4-3] 습득, 소거 및 자발적 회복(Myers, 2007)

(1) 소거

소거(extinction)는 CS가 US 없이 반복적으로 제시됨에 따라 더 이상 CR이 나타나지 않는 현상을 말한다. 이러한 소거 절차는 공포증(phobia)을 줄이기 위한 치료 장면에서 흔히 사용된다. 예를 들면, 주사 바늘에 공포를 가지고 있는 환자가 주사 바늘에 오랫동안 노출되면 그 공포를 덜 느끼게 된다. 이런 치료방식을 노출치료라 부른다.

(2) 자발적 회복

자발적 회복(spontaneous recovery)은 더 이상의 조건화 시행이 없음에도 불구하고 일정 시간이 흐른 후에 CS가 제시되면 CR이 다시 나타나는 경향성을 의미한다. 이러한 자발적 회복은 오래 지속되지 않으며, 처음의 CR보다 그 강도가 훨씬 작다. 자발적 회복이 나타난 후에 US가 없는 CS

만 지속적으로 제시되면 급격하게 소거과정이 다시 나타나게 된다.

(3) 일반화

일반화(generalization)는 CS와 유사한 자극에 반응하는 경향성을 의미하는 것으로, 새로운 자극이 CS와 유사하면 유사할수록 CR의 반응 강도는 커지게 된다. '자라 보고 놀란 가슴, 솥뚜껑 보고 놀란다' 는 우리나라 속담은 이러한 일반화를 가장 잘 설명해 주는 예라 할 수 있다.

(4) 변별

변별(discrimination)은 CR을 유발시키는 CS와 이와 무관한 자극을 구별하는 경향성을 말한다. 일반화와 반대로 새로운 자극이 CS와 다르면 다를수록 변별이 잘 이루어진다. 일반화의 예에서 처음에는 솥뚜껑을 보고 놀란 사람이 솥뚜껑과 자라의 차이를 구별하기 시작하면서 더 이상 솥뚜껑을 보고 놀라지 않는 현상은 이로 설명될 수 있다.

3) 고전적 조건화의 적용

왓슨과 레이너(Watson & Rayner, 1920)의 유명한 연구는 공포의 조건화를 잘 설명해 주는 예다. 앨버트라는 11개월 된 아이는 큰 소리에는 놀라는 반응을 보이지만 흰색 쥐에게는 그와 같은 반응을 보이지 않았다. 그러나 [그림 4-4]에서처럼 앨버트가 흰색 쥐에게 다가가려 할 때 큰 소리를 들려주는 과정이 반복적으로 이루어진 후 앨버트는 흰색 쥐에 대한 공포를 학습하게 되었다. 그 후 앨버트는 흰색 쥐와 유사한 흰색 토끼, 흰색 강아지도 두려워하였고(일반화), 그와 유사하지 않은 대상을 두려워하지 않았다(변별).

[그림 4-4] 고전적 조건화의 예(정의석, 2008 참조)

▶ 고전적 조건화의 적용: 체계적 둔감화

체계적 둔감화(systematic desensitization)는 개인에게 공포나 불안을 일으키는 자극을 상상하게 하거나 그것을 시각적으로 제시한 다음, 즉시 불안을 극복하도록 하기 위해 깊은 이완을 사용하는 고전적 조건화에 토대한 절차다. 체계적 둔감화는 공포나 불안을 이완으로 대체시키거나 상쇄시키기 때문에 역조건화의 형태로 고려된다. 본질적으로 체계적 둔감화는 불안을 일으키는 사고나 이미지를 이완감과 짝지음으로써 불안 자극을 극복시키는 절차다. 체계적 둔감화는 1950년대 초에 조지프 울프(Joseph Wolpe)에 의해 개발되었고, 오늘날 불안과 공포를 경감시키기 위해 아동과 성인 모두에게 가장 자주 사용되는 비의학적 치료 가운데 하나다. 체계적 둔감화도 고전적 조건화에 기초를 두고 있다.

체계적 둔감화 절차는 다음 3단계로 진행된다(Wolpe & Lazarus, 1966).

▪ 1단계(이완 학습)

엄지발가락의 근육에서부터 시작하여 차례로 종아리, 허벅지, 팔, 어깨, 목, 그리고 마지막으로 얼굴과 이마까지 근육을 긴장시키고 이완시킴으로써 이완하는 법을 배운다. 이와 같은 식으로 매일 15~20분씩 몇 주간에 걸쳐 의도적인 이완을 실행한다. 이완법을 학습한 후 2단계를 진행한다.

▪ 2단계(불안 위계 작성)

불안을 일으키는 7~12개의 스트레스 상황을 작성한다. 그리고 그 상황들을 가장 작은 스트레스를 일으키는 것부터 가장 큰 스트레스를 일으키는 것까지의 순서로 배열한다. 예를 들면, A의 경우 가장 스트레스를 작게 일으키는 상황은 병원으로 운전해 가는 것이고 가장 큰 스트레스를 일으키는 상황은 구토를 하는 것이다. 2단계가 완료되면 3단계를 진행한다.

▪ 3단계(상상과 이완)

A의 경우 스스로 깊은 이완 상태를 유도하고 병원으로 운전해 가는, 즉 가장 적은 스트레스를 일으키는 상황을 상상한다. 만약 그녀가 불안하거나 스트레스를 느낀다면 그 상황에 대한 상상을 멈추고 다시 이완 상태로 들어간다. 충분히 이완되면 다시 병원으로 운전해 가는 자신의 모습을 상상한다. 만약 이완 상태를 유지하는 동안 병원으로 운전해 가는 상황을 상상할 수 있다면 그다음 목록의 스트레스 상황을 진행한다. 즉, 이완을 유지한 채 병원 문을 들어서는 상황을 상상한다. 이와 같은 식으로 이완 상태를 유지한 채 불안 위계에서 가장 큰 불안을 일으키는 상황까지 점차적으로 상상을 진행해 간다. 그 과정에서 불안을 느끼는 상황이 있다면 멈추고 다시 이완 상태에 돌입한다. 다시 이완 상태로 돌아오면 불안 위계에서 가장 큰 스트레스를 일으키는 상황에 도달할 때까지 이 절차를 계속 진행한다.

이완을 각 스트레스 유발 상황과 연합시킴에 따라 A는 위계의 각 자극을 극복하거나 역조건화시킬 수 있다. 체계적 둔감화는 조건 자극을 다시 중성 자극으로 돌려주는 방법으로 고려될 수 있다.

체계적 둔감화는 조건화된 구토증, 피, 주사기, 뱀, 그리고 대중 앞에서 연설하는 것과 관련된 공포증을 포함하여 광범위한 공포와 불안 행동을 치료하는 데 매우 효과적인 것으로 밝혀졌다.

3. 조작적 조건화

조작적 조건화(operant conditioning)는 동물이나 인간이 행동한 것에 따른 결과(보상 또는 처벌)가 그 동물이나 인간으로 하여금 같은 행동을 다시 수행할 가능성을 증가시키거나 감소시키는 학습의 종류다. 고전적 조건화가 자극(US)과 자극(NS)을 연합시켜 학습한다면, 조작적 조건화는 반응과 그에 따른 피드백을 연합시켜 학습한다는 점에서 다르다.

1) 손다이크의 효과의 법칙

손다이크(Edward Lee Thorndike)는 동물에게도 지능이 존재하는지를 알아보기 위해서 문제상자(puzzle box)를 고안하였고, 고양이를 사용하여 고양이가 문제상자를 탈출하는 데 걸리는 시간을 측정하였다. 이와 같은 절차가 여러 번 반복되면서 고양이의 탈출 시간은 점차적으로 감소하였다. 시행착오(trial-and-error)를 통해 목표 행동을 학습해 가는 과정을 설명하기 위해 손다이크는 효과의 법칙(law of effect)을 제안하였다. 이 법칙은 긍정적인 결과가 수반되는 행동은 증가되는 반면, 부정적인 결과가 수

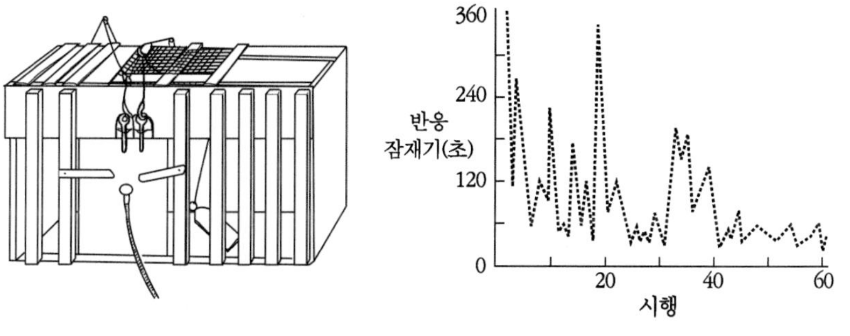

[그림 4-5] 도구적 조건화를 위한 실험상자와 반응 잠재기 결과(현성용 외, 2008)

반되는 행동은 감소된다는 것을 의미한다. 손다이크의 이와 같은 제안은 학습을 객관적인 방법으로 연구할 수 있다는 근거를 제공해 주었다는 점에서 매우 중요한 의의를 지닌다.

2) 스키너의 조작적 조건화

1930년대에 스키너(B. F. Skinner)는 동물의 지속적인 행동을 분석하기 위해 **조작 행동**(operant behavior)을 사용하였다(Skinner, 1938). 이는 유기체의 반응이 환경에 조작을 가한다는 의미에서 사용되었다. 이러한 종류의 학습을 **조작적 조건화**(operant conditioning)라 불렀으며, 결과(보상 또는 처벌)가 행동에 어떠한 영향을 미치는지에 초점을 맞추었다. 스키너가 조작적 조건화를 연구하기 위해 고안한 스키너 상자는 쥐의 레버 누르는 행동을 기록하고 쥐에게 먹이를 제공하는 장치가 자동으로 작동될 수 있도록 고안되었다. 스키너 상자는 레버를 누른 이후의 결과를 변화시켜서 쥐의 지속적인 행동이 어떻게 수정될 수 있는지를 연구하는 데 효과적인 장치다.

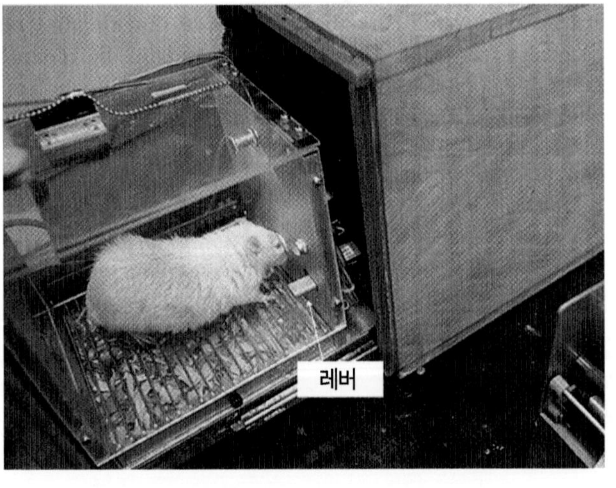

[그림 4-6] 스키너 상자(서창원, 민윤기, 2007)

그러나 일반적으로 쥐가 레버를 단번에 누르지 않기 때문에 레버를 누르도록 하는 데는 **조성**(shaping)이라는 절차가 사용된다. 이는 실험자가 바람직한 행동을 이끌거나 접근 행동을 점차적으로 강화시키는 절차를 말한다. 예를 들면, 바람직한 행동이 레버를 누르는 것이라면 다음과 같은 조성 절차가 적용될 수 있다.

① 몸을 레버 쪽으로 향하기: 쥐가 상자 뒤쪽에서 배회하다가 레버를 향해 몸을 돌리고 그것에 시선을 맞출 때, 실험자는 쥐에게 먹이를 제공한다. 쥐는 먹이통에서 먹이가 떨어지는 소리를 듣고 먹이통으로 접근하여 먹이를 취한다. 쥐는 다시 상자 안을 배회한다. 그러다 쥐가 다시 레버 쪽으로 몸을 돌리고 시선을 보낼 때, 실험자는 또다시 먹이를 제공한다.

② 레버 건드리기: 이번에는 쥐가 레버 쪽으로 움직일 때 실험자가 먹이를 제공한다. 먹이를 취한 후에 쥐는 잠시 배회하다가 곧 레버 근처로 돌아온다. 그러면 실험자는 다시 쥐에게 먹이를 제공한다. 이제 쥐가 레버에 앞발을 올려놓을 때, 실험자는 먹이를 제공한다.

③ 레버 누르기: 이제 쥐가 몸을 일으켜 세우고 앞발로 레버에 힘을 가할 때, 실험자는 먹이를 제공한다. 얼마 후 쥐는 앞발을 이용해 레버를 아래로 누르게 되고, 이때 쥐는 먹이를 제공받는다. 곧 쥐는 빠른 속도로 레버를 누르게 되며, 이러한 행동을 반복하게 된다.

조련사의 경험과 쥐에 따라 쥐가 레버를 누르도록 조성시키는 데는 일반적으로 적게는 몇 분에서 많게는 1시간 정도 소요된다. 스키너는 조성과정에서 먹이 혹은 강화물은 바람직한 행동이 나타난 즉시 제공되어야 한다고 설명하였다. 만약 강화가 지연된다면 동물의 어떤 바람직하지 않은 행동이나 미신 행동을 강화시킬 수도 있다.

미신 행동(superstitious behavior)은 그 발생이 우연히 강화물과 짝지어짐으로써 그 빈도가 증가되는 행동을 말한다. 예를 들어, 야구선수는 안타를 치고 난 후에 우연히 강화되는 다양한 미신적 행동을 종종 보고한다. 생애 5회의 최다 안타상을 수상한 웨이드 보그스(Wade Boggs)는 1983년부터 매 경기 시작 전에 닭고기를 먹었으며, 다른 사람이 절대로 자신의 야구배트를 건드리지 못하게 하였다. 특히 강력한 강화물(메이저리그 안타)에 의해 이러한 행동이 강화되고 나면 미신적 행동은 제거하기가 매우 어렵다.

3) 강화와 처벌

행동의 발생을 증가시키는 **강화**(reinforcement)와 감소시키는 **처벌**(punishment)에는 각각 두 가지 종류가 있다.

(1) 정적 강화

정적 강화(positive reinforcement)는 행동의 재발 가능성을 증가시키는 자극의 제시를 말한다. 정적 강화물은 반응이 다시 발생될 가능성을 증가시키는 자극이다. 예를 들어, 당신이 친구에게 돈을 빌린다면 돈은 향후에 다시 그 친구에게 빌릴 가능성을 증가시키는 정적 강화물이 된다.

(2) 부적 강화

부적 강화(negative reinforcement)는 그것이 제거됨으로써 선행 반응이 다시 발생될 가능성을 증가시키는 혐오(불쾌한) 자극을 말한다. 예를 들어, 낮은 학점을 받지 않으려고 열심히 공부를 한다면 낮은 학점을 피하는 것은 향후에 다시 공부할 가능성을 증가시키기 때문에 부적 강화물이 된다.

[그림 4-7] 강화와 처벌(Baird, 2010 참조)

(3) 정적 처벌

정적 처벌(positive punishment)은 반응 후에 제시되는 혐오(불쾌한) 자극(예, 매 맞기)을 말한다. 이런 혐오 자극은 반응의 재발 가능성을 감소시킨다. 예컨대, 아이들이 부모의 말을 잘 듣지 않을 때마다 싫어하는 음식을 준다면 싫어하는 음식은 정적 처벌이 되어 부모의 말을 잘 듣지 않는 행동을 감소시킨다.

(4) 부적 처벌

부적 처벌(negative punishment)은 반응 후에 제거되는 강화 자극(예, 용돈)을 의미한다. 이러한 자극의 제거는 반응 재발 가능성을 감소시킨다. 예컨대, 친구들을 괴롭히는 아이에게 친구들과 어울려 뛰어 놀 수 있는 시간을 제한한다면 괴롭히는 행동을 감소시킬 수 있다.

4) 강화물의 종류

일차 강화물(primary reinforcement)은 음식, 물, 혹은 성행위와 같이 자극으로 학습된 것이 아니면서 쾌락을 주는 것으로, 본래적으로 유기체에게 만족을 주는 자극을 말한다. 반면 **이차 강화물**(secondary reinforcement)은 경험을 통해 강화력을 획득한 일련의 자극을 의미한다. 이런 이차 강화물은 일차 강화물과 연합되어 학습된 것이다. 예를 들어, 아주 어린아이의 경우 세뱃돈으로 만 원권 지폐를 준다면 별로 기뻐하지 않으나 아이가 좋아하는 과자를 준다면 매우 기뻐할 것이다. 그러나 일단 그 아이가 만 원권 지폐로 자신이 좋아하는 과자를 얼마나 살 수 있는지를 학습한다면 그때부터는 지폐를 받았을 때 매우 기뻐할 것이다.

5) 강화계획

강화계획(schedules of reinforcement)이란 강화물에 의해 언제, 어떻게 반응이 나타나는지를 결정하는 프로그램 혹은 규칙을 말한다. 이런 강화계획은 크게 **연속강화**(continuous reinforcement)와 **부분강화**(partial reinforcement)로 구분된다. 연속강화는 원하는 반응이 나타날 때마다 강화시키는 방법이다. 이는 빠르게 학습이 일어난다는 장점을 가지고 있으나, 강화가 제거되는 경우 학습 속도만큼이나 빠르게 소거과정이 일어난다는 단점도 가지고 있다. 부분강화는 원하는 반응이 나타났을 때 강화를 받기도 하지만 때로는 강화를 받지 않을 수도 있는, 즉 어느 시기에만 강화되는 방법을 의미한다. 이는 연속강화와는 반대로 초기 학습 속도는 느리지만 강화가 제거된 경우에도 빠르게 소거과정이 일어나지 않는다는 특징이 있다. 이러한 부분강화계획은 네 가지의 형태로 구분된다.

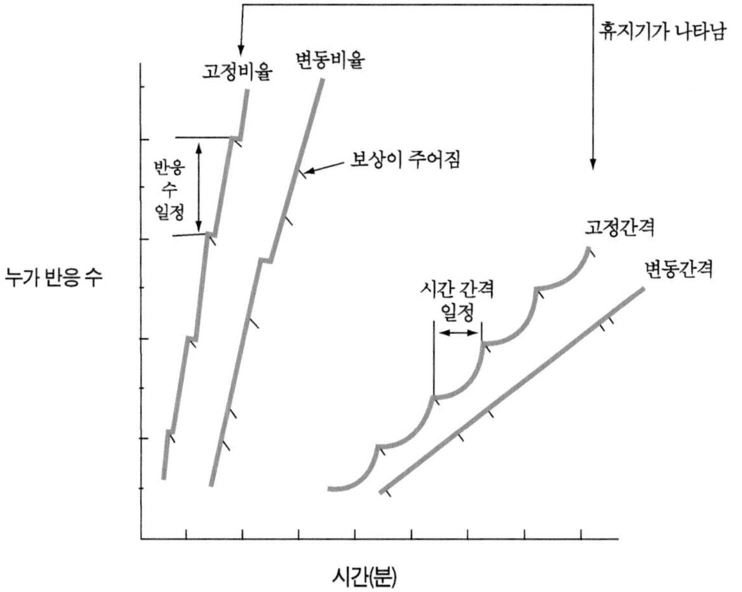

[그림 4-8] 강화계획(정의석, 2008)

(1) 고정비율계획

고정비율계획(fixed-ratio schedule)은 유기체가 정해진 횟수만큼 반응한 후에만 강화물이 제공되는 것을 의미한다. 공장 작업자가 매 10개의 완제품을 조립할 때마다 수당을 받는다면 고정비율계획이라 할 수 있다.

(2) 고정간격계획

고정간격계획(fixed-interval schedule)은 정해진 시간 간격 후에 발생하는 첫 번째 반응 후에 강화물이 제공되는 것을 의미한다. 가령 매달 5일경에 수당을 지급받는 회사원이 있다면 수당이라는 강화물은 아무리 열심히 노력한다고 해도 5일 이전에는 받지 못할 것이다.

(3) 변동비율계획

변동비율계획(variable-ratio schedule)은 강화물을 획득하기 위한 반응의 수가 매번 변하는 것을 의미한다. 예를 들어, 유기체는 때로 요구되는 반응이 1회 나타났을 때 강화물을 받고, 때로는 요구되는 반응이 10회 나타났을 때 강화물을 받는 것이다. 도박은 변동비율계획의 대표적인 예다. 도박에서는 연속강화처럼 매번 돈을 따게 되는 경우도 있지만 오랫동안 지속해도 돈을 따지 못하는 경우도 있기 때문이다.

(4) 변동간격계획

변동간격계획(variable-interval schedule)은 강화물이 변동 시간량 이후에 발생하는 첫 번째 반응 이후에 제공되는 것을 의미한다. 변동간격계획은 고정간격계획보다 더 규칙적인 반응률을 초래한다. 예를 들어, 일반적으로 대학생은 15주의 수업 일정에서 절반에 해당하는 7주와 마지막 주에 시험을 치르게 된다. 그러나 2회의 시험은 보되 언제 볼지 모른다면 이러한 상황은 매주 시험공부, 즉 학습 행동을 꾸준하게 유발시킬 것이다. 이 경우 전자는 고정간격계획에 해당되며, 후자는 변동간격계획에 해당된다.

4. 사회 및 인지 학습

1) 사회학습

사회학습(social learning)은 관찰, 모방, 모델링으로부터 초래되며, 관찰자에게 관찰 가능한 어떤 행동을 수행할 것을 요구하지 않고 관찰 가능한 어떤 보상을 제공받을 것을 요구하지도 않는다. 이는 관찰학습

(observational learning) 또는 대리학습(vicarious learning)이라고 한다. 이러한 사회학습의 대표적인 학자는 앨버트 반두라(Albert Bandura)다. 그는 동료들과 함께 아동이 성인의 공격적인 행동을 관찰함으로써 공격적인 행동을 학습한다는 것을 증명하였다.

보보(bobo) 인형 연구가 고전적 실험이 된 이유는 학습이 고전적 혹은 조작적 조건화를 통해 이루어진다는 초기 아이디어에 도전적인 결과를 제시했기 때문이다. 다음 내용을 통해 아동은 단지 관찰을 하는 것만으로도 공격적인 행동을 학습한다는 것을 알 수 있을 것이다.

[그림 4-9] 공격성에 대한 실험(Bandura & Walters, 1963)

(1) 절차

한 방에서는 아동에게 그림 그리기를 하도록 하였고, 다른 방에서는 성인에게 큰 보보 인형을 10분간 발로 차고 주먹으로 때리고 고함을 치도록 하였다. 두 방은 유리 칸막이로 되어 있어, 어떤 아동은 다른 방에 있는 성인의 행동을 볼 수 있었고 나머지 아동은 보지 못하였다. 잠시 후에 각 아동이 약간의 좌절 상황에 처하도록 만든 다음 그들을 보보 인형이 있는 방으로 옮겼고, 연구자들은 아동의 행동을 관찰하였다.

(2) 결과

모델이 보보 인형에게 가하는 공격적인 행동을 관찰한 아동은 역시 보보 인형을 발로 차고 주먹으로 때리고 고함을 지르는 등의 공격 행동을 보였다. 관찰학습만으로 아동은 모델의 공격적인 행동을 학습하였고, 이제 자신들이 그러한 행동을 수행하고 있었다. 이와 비교하여 모델의 공격적인 행동을 관찰하지 않은 아동은 좌절 상황에서도 보보 인형에게 공격을 가하지 않았다.

(3) 결론

반두라의 결과는 아동이 강화가 없이 단지 살아 있는 모델의 행동을 관찰하는 것만으로도 특별한 공격 행동을 학습할 수 있다는 것을 시사하였다. 관찰학습은 아동이 모델을 관찰하고 나중에 그 행동을 모방하기 때문에 모델링(modeling)이라고도 불린다. 보보 인형 연구의 또 다른 흥미로운 결과는 아동이 관찰에 의해 학습하기는 하지만 관찰된 행동을 수행하지 않을 수도 있다는 것이다.

2) 인지학습

(1) 통찰학습

미국에서 손다이크가 고양이의 시행착오 학습을 연구하던 시기에 독일에서는 볼프강 쾰러(Wolfgang Köhler)가 침팬지를 대상으로 손에 닿을 수 없는 위치에 있는 바나나를 어떻게 획득하는지를 연구하고 있었다. 쾰러는 적절한 환경에서 유기체가 **통찰**(insight), 즉 갑자기 형성된 해결책을 통해 문제를 해결할 수 있다고 주장하였다. [그림 4-10]에서처럼 쾰러는 주변에 상자가 널려 있는 방의 천장에 바나나를 매달아 놓았다. 바나나는 너무 높이 매달려 있어서 침팬지가 아무리 뛰어도 그것을 손에 넣을 수 없었다. 이 방에 처음 들어와 5분 동안 침팬지는 바나나를 얻기 위해 무모할 정도로 안간힘을 썼다. 그 후 상자를 한참 동안 응시한 침팬지는 상자

[그림 4-10] 통찰학습

를 바나나 밑으로 옮겨 쌓아 놓고는 그 위에 올라가 바나나를 손에 넣을 수 있었다. 쾰러는 이러한 침팬지의 문제해결 행동이 손다이크가 제시한 시행착오 학습과는 다른 정신과정, 즉 통찰의 예라고 믿었다. 이러한 현상은 흔히 '아하!' 경험이라고 한다.

(2) 잠재학습

1930년대에 에드워드 톨먼(Edward Tolman)은 관찰 가능한 행동이 강조되던 시기에 숨겨진 정신과정을 탐색하였다. 예를 들면, 톨먼은 한 집단의 쥐들에게는 미로의 끝에 먹이를 제공하였고, 다른 한 집단의 쥐들에게는 먹이를 제공하지 않았다. 이 경우 먹이를 제공받은 집단이 미로를 빨리 학습하는 것은 강화로 인한 학습 결과다. 그러나 톨먼은 여기에 한 집단의 쥐들을 더 추가하여 10일 동안은 먹이를 주지 않고 11일째 되는 날에 먹이를 제공하였다. 그 결과, 새로 추가된 집단의 쥐들은 처음부터 먹이를 제공한 쥐들만큼 수행이 향상되었다. 이러한 결과는 결국 강화물

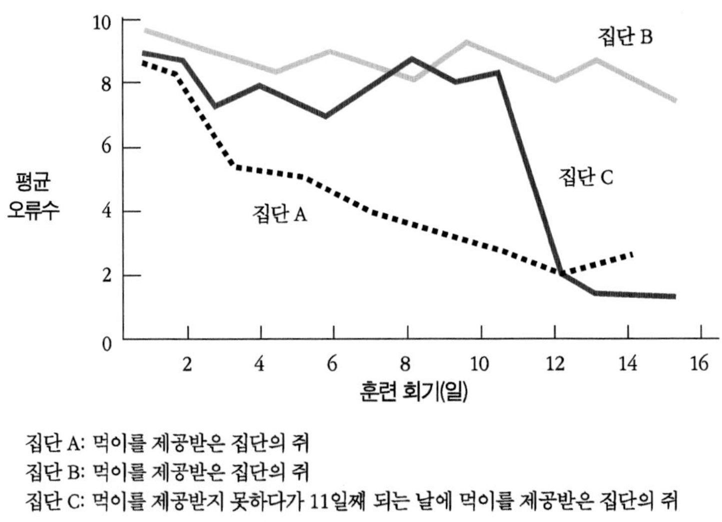

[그림 4-11] 잠재학습의 실험 결과(현성용 외, 2008)

(먹이)을 제공받기 이전에 미로를 학습하고 있었음을 시사하는 것이다. 톨먼은 이를 잠재학습(latent learning)이라 불렀다. 또한 톨먼은 쥐들이 학습한 최단거리를 차단하였을 때 쥐들이 그다음으로 가장 최단거리에 해당하는 경로를 선택하는 것을 확인하였다. 이를 통해 톨먼은 쥐가 이미 미로의 배열에 대한 정신적 표상, 즉 인지도(cognitive map)를 발달시켰기 때문에 두 번째 최단 경로를 선택할 수 있었다고 주장하였다.

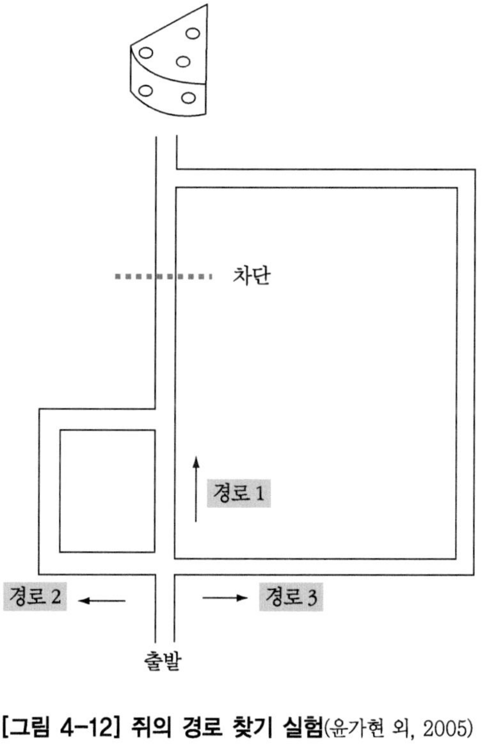

[그림 4-12] 쥐의 경로 찾기 실험(윤가현 외, 2005)

제5장

기억

1. 기억의 정의
2. 기억의 과정
3. 망각
4. 기억의 조직
5. 목격자 증언

HUMAN LIFE AND PSYCHOLOGY

1. 기억의 정의

기억(memory)이란 시간 경과에 따른 세 가지 기본 단계, 즉 부호화, 저장, 인출을 통해 획득된 정보의 보유 능력을 말한다. 이러한 기억은 종종 컴퓨터의 정보 처리과정에 비유되곤 한다. 다시 말하면, 부호화 과정은 키보드, 마우스와 같은 입력 장치를 통해 정보를 컴퓨터에 입력하는 과정이며, 저장과정은 입력된 정보가 손실되지 않도록 주 저장 장치인 하드디스크에 입력 정보의 파일을 생성시키는 과정이다. 또한 인출과정은 하드디스크에 생성된 여러 정보 파일 중 현재 사용하고자 하는 파일을 불러와 모니터와 같은 출력 장치를 통해 우리에게 보여 주는 과정이다.

① 부호화(encoding): 우리의 기억 속에 안주될 수 있는 정보의 정신적 표상과정을 말한다. 즉, 부호화는 초기에 기억하기 쉬운 형태로 정보를 등재하는 과정이다.

② 저장(storing): 나중의 회상을 위해 비교적 영속적인 정신 저장소에 부호화된 정보를 위치시키는 과정을 말한다. 오래된 혹은 친숙한 정보와 연합시켜 저장된 새로운 정보는 기억하거나 인출하기가 훨씬 수월하다.

③ 인출(retrieving): 단기 혹은 장기 저장소에 저장된 정보를 꺼내거나 상기하는 과정을 말한다.

2. 기억의 과정

우리의 기억이 1 다음에 2, 2 다음에 3처럼 앞의 세 단계를 따라 쉽게 이루어지는 것은 아니다. 앳킨슨과 시프린(Atkinson & Shiffrin, 1968)은 기능과 정보의 보유 기간이 서로 다른 세 가지 기억체계(감각기억, 단기기억, 장기기억)를 따라 기억이 형성된다고 주장하였다.

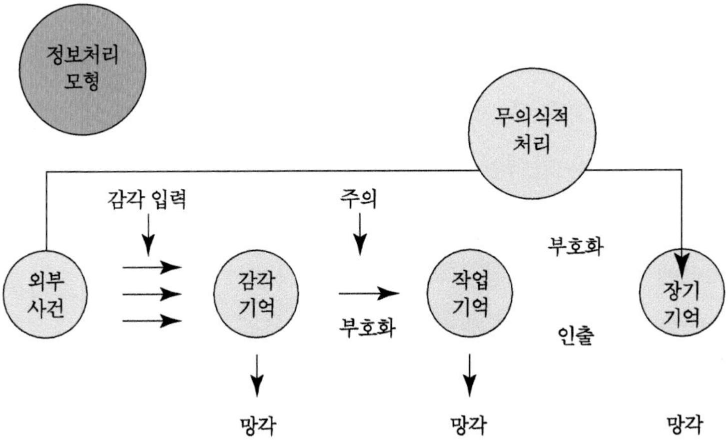

[그림 5-1] 기억의 정보처리 모형(Baird, 2010)

1) 감각기억

노무현 전 대통령 서거와 같은 아주 특별한 사건이건, 아침에 밥을 먹고 학교에 온 일과 같은 일상의 사건이건 간에 기억은 감각 경험을 통해 형성되게 된다. 즉, 오감(시각, 청각, 후각, 미각, 촉각)을 통해 입력된 이미지, 소리, 향기, 맛, 느낌과 같은 감각 경험이 기억의 원자료(raw data)에 해당된다. 이처럼 짧은 시간(즉시 내지는 수초) 동안 원래의 감각 양상을 간직한 환경 정보를 수용하고 유지하는 최초의 과정이 감각기억(sensory memory)이다. 여기서는 영사기억이라 불리는 시각기억과 잔향기억이라 불리는 청각기억을 살펴볼 것이다.

(1) 영사기억

영사기억(iconic memory)은 약 1/4초나 그 이상 동안 시각 정보를 유지하는 감각기억의 한 형태다. 만일 깜깜한 밤에 야광의 요요를 빙글빙글 돌린다면 원을 따라 이동하는 불연속적인 불빛 대신에 연속적인 불빛을 보게 될 것이다. 이는 우리가 불연속적인 개개 불빛의 이미지를 짧은 순간 유지하고 있기 때문에 나타나는 현상이다. 시각 정보에 대한 감각기억의 존재를 처음으로 증명한 스펄링(Sperling, 1960)의 실험을 살펴보자.

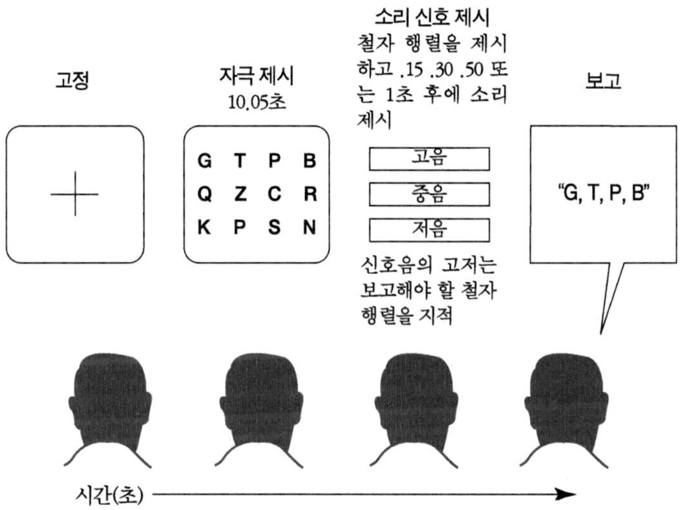

[그림 5-2] 감각기억의 실험(Sperling, 1960)

1 절차

실험 참가자는 매우 짧은 시간(50msec) 동안 3행 4열로 구성된 철자 행렬을 제시받았다. 이어서 고음, 중음, 저음 중 하나의 소리를 제시받은 후 특정 행의 철자를 실험 참가자로 하여금 보고하도록 하였다. 이때 들려준 소리는 실험 참가자들이 세 행 중 어느 행의 철자를 보고하도록 하는지를 알려 주는 기능을 하는 것이다(고음=1행, 중음=2행, 저음=3행).

② 결과

즉시 반응하도록 한 경우에는 평균 9개의 철자를 기억하였으나, 0.5초 후 반응하도록 한 경우에는 평균 6개의 철자를 기억하였다. 또한 1초 후에 반응하도록 한 경우에는 단지 4개의 철자만을 기억하였다. 지연 시간이 증가함에 따라 기억되는 철자가 감소하는 이유는 영사기억의 순간성 때문이다.

(2) 잔향기억

잔향기억(echoic memory)은 3~4초 동안 청각 정보를 유지하는 감각기억의 또 다른 형태다. 예를 들면, 웹서핑에 몰두하고 있는 친구에게 "커피 한 잔 하러 가자!"라고 말했다고 하자. 이때 친구가 "뭐라고 말했니?"라고 되묻는 순간에 이미 질문이 무엇인지 기억하게 된다. 이는 청각적 언어가 잔향기억에 남아 있기 때문이다. 이처럼 주의를 기울이지 않은 소리 또는 청각적 언어는 영사기억보다는 더 오랫동안 감각기억에 남아 있다.

(3) 감각기억의 기능

감각기억은 많이 들어오는 자극으로부터 과부하가 걸리는 것을 막아 준다. 즉, 주의하지 않는 것은 짧은 시간의 경과 후에 소멸되기 때문이다. 그리고 감각기억은 수초 내에 들어오는 정보 가운데 어느 것이 중요하며 주의해야 하는지 결정하게 해 준다. 주의를 기울이는 정보는 자동으로 단기기억으로 전이된다.

영상기억은 불연속적인 시각 세계를 부드럽고 연속적인 세계로 보이게 만든다. 음향기억은 청각 정보를 재생시킴으로써 소리를 말로 인식할 수 있는 시간을 제공한다. 감각기억 속의 정보에 주의를 기울이면 그 정보는 단기기억으로 이동된다.

2) 단기기억

단기기억(short-term memory: STM)은 20~30초간 제한된 정보의 양(평균 7개 항목)을 파지할 수 있는 과정을 의미한다. 파지 시간이 비교적 짧기 때문에 정보를 더 오랫동안 기억하기 위해서는 장기기억으로 정보가 전이되어야 한다. 이때 사용되는 것이 시연(rehearsal)이다. 시연은 크게 두 가지 유형으로 나뉘는데, 하나는 정보를 의도적으로 반복함으로써 더 오랫동안 파지할 수 있는 유지 시연(maintenance rehearsal)이다. 예를 들면, 단어를 더 오랫동안 기억하기 위해서 반복해서 되뇌는 과정이 이에 해당된다. 다른 하나는 이전 정보와의 연계성을 확보하거나 심적 이미지를 연상시킴으로써 더 오래 파지할 수 있는 정교화 시연(elaborative rehearsal)이다. 이는 기억을 잘 하기 위한 전략, 즉 기억술(mnemonics)과 밀접하게 관련되어 있다.

(1) 피터슨과 피터슨의 연구

피터슨과 피터슨(Peterson & Peterson, 1959)은 연습이나 시연 없이 얼마나 오랫동안 정보를 기억할 수 있는지를 연구하였다. 그들은 'GJT'와 같은 세 개의 철자로 구성된 자극을 제시한 직후, 실험 참가자에게 '547'

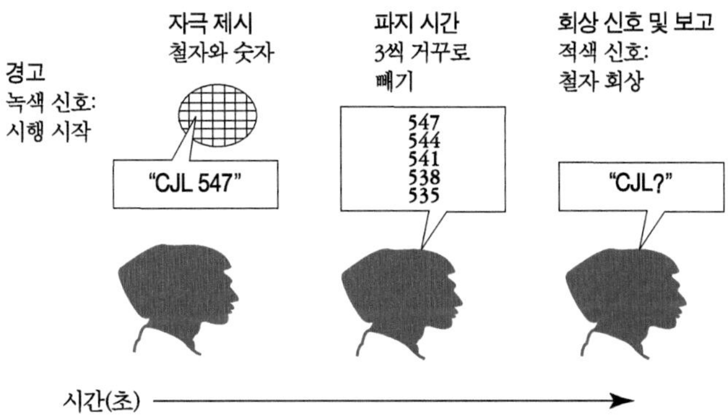

[그림 5-3] 피터슨과 피터슨의 연구(Peterson & Peterson, 1959)

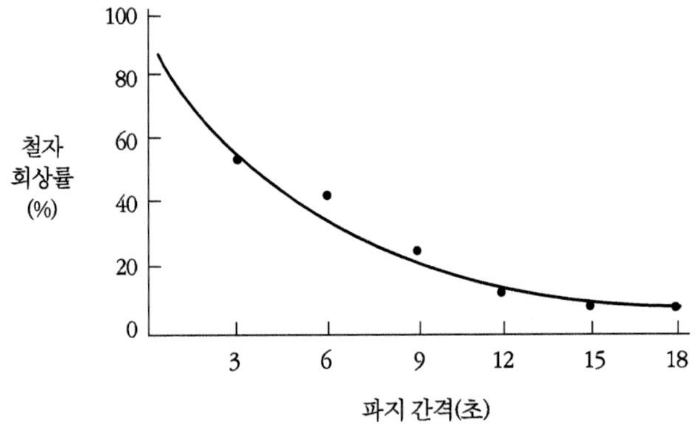

[그림 5-4] 피터슨과 피터슨의 연구 결과(Peterson & Peterson, 1959)

과 같은 숫자에서 3씩 빼서 보고하도록 지시하였다. 그리고 일정 시간 이후에 회상 단서가 제시되었을 때 처음에 보여 준 3개의 철자를 회상하도록 하였다. 그 결과, 처음 자극이 제시된 이후부터 회상 단서가 제시된 시점까지의 시간이 증가함에 따라 철자의 회상률은 감소하는 것으로 나타났다. 이 연구는 단기기억 속의 정보가 시연을 하지 않는 한 수초 내에 신속하게 사라진다는 것을 보여 주었다.

(2) 밀러의 연구

조지 밀러(George Miller, 1956)는 서로 관련 없는 항목들을 제시한 다음 얼마나 많은 항목을 파지할 수 있는지를 연구하였다. 이 연구를 통해 단기기억의 용량은 한정되어 있으며, 평균 7개의 항목을 파지할 수 있다고 주장하였다. 그러나 청킹(chunking)이라는 과정을 사용하면 파지 항목 수를 크게 증가시킬 수 있다(Simon, 1974). 청킹은 정보의 독립적인 항목들을 보다 큰 단위 혹은 청크(chunk)로 조합하고 개개 항목보다는 정보의 청크를 기억하는 과정을 의미한다. 그 대표적인 예가 바로 전화번호다. '82428216361' 의 숫자는 실제 11개의 숫자 항목이지만 우리는 이를

82(국가번호)-42(지역번호)-821(국번)-6361로 나누어 기억할 수 있다. 11개의 숫자는 7개의 단기기억 용량을 초과하지만, 4개의 청크로 기억함으로써 단기기억의 제한된 용량에 영향을 받지 않고 쉽게 기억할 수 있다.

(3) 단기기억의 기능

단기기억이란 명칭은 점차적으로 작업기억이란 용어로 대체되고 있는데, 이는 단기기억이 두 개의 부분을 가지는 능동적인 과정이라는 것을 시사하기 때문이다. 연구자들은 단기기억 혹은 작업기억의 한 부분은 정보를 적극적으로 파지하는 일에 관여하며 뇌의 전두엽에 위치한다는 것을 발견하였다. 두 번째 부분은 정보를 수동적으로 저장하는 일에 관여하며 뇌의 후두엽에 위치한다. 이제 정보 저장과정에 대해 살펴보기로 하자.

① 주의

자동차를 운전하는 동안 옆 좌석에 앉아 있는 친구가 말을 건네고 있고 라디오에서는 음악이 흘러나오는 상황을 생각해 보자. 많은 정보량이 감각기억 속으로 들어오지만, 들어오는 정보는 그것에 주의를 기울이지 않는 한 수초 후에 자동적으로 사라지기 때문에 과부하에 걸리지 않는다.

당신이 감각기억 속의 정보에 주의를 하는 순간, 그 정보는 단기기억으로 전이된다. 예를 들면, 당신은 친구가 옆에서 말을 걸고 있는 동안 특별히 좋아하는 음악이 나오지 않는 한(물론 음악 소리도 감각기억 속으로 계속 들어온다) 라디오에서 흘러나오는 소리에 주의를 하지 않게 된다. 그러다 좋아하는 음악이 흘러나오게 되면 다시 라디오에 주의를 하게 되고, 친구의 말에는 주의를 기울이지 않게 된다. 단기기억의 한 가지 기능은 선택적으로 관련된 정보에 주의를 기울이고 나머지 정보는 무시하도록 해 주는 것이다. 일단 정보가 단기 혹은 작업 기억 속으로 들어오면, 몇 가지 사상이 발생한다.

② 시연

일단 정보가 단기기억으로 들어오면, 보통은 그것을 시연하지 않는 한 몇 초 동안 파지될 것이다. 예를 들어, 자동차의 라디오 방송에서 아나운서가 무료 극장표를 얻을 수 있는 전화번호를 알려 준다고 하자. 그러나 그 전화번호는 반복해서 시연하지 않으면 새롭게 들어오는 정보의 간섭 때문에 단기기억에서 사라질 것이다.

단기기억의 또 다른 기능은 정보에 대한 어떠한 조치(주의)를 하지 않는 한 짧은 시간 동안만 정보를 파지시킨다는 것이다. 만약 단기기억 속의 정보를 시연한다면 그 저장 가능성을 증가시킬 수 있다.

③ 저장

정보를 시연하는 것은 단기기억 속에 정보를 파지시킬 뿐만 아니라 정보를 장기기억 속에 저장하거나 부호화할 수 있도록 하는 데 도움이 된다.

3) 장기기억

시연을 통해 **장기기억**(long-term memory)으로 전이된 정보는 비교적 오랫동안 유지된다(Atkinson & Shiffrin, 1971). 이는 장기기억이 무제한의 정보 저장 용량을 가지고 있는 것으로 추정되기 때문이다. 이와 같은 정보의 전이를 검증하기 위한 런더스(Rundus, 1971)의 연구에서는 20개의 단어쌍을 제시받고 이를 시연하도록 한 실험 참가자들이 시연 직후 단어들을 회상했을 때 처음에 제시된 단어들과 마지막에 제시된 단어들은 잘 회상하는 반면 중간에 제시된 단어들은 잘 회상하지 못하는 결과가 나타났다. 이는 U자형의 **계열위치효과**(serial position effect), 즉 단어 목록의 어의 회상률이 달라짐을 보여 준다. 이러한 계열위치효과는 다시 두 효과로 구분되는데,

하나는 처음에 제시된 항목을 더 잘 회상한다는 **초두효과**(primacy effect)이고, 다른 하나는 마지막에 제시된 항목을 더 잘 회상한다는 **최신효과**(recency effect)다. 이러한 결과에 대해 대부분의 연구자는 단기기억과 장기기억이 각각 독립적인 체계로서 기능하며, 초두효과는 장기기억을, 최신효과는 단기기억을 반영하는 것으로 해석한다.

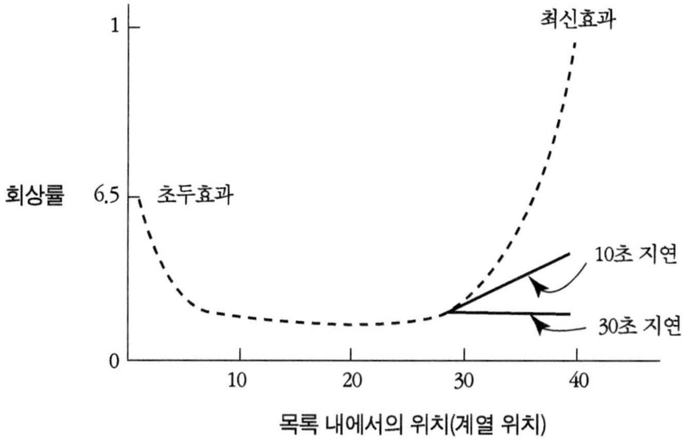

[그림 5-5] 자유회상에서의 계열위치 곡선(서창원, 민윤기, 2007)

(1) 장기기억의 구조

장기기억은 크게 **외현기억**(explicit memory)과 **암묵기억**(implicit memory)으로 구분된다. 외현기억은 우리가 의식적으로 인식할 수 있는 기억으로 특정 사건 또는 경험을 기억하고 기억한 내용을 진술할 수 있는 기억을 말한다. 반면 암묵기억은 의식적으로 인식되지 않는 기억으로 우리 안에 정보가 내재되어 있으나 그 정보가 내재되어 있음을 기억하지는 않는 기억을 말한다.

외현기억은 다시 **의미기억**(semantic memory)과 **일화기억**(episodic memory)으로 구분된다. 의미기억은 일상의 사건과 직접적으로 관련되어 있지 않

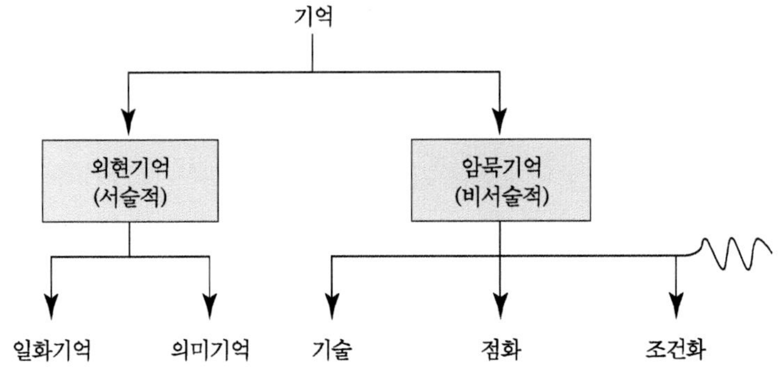

[그림 5-6] 장기기억의 구조(Warrington & Weiskrantz, 1970)

은 사실적이며 개념적인 정보를 의미한다. 예를 들면, '노무현 전 대통령은 대한민국의 몇 번째 대통령인가?' 라는 질문에 '16대 대통령' 이라는 답변을 한다면 '16대' 라는 정보는 의미기억이라 할 수 있다. 그러나 '노무현 전 대통령의 서거 소식을 접한 시점에 당신은 무슨 일을 하고 있었는가?' 라는 질문에 '학술발표 세미나에 참석하고 있었다' 는 답변을 한다면 세미나에 참석하고 있는 자기 자신에 대한 기억이 일화기억에 해당된다.

암묵기억의 유형 중 하나인 **절차기억**(procedural memory)은 습관, 기술, 또는 조건화를 통해 학습된 것에 대한 기억을 일컫는 말이다. 자전거를 타거나 악기를 연주하는 것은 모두 절차기억의 예라 할 수 있다. 이러한 기술은 학습하는 데 일정의 시간과 노력이 요구되지만, 일단 학습이 되면 의식적으로 그 기억에 접근하려 하지 않아도 그 기술을 사용할 수 있다. 이러한 암묵기억의 존재는 **점화**(priming)현상을 통해 확인할 수 있다. 점화는 일반적으로 인식하지 못할 정도로 매우 빠르게 제시된 특정 자극(점화자극)이 이후의 자극에 대한 반응을 촉진시키는 현상을 의미한다.

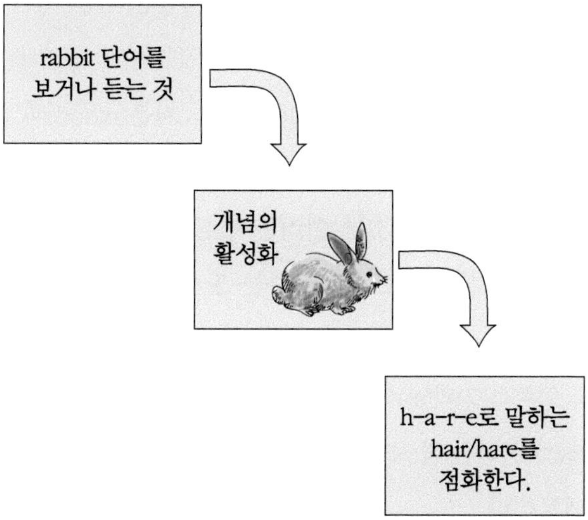

[그림 5-7] 점화에 따른 인출과정(Myers, 2007)

(2) 장기기억에서의 인출

시험공부를 하면서 기억했던 내용이 막상 시험 문제로 출제되었으나 그 내용이 기억나지 않고 입에서 맴도는 현상은 누구나 한 번쯤 경험해 보았을 것이다. 이러한 현상을 설단현상(tip-of-the-tongue phenomenon)이라 부른다. 이러한 현상이 나타났을 때, 원하는 정보에의 접근성이 높은 인출 단서가 제공되면 어려움 없이 바로 정보를 인출할 수 있다.

인출 단서로 활용될 수 있는 것에는 맥락 단서가 존재한다. 여기서 맥락(context)은 학습하고자 하는 항목 또는 내용을 제외한 부호화될 수 있는 정보를 의미한다. 따라서 맥락이 많으면 많을수록 원하는 정보를 인출하는 데 도움이 된다. 고든과 배들리(Godden & Baddeley, 1975)는 스쿠버 다이버를 대상으로 수중과 지상에서 각각 단어 목록을 들려주고 수중 또는 지상에서 들려주었던 단어를 회상하는 연구를 진행하였다. 그 결과 단어를 들려준 환경 맥락(학습 맥락)과 단어를 회상한 환경 맥락(검사 맥락)이 일치한 경우에 더 많은 단어를 회상하는 것으로 나타났다. 이처럼 기억에서 맥락과 인출 시 맥락이 동일하거나 유사한 경우 기억이 향상되는 현상을 **맥락효과**(context effect)라고 한다.

맥락과 유사하게 원 사건이 발생한 시점의 기분(mood)과 그것을 회상하는 시점의 기분이 일치할 때 원 사건에 대한 회상이 촉진될 수 있다. 고든 바워(Gordon Bower, 1983)는 이러한 현상을 다음과 같이 설명하였다. "정서는 우리가 기억할 자료를 저장하는 도서관과 같다. 우리는 이 정서 도서관에 도착하여 이러한 자료를 가장 쉽게 인출할 수 있다." 이와 같은 현상은 **상태 의존적 기억**(state-dependent memory)으로 **기분일치효과**(mood-congruent effect)라 하는데, 그 이유는 정서 상태가 하나의 인출 단서의 역할을 하기 때문이다.

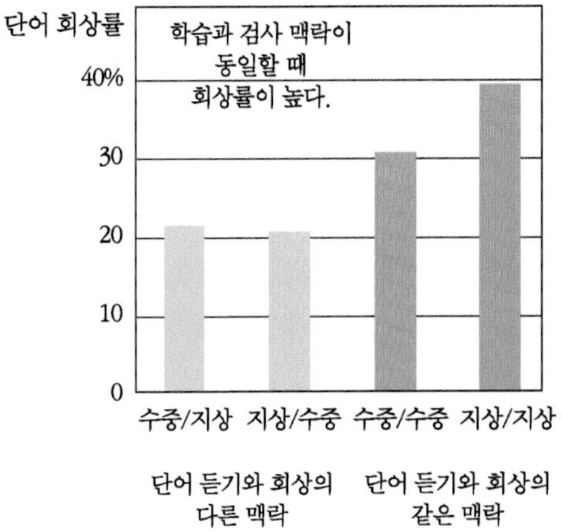

[그림 5-8] 맥락효과(Myers, 2007 참조)

(3) 장기기억의 특징

[1] 용량과 영구성

연구자들은 장기기억이 무제한의 정보 저장 용량을 가지고 있는 것으로 추정한다. 저장된 정보는 약물이나 질병에 의해 뇌 기억 회로에 손상을 입지 않는 한 평생 동안 지속된다.

② 인출과 정확성

비록 장기기억 속의 모든 정보가 인출 가능성을 가지고 있을지라도, 얼마나 정확하게 인출하느냐 하는 것은 정보가 어떻게 부호화되었으며 관련 정보로부터 얼마나 간섭을 받느냐와 같은 다양한 요인에 달려 있다. 이 외에 연구자들은 장기기억의 내용과 정확성이 시간 경과에 따라 변화되거나 왜곡될 수 있다는 것을 발견하였다.

대학 신입생에게 고등학교 전체 성적을 회상하도록 요청하였다. 학생들은 A학점에 대해서는 89% 정확하게 회상하였으나, D학점에 대해서는 29%만 정확하게 회상하였다. 따라서 학생들은 D학점과 같은 부적인 사상보다는 A학점과 같은 정적인 사상에 대해 훨씬 더 정확하게 회상하는 것으로 나타났다. 이 연구는 모든 사상이 동일한 정확성으로 회상되는 것이 아님을 시사하였다. 즉, 정적인 사상은 장기기억 속에서 증폭되며 부적인 사상은 규제된다는 것을 보여 준다. 우리가 정보를 변화시키거나 왜곡시키거나 망각하는 이유에 대해서는 나중에 논의될 것이다.

3. 망각

우리는 어제의 일은 비교적 잘 기억하지만 1년 전의 일은 아주 특별하지 않는 이상 잘 기억하지 못한다. 이는 망각(forgetting)이 일어났기 때문이다. 그러나 망각이 없다면 불필요한 정보와 기억하고 싶지 않은 정보로 인해 일상생활을 영위해 가기가 어려울 것이다. '망각은 신이 인간에게 내린 축복' 이라는 말이 있듯이, 인간의 삶에서 망각은 기억과 더불어 필수적인 요소라 할 수 있다.

1) 망각곡선

기억에 대한 연구에 있어서 선구적인 역할을 담당한 헤르만 에빙하우스(Hermann Ebbinghaus)는 기억이 얼마나 오랫동안 지속될 수 있는지에 관심을 가졌다. 에빙하우스는 자기 스스로 실험 참가자가 되어 LUD, ZIB, MUC와 같은 무의미 철자(nonsense syllables)를 학습하고 기억하는 실험을 진행하였다. 에빙하우스가 무의미 철자를 사용한 이유는 의미를 가지고 있는 단어들은 이미 기억되어 있는 정보와 쉽게 연합되어 실제 기억의 지속성에 영향을 미칠 것으로 생각했기 때문이다. 에빙하우스는 무의미 철자 목록을 완벽하게 기억할 수 있도록 학습하면서 시간을 측정하고, 일정 시간이 지난 후에 그 목록을 다시 완벽하게 기억할 수 있을 때까지의 재학습 시간을 측정하였다. 이때 초기 학습 시간과 재학습 시간의 차이가 절약된 시간이다. 그는 초기 학습 시간에 비해 절약된 시간의 비율, 즉 절약 점수를 측정하였다. 절약 점수가 클수록 기억이 더 오랫동안 지속됨을 의미하는 것으로 이러한 절약 점수의 함수 곡선이 바로 에빙하우스의 망각곡선(forgetting curve)이다.

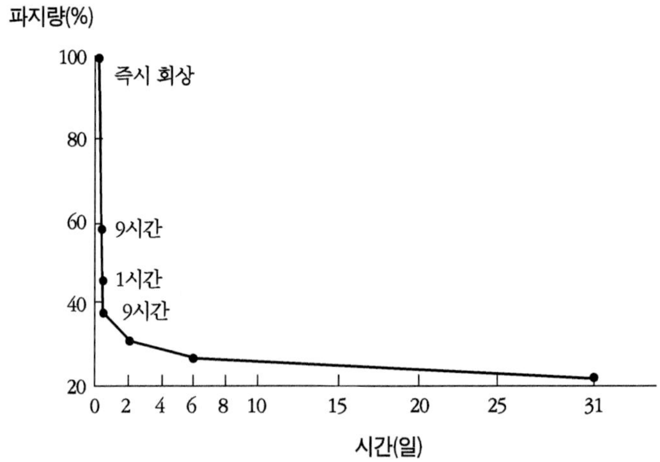

[그림 5-9] 망각곡선(서창원, 민윤기, 2007)

2) 망각의 이유

(1) 억압

지그문트 프로이트(Sigmund Freud)에 따르면 억압(repression)은 정서적으로 위협이나 불안을 일으키는 정보를 자동으로 무의식 속에 감추는 정신과정이다. 무의식 속에 감추어지기만 하면 억압된 기억은 수의적으로 회상될 수 없지만, 후에 어떤 계기로 의식의 표면으로 떠오를 수 있다. 치료과정 동안에 외상적 사건에 대한 억압된 기억을 회상한 내담자의 임상 보고는 이러한 설명을 지지한다. 하지만 엘리자베스 로프터스(Elizabeth Loftus, 1997)는 회상된 기억이 치료과정에서 암시된 결과일 가능성이 있음을 지적하였다. 이로 인해 억압된 기억에 대해서는 공공연한 사실로 다루어지고 있지 않다.

(2) 인출 단서의 부족

망각이 일어나는 또 다른 이유는 인출 단서가 부족하기 때문이라고 본다. 인출 단서는 생생한 정신적 이미지나 새로운 정보와 이미 알고 있는 정보 간의 연합을 형성함으로써 저장된 정보에 접근하는 수단으로서의 역할을 하게 되는데, 이러한 단서를 찾지 못할 때 망각이 일어나는 것이다. 이 관점에서 망각은 정보가 사라지기보다는 정보에 도달하는 통로의 이정표를 찾지 못해 발생하는 것으로 볼 수 있다. 털빙(Tulving, 1974)은 이를 단서의존 망각(cue-dependent forgetting)이라고 불렀다. 이를 지지하는 증거로 털빙과 펄스톤(Tulving & Pearlstone, 1966)의 연구를 들 수 있다. 그들은 단어 목록과 그 단어의 범주를 같이 제시하여 학습한 후 범주를 인출 단서로 제시한 집단(단서 집단)과 제시하지 않은 집단(비단서 집단)의 회상률을 살펴보았다. 그 결과 단서 집단이 비단서 집단보다 회상률이 높은 것으로 나타났다. 이후 모든 집단에게 범주를 제시한 후 다시 회상검사를 실시한 결과, 처음에 비단서 집단이었던 대상자들의 회상률은 단서 집단과 차이가 없는 것으로 나타났다. 이러한 결과는 결국 정보의 저장 문제가 아닌 인출 문제이며, 특히 인출 단서가 부족했기 때문에 나타난 결과라고 해석할 수 있다.

(3) 간섭

일반적으로 망각의 공통적인 원인 가운데 하나인 간섭(interference)은 어떤 특별한 기억에 대한 회상이 다른 관련 기억에 의해 차단되거나 방해를 받는다는 것을 의미한다. 같은 날 연달아 두 가지 시험을 보아야 하는 학생이 처하게 되는 어려움 가운데 하나는 간섭의 기회가 증가한다는 것이다. 간섭 이론에 따르면 망각은 저장소에서 정보를 잃어버리기 때문이 아

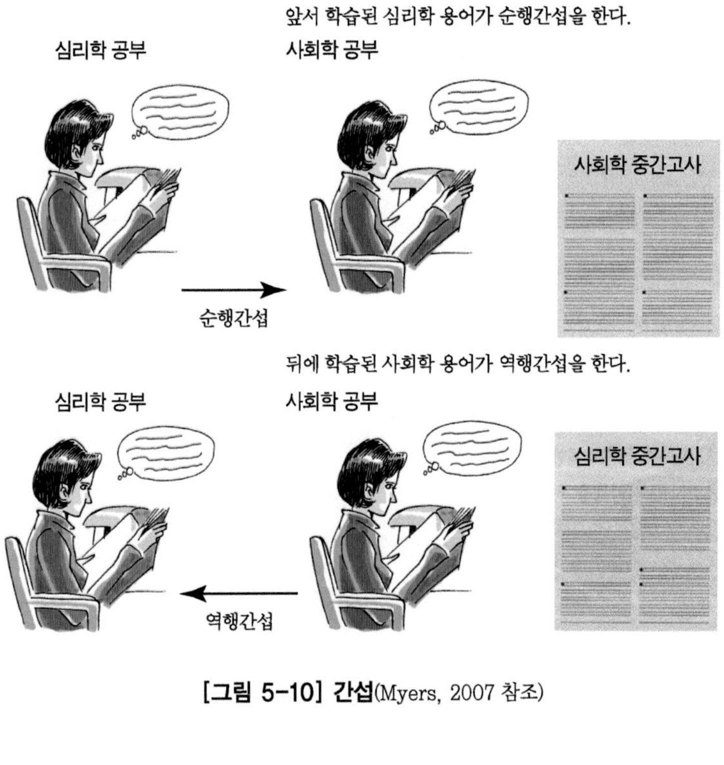

[그림 5-10] 간섭(Myers, 2007 참조)

니라 서로 관련된 오래된 정보나 유사한 새로운 정보가 인출 시에 섞이거나 인출을 차단하기 때문에 일어난다. 이러한 간섭에는 순행간섭과 역행간섭의 두 가지 종류가 있다.

1 순행간섭(proactive interference)

오래된 정보(이미 학습된)가 관련된 새로운 정보(앞으로 학습될)의 기억을 차단하거나 방해할 때 발생한다. 예를 들면, 내일 오전에는 사회학 중간고사를, 오후에는 심리학 중간고사를 보는 학생이 있다고 하자. 이 학생은 사회학 시험 시간과 근접한 시간에 사회학 시험공부를 하기로 결정하였다. 따라서 심리학 공부를 먼저 하기 시작했다. 어느 정도 심리학 공부를 마친 후에 사회학 공부를 하기 시작하였으나, 이미 학습된 심리학 용어로 인해 새로운 사회학 용어가 기억되는 것이 방해를 받았다. 결국 사회학 시험을 볼 때 순행간섭 때문에 공부한 사회학 용어의 일부가 망각되어 시험지에 답을 작성하지 못했다.

2 역행간섭(retroactive interference)

새로운 정보(후에 학습된)가 그와 관련된 오래된 정보(이미 학습된)의 인출을 차단하거나 방해할 때 일어난다. 예를 들면, 지난번 중간고사 때 사회학 시험을 못 본 원인이 사회학 시험공부를 심리학 시험공부를 한 이후에 했기 때문이라고 생각하였고, 이에 기말고사 때는 사회학 시험공부를 먼저 시작하였다. 그 후 심리학 시험공부를 하고 오전에 실시하는 사회학 기말고사를 보았다. 그런데 이번에는 지난번과 반대로 나중에 공부한 심리학 용어가 먼저 공부한 사회학 용어의 회상을 방해하여 시험을 잘 볼 수가 없었다.

(4) 기억상실증

기억상실증(amnesia)은 뇌에 가해진(일시적 혹은 영구적) 타격이나 손상, 약물 사용, 혹은 심각한 심리적 스트레스를 경험한 후에 일어날 수 있는 기억의 망각증이다. 자동차 사고를 당해 뇌에 타격을 입은 많은 사람이 사고 전에 있었던 사건을 기억하지 못하는 경우가 이에 해당된다. 이러한 기억상실증 역시 역행성 기억상실증과 순행성 기억상실증의 두 가지의 종류가 있다. **역행성 기억상실증(retrograde amnesia)**은 위의 예처럼 사고 이전, 즉 과거의 기억이 손실되는 현상을 말한다. 반면 **순행성 기억상실증(anterograde amnesia)**은 미래의 기억 형성에 영향을 미치는 것을 말한다. 이 증상을 보이는 사람들은 그들의 과거 사건을 잘 기억하는 반면에 새로운 기억을 생성하는 데에는 어려움을 보인다.

4. 기억의 조직

1) 휴지통 이론 대 그물망 이론

기억과 관련된 수수께끼 가운데 하나는 어떤 종류의 저장체계가 인생 전체에 걸쳐 누적되는 수많은 정보를 적재하느냐 하는 것이다. 가령 과거에 88개의 얼굴, 2,420개의 개념, 551개의 노래, 244개의 이름, 96개의 정의, 2만 987건의 개인적 사건, 그리고 5마리의 개에 대한 기억을 저장해 왔다고 가정하자. '휴지통 이론(trash can theory)' 에 따르면 당신은 그것들을 큰 정신 휴지통에 집어넣고 그것들에 대한 정신적 표상을 일으킨다. 만약 어떤 특별한 항목을 인출하기를 원한다면 원하는 기억을 얻을 때까지 정신 휴지통을 뒤질 필요가 있다. 비록 휴지통 이론이 기억이 어떻게 조직되는지를 설명해 주는 것처럼 보일지 모르지만, 연구자들은 우리의 인출체계가 매우 빠르고 정확하여 그렇게 비조직적인 방식으로 정보가 저장될 수 없다고 말한다.

기억의 조직에 관한 보다 보편적인 이론 가운데 하나는 그물망 이론(network theory)이다(Neath, 1998). 그물망 이론은 우리가 서로 관련되는 아이디어를 마디(nodes)라 불리는 독립적인 유목이나 파일에 저장한다고 말한다. 즉, 우리는 정보 간의 연합을 형성시킴으로써 수많은 마디 간의 연결을 생성시켜 상호 연결된 거대한 정보 저장과 인출을 위한 그물망을 구성한다. 그물망 이론이 정신적 파일이나 마디 간의 상호 연결을 가정한다는 점을 보다 더 분명하게 이해하기 위해 마치 많은 도시가 복잡하게 상호 연결되어 있는 지도의 도로망을 생각할 수 있다. 새로운 사상, 얼굴, 그리고 수많은 다른 정보를 저장하는 것은 도시에 새 건물이 들어서고 도시 간에 새 도로가 건설되는 것과 유사하다(Schwartz & Reisberg, 1991). 인지심리학자인 도널드 노먼(Donald Norman)은 이러한 그물망 이론을 사용하여 특별한 기억이 어떻게 인출되는지를 설명하였다.

2) 기억 조직: 그물망 이론

어떤 도시에 가기 위해 도로지도를 사용하는 것과 마찬가지로, 인지심리학자인 노먼은 그물망 지도를 사용하여 샌디에이고에 있는 어떤 상점의 이름을 기억하였다. 비록 노먼이 사용한 정신 지도가 낯설게 보이기는 할지라도, 이 도로들은 정보를 장기기억 속에 저장할 때 생성된 연합을 나타낸다. 그러한 연합 혹은 정신적 지도에 따라 특별한 이름을 탐색하기 위해 마디와 마디 혹은 기억과 기억 간의 인지 그물망을 여행하게 된다(Norman, 1982). 정보는 어떻게 장기기억 속에 저장되는가? 그물망 이론에 따르면 새로운 연합을 형성시킴으로써 상호 연결된 마디 속에 기억을 저장한다.

- 마디: 노먼은 마디라 불리는 독립적인 파일이나 유목 속에 관련 아이디어를 조직하거나 저장한다. 마디는 새, 얼굴, 도구, 친구, 이름과 같은 관련 아이디어의 유목이다.
- 연합: 노먼의 아이디어 마디 혹은 유목은 새로운 정보와 이미 저장되어 있는 정보 사이에 연합 혹은 정신 지도를 형성시킴으로써 함께 연결된다.
- 그물망: 노먼은 수많은 파일의 정신적 그물망을 형성하는 상호 연결된 수많은 마디를 가진다. 상점의 이름과 같은 특별한 기억을 인출하기 위해 정신적 그물망을 탐색하여 그것이 저장되어 있는 파일을 찾아야 한다.

특별한 파일을 찾기 위하여 어떻게 수많은 마디를 검색할 수 있는지에 대해 살펴보자.

그물망 위계(network hierarchy)
- 열대어는 얼마나 큰가?
- 수탉은 날개를 가지고 있는가?
- 블루제이(bluejay)는 피부를 가지고 있는가?

위의 질문에 대답하고자 할 때, 그물망 이론은 당신이 다른 마디나 기억 파일 속에서 대답을 탐색할 것이라고 말할 것이다. 마디는 관련 정보를 포함하고 있으며, 특별한 주제나 유목을 중심으로 조직된 기억 파일이다. 예를 들면, 열대어에 관한 특별한 정보를 포함하고 있는 마디나 기억 파일을 탐색함으로써 열대어의 크기에 대해 대답할 수 있을 것이다. 그물망 이론은 또한 많은 마디나 기억 파일이 어떤 종류의 순서에 의해 배열되어 있다고 본다. 이를 그물망 위계라 부른다(Collins & Quillian, 1969).

위계의 하위에는 매우 구체적인 정보를 가진 마디가 있으며, 이들 마디는 위계의 상위로 올라감에 따라 좀 더 추상적인 아이디어를 가지는 마디와 연결된다. 예를 들면, 동물에 관한 정보를 포함하고 있는 마디나 기억 파일에 대한 부분적인 그물망 위계가 [그림 5-11]에 제시되어 있다. 즉, 블루제이, 수탉, 상어, 열대어와 같은 특별한 동물에 대한 구체적인 정보(크기, 색)가 포함되어 있는 마디는 위계의 하단에 위치된다(3으로 명명된 마디).

특별한 정보를 포함하고 있는 이들 마디들은 모든 새나 모든 물고기에 적용되는 보다 추상적이거나 일반적인 정보(날개를 가진다, 아가미가 있다)를 포함하고 있는 새나 물고기와 같은 다른 마디와 연결된다(2로 명명된 마디). 일반적인 정보를 가지는 이들 마디들은 다시 모든 동물에게 적용되는

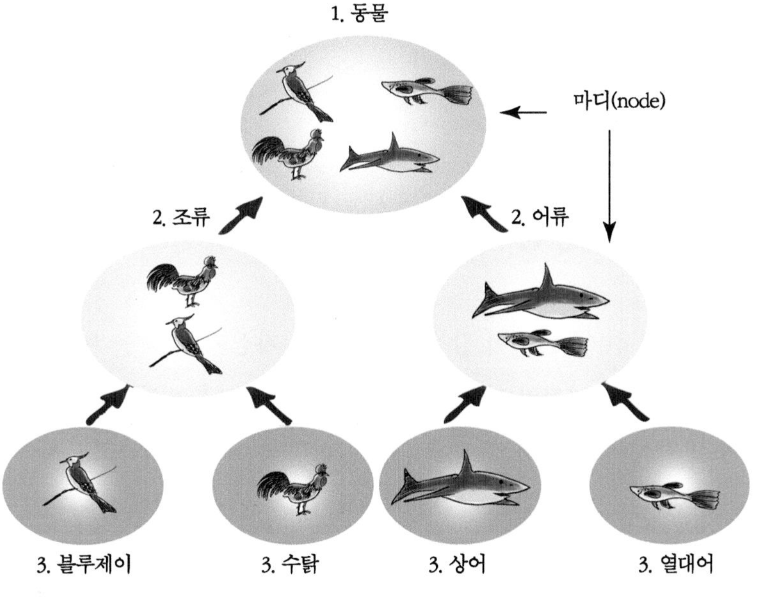

[그림 5-11] 그물망 이론: 장기기억 속에 형성시킨 '동물'이라는 개념과 관련된 정보 조각 간의 관계성

매우 일반적이거나 추상적인 정보(피부를 가진다, 호흡을 한다)를 포함하는 다른 마디와 연결된다(위계의 상단에 위치되어 있으며, 1로 명명된 마디).

그물망 이론에 따르면 동물에 대한 정보는 하단의 구체적이거나 특별한 정보를 가진 마디로부터 상단의 보다 추상적인 정보를 가진 마디에 이르는 위계로 배열된 마디 속에 조직된다. 예를 들면, '열대어는 얼마나 큰가?' 와 같은 질문은 마디 3에서 발견되며, 마디 3 속의 정보에 도달하기 위해 마디 1과 마디 2를 차례로 거치게 된다. 보다 일반적인 질문인 '블루제이는 피부를 가지는가?' 는 단지 마디 1을 탐색함으로써 그 정보를 얻게 된다.

그물망 이론은 수많은 기억이 어떻게 조직되는지를 설명하는 하나의 모형을 제공한다. 연구자들은 뇌가 수많은 정보의 비트를 어떻게 조직하는지를 모의하고자 하는 소위 신경망(neural networks)이라 불리는 다른 모형을 개발하기도 하였다(Neath, 1998; Prince & Smolensky, 1997). 이 가운데 어느 체계를 이용하여 정보를 조직하는지의 문제는 아직 해결되지 않고 있다.

5. 목격자 증언

증언석에 선 한 여성이 감정이 격앙되어 자신이 차 문을 여는 순간 갑자기 나타난 두 남자가 자신을 차 속에 밀어 넣은 후 차를 몰고 가면서 자신을 앞좌석에 묶어 놓고 성폭행을 한 상황을 매우 생생하고도 상세하게 진술하였다. 그녀에게 그 두 명 가운데 한 사람이 법정에 앉아 있는지를 질문하였을 때, 그녀는 원고석에 앉아 있는 한 남자를 직접 손가락으로 지목하면서 "분명히 저 남자예요."라고 말하였다.

그 여성의 증언은 그 남자를 교도소로 보내는 결정적인 증거가 되었다.

남자는 10년형을 선고받았지만 계속해서 무죄를 주장하였고, 변호사를 새로 선임하였다. 결국 새 변호사는 첫 공판 때에는 문제 제기가 이루어지지 않았던 피해자의 의복에 대한 DNA 검사(2차 공판이 벌어지던 당시에 개발된 검사)를 요청하였다. DNA 검사에서 피해자의 청바지에 묻어 있던 정액은 교도소에 수감되어 있는 그 남자의 것이 아니라는 것이 밝혀졌다. 전적으로 피해자의 증언에 의해 교도소로 보내진 그 남자는 무죄가 인정되어 석방되었다.

1) 정의와 문제

목격자 증언(eyewitness testimony)이란 정확한 기억을 간섭할 수 있는 잠재적으로 매우 혼란스럽고 산만한 정서적 상황에서 관찰되는 혐의자를 회상하거나 재인하는 것을 말한다. 위에 제시된 예는 목격자 증언에 따른 최소한 세 가지 문제점을 제기한다.

- 많은 판사가 목격자 증언을 매우 정확하고 신뢰성 있다고 보고, 따라서 최상의 증거로 여긴다는 것이다. 그러나 미국과 영국에서 엉뚱하게 범인으로 몰린 사람들을 대상으로 한 조사에서 오로지 목격자 증언(잘못된 증언) 하나만으로 범인이 아니면서 범인으로 몰린 사례가 상당수 보고되었다. 연구자들은 미국의 경우 이렇게 중범죄자로 몰린 수가 매년 수천 명에 이르는 것으로 추정하였다. 예를 들면, 위에서 언급된 납치 강간 사례에서 목격자는 심한 정서적 흥분으로 인해 산만하고 혼란한 상태에 있었기 때문에 가해자를 잘못 판단했을 수 있다. 아니면 간섭 때문에 잘못 확인했을 수도 있다. 목격자가 범인으로 지목한 남성은 실제 범인의 얼굴과 유사하였다.
- 우리는 일반적으로 증언의 확신이 강할수록 더 정확하다고 가정한

다. 예를 들면, 앞선 예에서 목격자는 매우 확신에 찬 음성으로 "분명히 저 남자예요."라고 말했다. 그러나 증언에 대한 연구 결과를 살펴보면 정확한 확인과 증언의 확신의 관계성은 매우 약한 것으로 나타났다(Granhag, 1997).

- 증언은 법 집행자에 의한 유도된 질문이나 편파적인 질문에 의해 오류를 일으킬 수 있다. 예에서 목격자는 부지불식간에 잘못된 정보를 사실로 받아들이고는 신뢰성 없는 증언을 하였다.

2) 증언의 오인

몇 년 전에 미국의 델라웨어 주 윌밍턴 시에서 일련의 무장강도 사건이 발생한 적이 있다. 강도는 점잖고 매너가 좋았으며 외모가 말끔하여 '신사 강도'로 불렸다. 경찰이 그 신사 강도를 잡지 못하고 시간을 허비하는 동안 신부인 버나드 파가노(Bernard Pagano)가 범인의 몽타주와 매우 닮았다는 한 시민의 제보가 들어왔다.

7명의 목격자가 모두 파가노 신부를 범인으로 지목하였다. 공판은 파가노 신부에게 불리하게 진행되고 있었다. 그러는 동안 로널드 클로우저(Ronald Clouser)라는 한 남자가 자신이 범인이라고 자수를 해 왔다. 그는 범인만이 알고 있는 사건 정황을 상세하게 진술하였고 파가노 신부에 대한 공판은 즉시 중지되었다.

전혀 닮지도 않은 두 사람에 대해 왜 이런 일이 벌어졌을까? 로널드 클로우저는 파가노 신부보다 키가 더 작았고, 14세나 더 어리며, 신부처럼 대머리도 아니었다. 더구나 얼굴도 전혀 닮지 않았다. 그러면 7명의 목격자는 왜 한결같이 파가노 신부를 범인으로 지목했을까? 여기서 가장 가능성이 높은 이유는 증언이 유도되었을 수 있다는 것이다. 분명히 증언에 대한 의문이 제기되는데, 경찰은 가해자의 사진을 보기도 전에 강도가 성직

자일 가능성을 제시하였다. 증언은 일사천리로 신부를 실제 범인으로 몰고 갈 몇 가지 되지 않는 범인과의 유사점에 초점이 맞추어졌다. 파가노 신부가 단지 성직자 옷을 입고 있다는 이유로 증인들은 그가 범인임에 틀림없다는 결론을 내린 것이다. 이는 목격자 증언이 얼마나 왜곡되거나 편향될 수 있는지를 보여 주는 단적인 예다.

3) 편향 발생 요인

목격자 증언의 신뢰성에 대한 관심 때문에 엘리자베스 로프터스(1979, 1993)는 특히 잘못된 정보가 주어질 때 오류나 오기억을 일으킬 수 있는지를 연구하였다. 피험자들이 보고 들은 것을 얼마나 잘못 기억하는지를 증명하는 이 연구에서 밝혀진 몇 가지 결과를 살펴보자.

- 자동차는 헛간을 지나갔는가? 한 실험에서 피험자들은 자동차 사고가 일어나는 필름을 보았고, 그런 다음 그들이 본 것에 대해 몇 가지 질문을 받았다. 질문 가운데 하나에는 엉뚱한 정보가 포함되어 있었다. "빨간 스포츠카는 시골길에서 얼마나 빠르게 헛간을 지나쳤는가?" 이에 화면에서는 헛간이 비치지도 않았는데 피험자의 17%가 헛간을 보았다고 말했다. 이는 사람들이 헛간이 전체 장면이나 패턴에 비추어 충분히 있을 수 있다고 생각할 때 오정보를 사실로 받아들일 수 있음을 시사한다(Loftus, 1975).
- 멈춤 표지판이 있었는가? 로프터스와 동료들이 수행한 한 유명 연구에서는 피험자에게 먼저 멈춤 표지판이 도로에 있는 상황에서 교통사고가 나는 슬라이드를 보게 한 다음에 사고와 관련하여 몇 가지 질문을 하였다. 질문 가운데 어떤 것은 멈춤 표시판이 있었는지를 묻는 것과 같이 엉뚱한 정보는 포함되지 않은 질문이었다. 나머지 질문은

고의적인 오정보를 이끄는 질문으로 멈춤 표지판에 대해서는 언급하지 않고 양보 표지판에 대해 묻는 것이었다. 후에 피험자에게 멈춤 표지판을 보았는지 혹은 양보 표지판을 보았는지 물었을 때, 양보 표지판에 대해 유도된 질문을 먼저 받은 피험자는 그렇지 않은 피험자보다 양보 표지판을 보았다고 보고한 경우가 더 많았다(Loftus et al., 1978).

- 잘못된 정보는 기억을 어떻게 변화시키는가? 로프터스와 호프먼(Loftus & Hoffman, 1989)은 유도 정보가 사건 이후에 질문에 도입된다면 사람들은 그러한 오정보를 믿고서 보지도 않았던 사건을 보고 할 수 있다는 결론을 내렸다. 로프터스에 따르면 목격자는 그들이 보았던 것보다는 그들이 전해 듣는 잘못된 정보를 믿는다. 그것은 잘못된 정보는 본래의 진실한 기억을 변경시키기 때문이다. 이러한 설명은 많은 연구와 논쟁을 불러일으켰으며, 사람들이 기억 손상(진실한 기억은 삭제된다) 때문에 오기억을 한다고 말하는 연구자도 있었다. 그러나 다른 연구자들은 최초의 진실한 기억은 여전히 있지만 인출되지 않은 것이라고 주장하기도 하였다. 이유야 어떻든 많은 연구는 사람들이 오인을 일으키는 정보가 제시될 때 오기억을 할 수 있음을 밝혔다.

4) 출처 오귀인

잘못된 정보가 최초의 기억에 덮어쓰기를 하는지의 여부에 관한 논쟁은 아직도 해결되지 않고 있다. 그러나 때때로 사람들은 단지 암시된 것을 마치 실제로 본 것처럼 기억하기도 한다. 이러한 현상을 출처 오귀인(source misattribution)이라 부른다.

출처 오귀인은 개인이 두 개 이상의 출처 가운데 어느 것이 기억에서 나온 것인지를 결정하는 데 있어 어려움을 가질 때 초래되는 기억의 오류다. 예를 들면, 진한 적색 차량의 뺑소니 장면을 본 목격자가 경찰의 조사 보고를 위한 진술과정에서 또 다른 목격자가 진한 청색이라고 진술하는 것을 옆에서 듣고서 이후 뺑소니 차량이 진한 적색(실제로 보았던 것)이 아닌 진한 청색(전해 들은 암시)이라고 말했다면 출처 오귀인이 일어난 것이다.

연구자들은 잘못된 암시, 잘못된 질문, 오정보 등이 출처 오귀인과 잘못된 기억을 일으킬 수 있다는 것을 발견하였다(Hayes & Delamothe, 1997). 암시나 유도 질문과 같은 출처 오귀인에서 초래될 수 있는 잘못된 기억은 법 집행관이 목격자 증언의 정확성에 의문을 가지는 한 가지 이유다.

제6장

인지

HUMAN LIFE AND PSYCHOLOGY

1. 인지의 정의

인지(cognition)란 사고하기(thinking), 알아가기(knowing), 기억하기(remembering), 그리고 의사소통하기(communicating)와 관련된 정신적 활동(mental activities)을 의미한다. 이러한 정신적 활동은 겉으로는 단순해 보이지만, 놀랍게도 매우 복잡하다. 예를 들어, 당신이 식당에서 서빙 아르바이트를 한다고 가정해 보자. 당신은 일하는 식당에서 손님들에게 판매하는 음식이 무엇인지 학습하게 되며, 손님이 음식을 주문했을 때 그 종류를 기억해야 한다. 또 손님이 음식을 먹다가 이물질이 음식에서 나온 상황이 발생한다면 이를 어떻게 해결할 것인지, 음식물에 이물질이 왜 들어갔는지 등을 판단하고 최대한 정중하게 의사를 전달해야 한다. 따라서 이 장에서는 이처럼 복잡한 정신 활동, 즉 지능, 추리, 문제 해결, 주의, 언어에 대해 살펴볼 것이다.

2. 지능

1) 지능의 이론

(1) 2요인 이론

1904년 찰스 스피어먼(Charles Spearman)은 심리측정 접근(psycho metric approach)을 사용하여 객관적으로 지능을 측정한 최초의 인물 가운데 한 사람이다. 심리측정 접근은 지적 수행에 관여하는 것으로 생각되는 인지 능력이나 요인을 측정하고 수량화시키는 절차다. 스피어먼은 인지 요인을 측정함으로써 지능을 측정할 수 있다고 생각하였고, 이를 기초로 지능의 2요인 이론(two-factor theory)을 제안하였다. 하나의 요인은 일반 정신능력 요인(g요인)으로 여러 인지 과제에 공통이 되는 요인이며, 다른 하나의 요인은 특수 요인(s요인)으로 수학, 기계, 혹은 언어 기술과 같은 특수한 정신 능력을 포함하는 요인이다. 이후 g요인은 지능을 정의하고 측정하는 데 있어 주요 요인이 되었으며, 많은 심리학자는 현재 사용되는 지능검사가 g요인을 측정한다고 보았다.

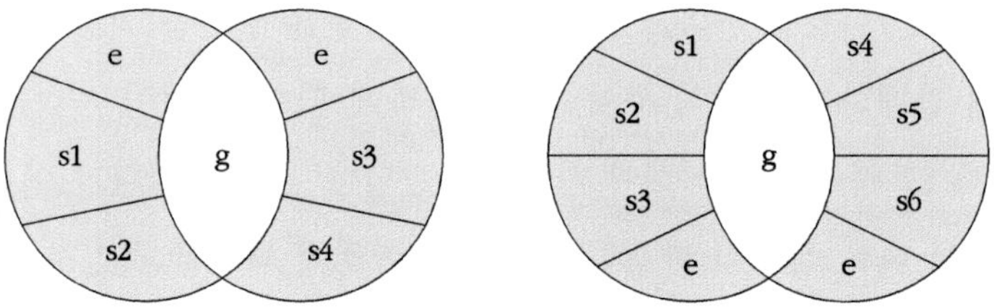

[그림 6-1] 스피어먼의 2요인 이론(Spearman, 1904)

(2) 다중지능 이론

하워드 가드너(Howard Gardner, 1983)는 지능이 g요인을 통해 단일 IQ 점수로 표현될 수 있다는 생각을 거부하고, 다양한 종류의 지능을 구성할 수 있는 여러 종류의 정신 능력이 있다고 주장하면서 **다중지능 이론**(multiple intelligence theory)을 제안하였다. 가드너의 다중지능은 언어(linguistic) 지능, 논리-수학(logical-mathematical) 지능, 공간(spatial) 지능, 음악(musical) 지능, 신체-운동(bodily-kinesthetic) 지능, 대인관계(interpersonal) 지능, 자기이해(intrapersonal) 지능, 자연(naturalistic) 지능으로 구성된다. 이처럼 다중지능은 지능을 단일 IQ 점수로 축소시키지 않고 다른 종류의 지능도 그 중요성에서 동등하게 다루고 있다는 장점을 가진 반면, 얼마나 많은 종류의 지능이 있는지 알지 못하며 각각의 지능을 평가하는 표준 측정방법이 없다는 제한점도 가지고 있다.

[그림 6-2] 다중지능 이론(Baird, 2010 참조)

(3) 3유형 이론

로버트 스턴버그(Robert Sternberg, 1985)는 문제해결 기술과 인지 능력만을 측정하는 스피어먼의 g요인과 현재의 IQ 검사를 비판한 사람으로, 사람들이 문제 해결을 위해 사용하는 인지 단계를 분석함으로써 지능을 정의하는 정보처리 접근을 제안하였다. 스턴버그는 이 접근을 지능의 3유형 이론(triarchic theory)이라 불렀다. 이 이론은 대부분의 사람이 지능이라고 알고 있는 분석적 지능(analytic intelligence), 어떤 문제에 대해 독특하면서 평범하지 않은 새로운 해결책을 떠올리는 데 사용되는 창의적 지능(creative intelligence), 그리고 개인이 처한 사회문화적 환경에 적응하고 대처할 수 있도록 해 주는 실제적 지능(practical intelligence)으로 구성된다. 스턴버그의 3유형 이론은 현재 사용되고 있는 지능검사에서 측정될 수 있는 분석적 지능 외에 창의적, 실제적 지능이 추가되었다는 점에서 그 장점을 찾을 수 있다. 그러나 이러한 세 유형의 지능을 측정하는 검사가 지금까지 소수에 불과하다는 단점을 가지고 있다.

2) 지능의 측정

(1) 알프레드 비네

1905년 비네(Alfred Binet)와 시몽(Theodore Simon)은 세계 최초로 표준화된 지능검사인 비네-시몽(Binet-Simon) 지능검사를 개발하는 데 성공하였다. 이 검사는 난이도에 따라 순서적으로 배열된 문항으로 구성되어 있다. 문항은 어휘력, 기억, 일반 지식, 그리고 기타 인지 능력을 측정한다. 초기 비네-시몽 검사는 지적인 결함을 가진 아동을 세 집단(idiots: 가장 심한 지적 결함을 가진 백치; imbeciles: 중간 정도의 지적 결함을 가진 천치; monons: 가장 미세한 결함을 가진 저능아)으로 분류하였으나 하나의 점수로 표현하는 방법을 취하지는 않았다. 이후 개정을 통해 정신연령(mental age)이라는 개념이 도입되었다. 정신연령은 정상 아동이 특정 점수를 얻게 되는 평균 연령을 의미하는 것이다. 예컨대, 6세 아동이 3세 아동에게 적절한 문제는 통과하지만 그 이상 연령의 문제는 통과하지 못할 때 아동의 정신연령은 3세로 평가된다.

(2) 루이스 터먼

1916년 터먼(Lewis Terman)은 비네-시몽 검사를 개정하여 스탠퍼드-비네(Stanford-Binet) 검사를 출간하였으며, 정신연령으로만 제시된 결과를 지능지수(intelligence quotient: IQ)로 변환하는 공식을 만들어 냈다. 지능지수는 지능검사에서 측정된 정신연령을 생활연령으로 나누고 100을 곱함으로써 산출된다. 앞서 살펴본 3세의 정신연령을 가진 6세 아동의 경우 3(정신연령)/6(생활연령)×100=50의 결과에 따라 지능지수가 50으로 평가된다. 반면 자신의 생활연령과 동일한 정신연령을 갖게 되면 지능지수는 100이 되므로, 100이라는 점수가 평균 지능지수로 간주된다.

(3) 데이비드 웩슬러

1939년 뉴욕의 벨뷰(Bellevue) 병원에 근무하던 웩슬러(David Wechsler)는 지능검사가 언어적 문항에만 의존한다는 제한점을 보완하여 언어성 척도와 비언어성(또는 동작성) 척도로 구성된 웩슬러-벨뷰(Wechsler-Bellevue) 검사를 고안하였다. 이후 이 검사는 수정을 거쳐 1995년 웩슬러 성인용 지능검사(WAIS)와 웩슬러 아동용 지능검사(WISC)로 명칭이 개정되었다. 언어성 척도는 일반 정보를 묻는 기본 지식, 어휘를 평가하는 검사 등으로 구성되며, 동작성 척도는 그림을 의미 있는 순서로 배열하는 차례 맞추기, 숫자를 기호로 바꿔 표시하는 바꿔쓰기 검사 등으로 구성된다.

(4) 존 메이어와 피터 살로베이

1997년 메이어(John Mayer)와 살로베이(Peter Salovey)는 「정서 지능이란 무엇인가(What is Emotional Intelligence?)」라는 연구의 결과를 통해 지능과 정서 지능(emotional intelligence)은 서로 다르며, 정서의 정확한 지각, 평가, 표현 및 조절의 요소로 구성된 집합의 개념을 정서 지능이라고 정의하였다. 정서 지능은 사람들에게 정서를 적극적으로 이용하여 바라는 목표에 도달할 수 있도록 해 준다. 예를 들어, 정서 지능이 높은 사람들은 스트레스를 일으키는 사건에 대해 비생산적으로 대처하는 대신에 부적 정서를 경감시키고 스트레스의 원인을 고려하는 식으로 반응한다.

3. 추리와 문제 해결

[그림 6-3] 창의적 문제 해결(Baird, 2010)

당신이 [그림 6-3] 속의 인물이라면 두 줄을 같이 묶을 수 있는 방법을 찾을 수 있는가? 그림 속 방에 있는 물체는 어떤 것이든 사용할 수 있다면 보다 쉽게 찾을 수 있는가? 만일 해결 방안을 찾지 못했다면 **기능적 고착**(functional fixedness) 때문일 것이다. 이는 특정 사물이 사용되는 원래 기능 이외의 기능으로 사용될 수 있다는 생각을 떠올리지 못해 나타나는 현상이다. [그림 6-3]에서 문제 해결의 열쇠는 바로 펜치다. 펜치의 기본 기능은 철사나 전선을 끊거나 구부리는 것이지만, 한쪽 줄 끝에 펜치를 묶어 진자처럼 흔들게 되면 다른 쪽 줄에 쉽게 도달할 수 있어 두 줄을 같이 묶을 수 있다(Maier, 1931).

사고(thinking)란 때때로 추리(reasoning)라고도 언급되는 것으로 개념을 형성하고 문제를 해결하며 창의적인 활동에 관여되는 정신과정이다. 언어(language)는 수없이 많은 의미 있는 문장을 생성하기 위해 사용되는 상징(단어나 제스처)을 형성하고 조작하기 위해 복잡한 규칙을 학습하고 사용하는 의사소통의 특별한 형태다. 사실 사고하고 언어를 사용한다는 것은 인간이 동물보다 훨씬 더 뛰어난 두 가지 측면을 가지고 있음을 시사한다(Kosslyn, 1995).

'사고란 무엇인가?' 이러한 질문을 제기할 수 있는 능력은 다른 종과 구분되는 인간의 사고 능력을 잘 예증해 준다. 다른 종은 인간이 할 수 있는 식으로 개념화하고 분석하며 수집하거나 계획하지 못한다. 심리학자들은 사고에 대해 광범위한 과학적 접근을 취한다. 그들에게 사고는 정보의 정신적 표상을 조작하는 것이다. 표상(representation)은 단어, 시각 이미지, 소리, 혹은 어떤 다른 감각 양상의 자료일 수 있다. 사고한다는 것은 질문에 답하거나 문제를 풀거나 목표 달성을 위한 목적에서 정보의 표상을 새로운 다른 형태로 변환시키는 것을 의미한다.

비록 사고할 때 구체적으로 어떤 일이 일어나는지에 대해 분명하게 감을 잡을 수는 없을지라도, 우리는 우리가 사고할 때 사용하는 기본적인 요소의 본질에 대해서 이해가 심화되고 있다(Newell, 1990). 먼저 사고의 구성 블록인 개념의 사용 능력에 대해서 살펴보기로 하자.

1) 개념

만약 누군가가 당신에게 부엌의 찬장에 무엇이 있는지를 질문한다면 모든 항목을 상세하게 대답할 수 있을 것이다. 이때 아마도 '음식' 이나 '식기' 와 같은 보다 큰 범주를 사용하여 반응하기가 쉬울 것이다. 그러한 범주의 사용은 개념(concepts) 조작을 반영한다. 개념이란 공통적인 속성을 공유하는 대상, 사상, 혹은 사람들의 범주화다. 개념을 사용함으로써 우리는 복잡한 세계를 보다 간단한 인지적 범주로 분류할 수 있다.

개념은 우리로 하여금 새로 접한 대상들을 과거의 경험에 따라 이해하기 용이한 형태로 분류할 수 있게 해 준다. 예컨대, 꼬리를 가지고 있으며 네발을 가진 작은 창조물은 개라고 말할 수 있다. 궁극적으로 개념은 행동에 영향을 미친다. 아마도 개라는 것을 확인하고 나면 그것을 기를 것인지를 결정하게 될 것이다.

인지심리학자가 처음에 개념을 연구했을 때는 인공 개념(artificial concepts)에 초점을 맞추었다. 인공 개념이란 독특한 속성이나 특징의 집합에 의해 분명하게 정의되는 개념을 말한다. 예컨대, 정삼각형은 세 변이 같은 길이를 가진 삼각형 모양이다. 만약 어떤 대상이 이런 특징을 가지고 있다면 정삼각형일 것이다. 그렇지 않다면 정삼각형이 아닐 것이다.

다른 개념(우리의 일상적인 삶과 가장 관련이 있는)의 경우는 인공 개념보다 정의하기가 훨씬 더 어렵다. 예를 들면, 우리는 공식적으로 '탁자' 나 '새' 를 어떻게 정의하는가? 이는 모두 우리에게 친숙한 자연 개념(natural concepts)의 예이며, 일련의 특징을 공유하는 공통 대상을 나타낸다. 인공 개념과는 달리, 자연 개념은 변하지 않으며 보편적으로 정의되는 특징을 가지지 않는다. 대신에 자연 개념은 일련의 일반적이며 비교적 느슨한 특징의 집합으로 정의되는 것으로 프로토타입에 의해 예증된다. 프로토타입(원형, prototype)이란 개념의 전형적이면서도 고도로 표상화된 예다. 예컨대, '새' 라는 개념의 프로토타입은 울새(robin)이며, '탁자' 란 개념의 포로토타입은 식탁의 테이블이다. 자연 개념의 예가 프로토타입이며, 그 개념과 느슨하게 일치한다는 점에서는 많은 동의가 있다. 예컨대, 대부분의 사람은 운송 수단으로 자동차와 트럭을 언급하는 반면, 엘리베이터와 휠체어는 운송 수단으로 생각하지 않는다.

개념의 중요성은 우리가 살고 있는 복잡한 세계를 좀 더 쉽게 이해하고 사고할 수 있게 해 준다는 데 있다. 예를 들면, 다른 사람의 행동에 대한 이유를 결정하는 것은 우리가 그들의 행동을 분류하는 방식에 기초한다. 따라서 하루에 20회 이상 손을 씻는 사람이 있다면 우리는 그 사람이 의료 종사자인지 혹은 정신장애자인지의 개념적 구조 틀 내에서 그 사람의 행동을 평가하게 된다. 마찬가지로 의사가 진단을 내리는 방식은 그들이 의학 훈련을 받았을 때 학습한 증상에 대한 개념과 프로토타입에 기초한다. 따라서 사람들이 어떻게 세계에 대한 지식을 분류하는지를 이해하는 것은 인지심리학자의 주요 연구 과제다.

(1) 개념 형성

생후 10~16개월이 되면 모든 아동은 이미 많은 개념을 형성하게 되어 육지나 바다에 사는 모든 동물을 정확하게 확인할 수 있다. 아동은 대상에 대한 경험과 사물을 명명하는 언어 능력을 발달시킴으로써 개념을 형성하고 사물을 범주로 분류할 수 있게 된다(Gershkoff-Stowe et al., 1997). 예를 들면, 블록 쌓기 놀이를 하는 아동은 그러한 블록 놀이 경험을 통해 '블록'이란 개념을 학습한다. 처음에 아동이 행하는 대상, 사람, 동물, 그리고 사상에 대한 범주화는 매우 광범위할 수 있다. 그러나 경험에 따라 더 많은 개념을 형성하게 된다.

일단 아동이 하나의 개념을 형성하면(예, 블록을 '위'로 쌓는다), 그 반대의 개념(즉, 블록을 '아래'로 놓는다)도 쉽게 형성된다. '높다'라는 개념이 형성되면 '낮다'라는 개념은 쉽게 형성된다. 아동의 경험이 늘어나고 언어를 더 잘 사용하게 되면 대상의 질을 다루는 좀 더 복잡한 개념(무겁다, 빛난다, 다채롭다, 달콤하다)을 형성할 수 있다. 경험은 개념 형성을 자극하기 때문에 아동이 다양한 대상, 동물, 그리고 사람들을 경험할 수 있는 풍부한 기회를 제공하는 자극을 주는 환경에 놓일 때 많은 이득을 획득할 수 있다.

아동이 이른 연령에 비교적 수월하게 다양한 개념을 형성할 수 있는 것은 부분적으로 뇌가 범주에 관한 정보를 어떻게 처리하느냐에 달려 있다.

(2) 뇌의 처리

사고를 하지 않고도 대부분의 사람은 동물, 음식, 사람의 세 가지 다른 범주에 속하는 어떤 대상(예, 거북이, 사과, 광대)을 신속하고 수월하게 재인할 수 있다. 연구자들은 사람들이 각 대상을 이미 형성되어 있는 거북이, 사과, 그리고 광대에 대한 프로토타입에 대응시킴으로써 이들 세 가지 대상을 재인할 수 있다고 설명한다(Squire & Knowlton, 1995). 그러나 사람들이 프로토타입을 형성하거나 사물을 프로토타입에 대응시키는 등의 과정을 인식하지 못하는 이유는 이러한 인지과정이 무의식적 혹은 암묵적 수준에서 일어나기 때문이다. 이는 사람들이 무엇이 발생했는지 알지 못하거나 회상할 수 없다는 것을 의미한다. 이러한 결과는 뇌손상으로 다양한 기억상실증을 가지는 환자를 대상으로 한 연구에 의해 밝혀졌다. 기억상실증 환자는 프로토타입을 형성하고 대상을 프로토타입에 정확하게 대응시킬 수 있을지라도 어떻게 그렇게 했는지는 설명할 수 없다. 연구자들은 프로토타입의 사용에는 암묵적인 과정이 수반된다는 결론을 내렸다(Squire & Knowlton, 1995).

아동이 수월하게 개념이나 목록을 형성할 수 있는 이유는 뇌가 본래 다른 영역에서 다른 개념을 처리하도록 이미 설정되어 있기 때문이다. 정상인과 뇌손상을 입은 환자를 대상으로 한 PET 스캔 연구에서 동물, 채소, 얼굴 등과 같은 다른 개념은 뇌의 다른 영역에서 처리된다는 것이 밝혀졌다. 이런 종류의 자료는 뇌에 본래적으로 프로토타입을 형성하도록 하는 프로그램이 설정되어 있다는 것을 시사하며, 이는 아동이 이른 나이에도 불구하고 복잡한 인지 과제를 수월하게 처리할 수 있는 이유를 잘 설명해 준다(Squire & Knowlton, 1995).

(3) 개념 형성 능력의 두 가지 기능

어느 날 아침, 잠에서 깨어나는 순간 자신이 가지고 있던 모든 개념이 상실된 것을 발견했다고 하자. 개념은 두 가지 중요한 기능(정보 조직과 재학습 피하기)을 하기 때문에 개념의 상실은 삶을 매우 힘들게 할 것이다.

① 정보 조직

개념은 사물을 범주화하고, 따라서 정보를 기억 속에 더 잘 조직화하고 저장하도록 해 준다. 예를 들면, 많은 종류의 개에 대해 수많은 정신적 이미지를 갖는 대신에 하나의 '개' 프로토타입을 저장할 수 있다.

② 재학습 피하기

사물을 분류하고 범주화하기 위해 사용될 수 있는 개념을 가짐으로써 우리는 사물에 대한 재학습이 없이도 새로운 사물을 쉽게 분류할 수 있다. 예를 들면, 개, 고양이 등에 대한 개념을 가지게 되면 그 대상에 대해서는 재학습할 필요가 없다.

개념이 없다면 우리의 인지 세계는 그야말로 복잡한 정보의 세계가 될 것이다. 사실 어떤 형태의 뇌손상은 개인의 개념 형성 능력을 파괴함으로써 그 개인이 본 것을 명명하거나 범주화할 수 없게 만든다. 우리는 개념을 사용함으로써 정보를 매우 효율적으로 확인하고 범주화하고 저장할 수 있다. 개념이 대상을 확인하고 세계를 의미 있게 지각할 수 있게 하는 데 유용하다는 것은 의심의 여지가 없다.

2) 추리

추리(reasoning)는 결론에 도달하기 위한 일련의 단계 속에서 정보나 신념 등을 조직화하는 인지적 처리과정이다. 이러한 추리는 연역적(deductive) 추리와 귀납적(inductive) 추리로 구분된다. 연역적 추리는 사실로 생각되는 가정 또는 전제 사항으로부터 출발하여 결론에 도달하는 과정인 반면, 귀납적 추리는 특별한 사례로부터 출발하여 일반적인 규칙에 도달하는 과정이다.

연역적 추리의 대표적 연구기법은 삼단논법(syllogism)으로, 가정이나 전제가 사실이라면 결론도 사실이 되는 방식이다. '모든 사람은 죽는다' '소크라테스는 사람이다' '따라서 소크라테스도 죽는다'는 삼단논법은 매우 유명하다. 그러나 '모든 사람이 죽는다'는 전제와는 달리 정확하지 않은 전제가 제시되면 결론 역시 정확하지 않게 될 수 있다. 다음의 예가 바로 부정확한 전제의 사용에 따른 삼단논법에 해당된다. '모든 사람은 선하다' '히틀러는 사람이다' '따라서 히틀러는 선하다'.

이와 더불어 연역적 추리에는 조건 추리방식이 있는데, 웨이슨(Wason, 1966)의 선택 과제가 대표적이다. 이 과제는 [그림 6-4]와 같이 제시된 카드를 보고, '카드 한 면에 모음이 있다면 그 반대 면에는 짝수가 있다'는 규칙의 타당성을 확인하기 위해 네 개의 카드 중 어떤 카드를 선택해야 하는지를 판단하는 것이다. 사람들의 일상적인 추리방식은 'E'와 '4'가 적힌 카드를 확인하고자 한다. 이와 같은 경우 'E'를 확인하는 것은 앞선 조건을 긍정하는 방식(전건 긍정)에 해당되기 때문에 적절한 선택이다. 그러나 '4'를 확인하는 것은 과제에서 제시된 규칙을 확인하는 데 아무런 영향을 주지 못한다. 따라서 규칙의 후자에 해당되는 결과를 부정하는 방식(후건 부정)으로 '4' 대신에 '7'을 확인

[그림 6-4] 웨이슨의 선택 과제(Wason, 1966)

하는 것이 과제에서 제시된 규칙의 타당성을 확인하는 적절한 선택에 해당된다.

귀납적 추리에는 인과추리, 범주추리, 유추추리, 가설검증 등이 포함된다. 인과추리는 사건과 사건 간의 인과관계를 추론하는 것이며, 범주추리는 새로운 예가 자신이 가지고 있는 지식 틀 속의 어떤 범주에 포함되는지를 추론하는 것이다. 유추추리는 특정 대상 간의 관계를 또 다른 대상에 적용하는 것이며(예, 2:4 = 4:x), 가설검증은 가설적 규칙을 만들어 그 가설이 옳은지 그른지를 확인하는 것이다. 그러나 이러한 귀납적 추리는 불충분하거나 타당하지 않은 증거가 사용될 경우에 편향된 결론에 도달할 수 있다는 제한점을 지니고 있다.

3) 문제 해결

문제 해결(problem solving)은 특정 문제의 해결 방안을 찾기 위해서 현재 주어진 정보와 기억 속에 저장되어 있는 정보를 결합하는 과정을 의미한다. 뉴웰과 사이먼(Newell & Simon, 1972)은 이러한 문제 해결을 세 가지의 단계로 정의하였다. 첫 번째 단계는 **초기 상태**(initial state)다. 이는 불완전하거나 만족스럽지 못한 정보를 가지고 있는 상태로 문제에 직면한 상황이 해당된다고 볼 수 있다. 이처럼 문제에 직면하게 되면 필요한 모든 정보를 가진 상태, 즉 **목표 상태**(goal state)에 도달하려고 한다. 다시 말해, 초기 상태에서 목표 상태로 진행되는 과정이 요구되는데 이 과정에 해당되는 단계가 바로 **조작체계**(set of operations)다.

문제해결 단계의 구조는 매우 간단하나, 일상생활에서 접하게 되는 문제뿐만 아니라 이를 해결하기 위한 방법은 매우 다양하다. 그중 가장 기초가 되는 방식은 **알고리즘**(algorithms)이다. 예를 들어, 수학 문제에서 직각삼각형의 세 변 중 한 변의 길이를 구하고자 할 때, $a^2+b^2=c^2$이라는 공식을 알고 있다면 한 변의 길이를 쉽게 구할 수 있다. 이처럼 수학 문제에서 공식에 해당되는 것이 바로 알고리즘이다. 그러나 우리의 일상생활에는 이러한 알고리즘이 적용될 수 있는 문제보다 적용될 수 없는 문제가 훨씬 많다. 그렇다고 우리가 일상생활에서 문제를 해결하지 못하는 것은 아니다. 그 이유는 또 다른 해결방법을 가지고 있기 때문이다. 그 방법이 바로 **휴리스틱**(heuristics, 어림법, 발견법, 혹은 추단법)이다. 흔히 형사가 등장하는 영화 또는 드라마를 보면 심심치 않게 "내 감에 따르면 범인은 ○○○이야!"와 같은 대사를 듣게 된다. 이처럼 직관에 따른 하나의 책략이 바로 휴리스틱에 해당된다.

휴리스틱에는 몇 가지 종류가 있다. 그중 하나는 **대표성**(representativeness) **휴리스틱**이다. 예를 들면, 한 패스트푸드점이 10대 아동에 의해 여러 차례 도난을 당했을 때, 그 운영자는 동일 연령대의 청소년이 식당에 들어오면 한층 더 경계를 강화할 것이다. 10대의 일부 아동이 해당 연령대 청소년을 대표하기 때문에 운영자는 대표성 휴리스틱을 통해 동일 연령대에 대한 경계를 강화하는 것이다. 또 다른 휴리스틱으로 **가용성**(availability) **휴리스틱**이 있다. 이는 우리가 쉽게 기억하는 정보가 그렇지 않은 정보보다 접근 가능성이 더 높기 때문에 이를 기반으로 확률 판단을 내리는 것을 말한다. 예를 들어, 당뇨병으로 사망하는 것과 강도에 의해 살해당하는 것 중 어떤 것이 일어날 확률이 높은지 판단하도록 했다고 해 보자. 이 경우 대중매체를 통해 강도 살해 보도를 더 빈번하게 접했기 때문에 강도 살해 확률이 높다고 판단할 수 있다. 그러나 실제로는 강도에 의한 사망보다는 당뇨에 의한 사망 확률이 두 배 더 높다.

4. 주의

1) 주의의 유형

(1) 분할주의

분할주의(divided attention)는 주의를 여러 개로 쪼갠다는 의미에서 붙여진 말이다. 즉, 항공관제사처럼 두 가지 이상의 정보에 고르게 주의를 기울여야 하는 상황에서 요구되는 것이다. 이러한 분할주의에 대한 연구 중 가장 쉽게 이해할 수 있는 것은 운전 중 휴대전화 사용에 대한 연구다. 즉, 운전을 하는 것에 주의를 기울이면서 전화기를 통해 상대방과 대화하는 것에도 주의를 기울여야 하기 때문에 분할주의가 요구된다.

(2) 선택적 주의

선택적 주의(selective attention)는 분할주의와는 달리 여러 정보 중 어떤 정보는 무시하고, 어떤 정보는 선택적으로 주의를 기울이는 것을 말한다. 파티장과 같이 대화가 동시에 발생하는 한 장소에서 주위에 있는 사람과 대화가 가능한 것은 다른 말소리는 무시하고 하나의 대화에만 주의를 집중하고 있기 때문이다. 그러나 우드와 코원(Wood & Cowan, 1995)은 하나의 대화에 주의를 집중하고 있을 경우에도 지금까지 무시하고 있던 다른 대화에서 자신의 이름이 거론되면 주의가 이동되는 것을 확인하였다. 이러한 현상을 칵테일파티 효과(cocktail party effect)라 부른다. 이는 선택적 주의과정에서 자신의 이름과 같은 특별한 정보가 갖는 효과를 추가적으로 확인한 현상에 해당된다.

2) 주의의 이론

(1) 초기 이론

브로드벤트(D. E. Broadbent)는 1958년에 여과이론(filter theory)을 제안하였다. 이 이론에 따르면 동시에 제시되는 두 개의 정보를 잠시 동안 유지하고 있는 감각 완충기(sensory buffer)가 존재하고, 두 정보 중 하나는 물리적 특성에 기초하여 여과되어 사라지며 다른 하나의 정보는 수용된다. 반면 트레이스먼(A. M. Treisman)은 1964년에 수정된 여과이론에 해당되는 희석이론(attenuation theory)을 제안하였다. 이 이론은 여과를 통해 두 개의 정보 중 하나의 정보를 완전히 걸러내는 방식이 아니라 주의를 기울이지 않은 정보의 처리를 감소시키는 방식을 취하고 있다. 다시 말하면, 여과이론에서 여과 장치는 어떤 정보를 처리할 것인지 판단하는 권한을 행사하는 반면, 희석이론에서 여과 장치(혹은 희석장치)는 정보의 중요도를 조절할 뿐 정보 판단 권한은 다음 정보처리 체계로 이양된다. 이러한 초기 이론은 주의가 가지고 있는 융통성을 극히

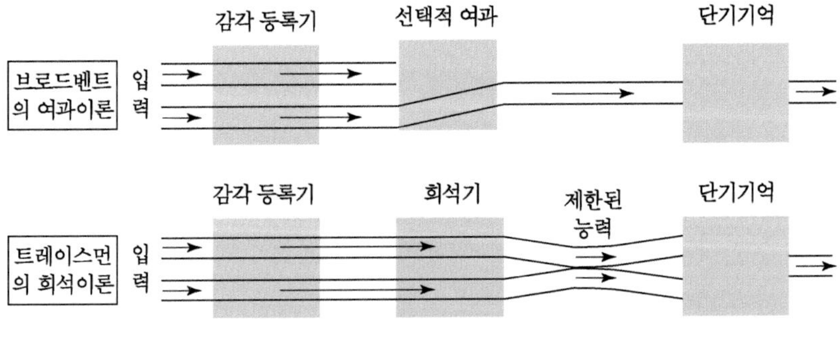

[그림 6-5] 주의 이론

제한적으로 설명했다는 비판을 받았고, 이후 새로운 이론이 출현하게 되었다.

(2) 자동적 처리와 통제적 처리

슈나이더(W. Schneider)와 시프린(R. M. Shiffrin)은 1977년에 인간이 두 가지 수준의 처리를 사용한다고 주장하면서, **자동적 처리**(automatic processing)와 **통제적 처리**(controlled processing)를 제안하였다. 자동적 처리는 병렬적 처리방식으로 매우 쉽거나 친숙한 일을 처리할 때 사용되며, 통제적 처리는 계열적 처리방식으로 매우 어렵거나 친숙하지 않을 일을 처리할 때 사용된다. 예를 들어, 운전 경력이 거의 없는 초보 운전자는 운전하는 중에 라디오의 채널을 바꾼다거나 차선을 변경하는 일을 적절하게 처리하지 못하는 반면, 어느 정도의 운전 경력을 가진 능숙한 운전자는 같은 일을 쉽게 처리한다. 초보 운전자는 운전하는 것이 어렵고 친숙하지 않기 때문에 과제를 한 번에 하나씩 계열적으로 처리하게 되고 그러다 보니 차선 변경, 라디오 채널 변경과 같은 일을 잘 수행하지 못하는 것이다. 그러나 능숙한 운전자는 운전 수행이 친숙한 일이기 때문에 운전과 동시에 또 다른 일을 한꺼번에 잘 수행할 수 있다. 이 개념은 연습 또는 훈련을 통해 통제적 처리가 자동적 처리로 변할 수 있다는 가능성을 제시했다는 점에서 주의의 융통적 측면을 반영한 이론이라는 평가를 받고 있다.

(3) 세부 특징 통합이론

트레이스먼(A. M. Treisman)과 젤라드(G. Gelade)는 1980년에 주의와 지각 과정에 대한 **세부 특징 통합이론**(feature-integration theory)을 제안하였다. 이 이론에 따르면 모든 외부 자극은 기본 특징으로 구분되며 이 기본 특징이 어떻게 결합되느냐에 따라 외부 자극이 서로 다르게 지각될 수 있다. 그들은 앞서 설명한 통제적 처리에 해당되는 계열적 처리와 자동적 처리에 해당되는 병렬적 처리 과정을 하나의 연속과정으로 보았다. 다시 말하면, 그들은 인간이 병렬적으로 자극의 기본적 특징을 처리한 후에 계열적으로 기본 특징을 사물의 형태로 결합하여 자극을 지각한다고 주장하였다.

[그림 6-6] a 에서 검은색 ○를 찾는 것은 매우 쉽다. 그 이유는 다른 자극과 달리 검은색이 돌출(pop-out)되어 지각되기 때문이다. 이처럼 돌출된 자극은 굳이 자극의 기본 특성을 조합하는 단계에 도달하지 않

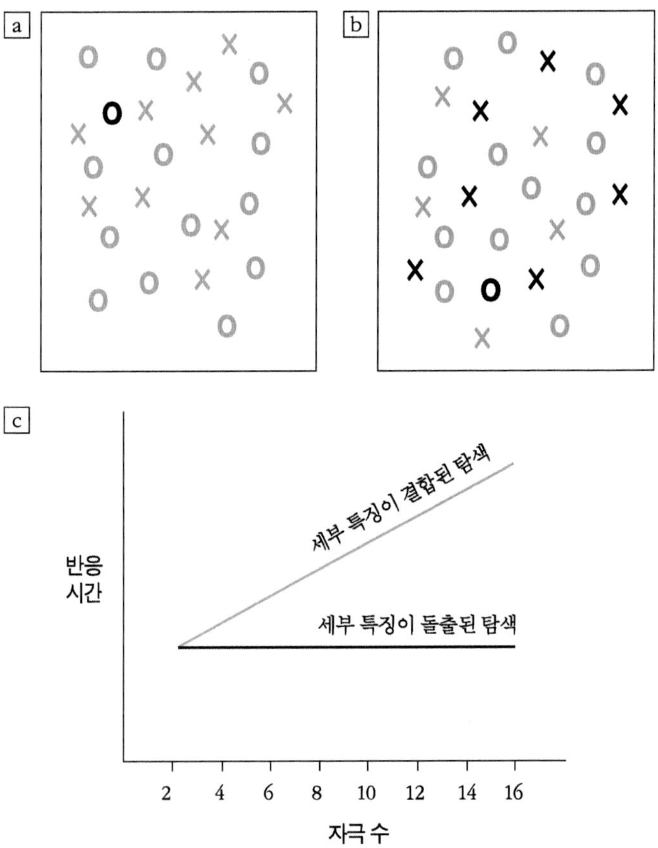

[그림 6-6] 세부 특징 통합이론 실험(Squire & Knowlton, 1995)

더라도 병렬적으로 훑는 과정(scanning)에서 검출되기 때문에 [그림 6-6] c에서 보는 바와 같이 탐색 자극이 늘어남에도 불구하고 검은색 ○를 검출하는 데 걸리는 시간은 변화가 없게 된다. 그러나 [그림 6-6] b에서 검은색 ○를 찾기 위해서는 일차적으로 검은색 ○와 ×를 병렬적으로 구분한 후에 계열적으로 하나씩 ○인지 ×인지를 구별하는 과정이 포함되어야 한다. 결국 탐색과정에 병렬 처리과정과 계열 처리과정이 모두 관여하게 되며, 탐색 자극이 늘어나면 늘어날수록 계열 처리과정이 길어져 [그림 6-6] c에서처럼 검은색 ○를 검출하는 데 걸리는 시간이 체계적으로 증가하게 된다.

5. 언어

사람들이 언어(상징의 체계적, 의미 배열)를 사용할 수 있다는 측면은 분명히 다른 사람과 의사소통을 하는 데 필수불가결한 중요한 인지 능력을 나타낸다. 그러나 언어는 단지 의사소통을 위해 중요할 뿐만 아니라 우리가 세계에 대해 생각하고 이해하는 측면과 밀접하게 관련이 있다. 따라서 심리학자들이 언어를 연구하는 데 상당한 노력을 기울인다는 것은 그리 새삼스러운 일이 아니다.

1) 문법

언어가 어떻게 발달해 가며 그것이 사고와 어떤 관계가 있는지를 이해하기 위해서는 먼저 언어를 구성하고 있는 공식적인 몇 가지 요소를 살펴볼 필요가 있다. 언어의 기본 구조는 문법에 의존한다. 문법은 우리의 사고가 어떻게 표현될 수 있는지를 결정하는 규칙의 구조 틀이다.

문법은 언어의 세 가지 주요 요소, 즉 음운론(phonology), 구문론(syntax), 그리고 어의론(semantics)을 다룬다. 음운론이란 음소(phonemes)라 불리는 소리의 가장 작은 단위로, 언어의 의미에 영향을 주는 그러한 소리를 단어의 형태로 대체시킴으로써 의미를 생성하기 위해 사용되는 방식이다. 예컨대, 'fat'과 'fate'란 단어에서 'a'는 영어에서 두 개의 다른 음소를 나타낸다.

비록 영어권 사람들이 단어를 형성하기 위해 단지 42개의 기본 음소만을 사용할지라도, 다른 언어의 기본 음소는 적게는 15개에서 많게는 85개까지 있다(Akmajian, Demers, & Harnish, 1984). 이러한 음소의 개수 차이는 사람들이 다른 언어를 학습하는 데 어려움을 겪는 한 가지 이유다. 예컨대, 'r'이라는 음소를 사용하지 않는 일본인은 'roar'와 같은 영어 단어를 발음하기가 매우 어렵다.

구문론은 문장을 형성하기 위한 단어와 구의 조합 규칙을 말한다. 모든 언어는 단어의 배열을 통해 의미를 의사소통할 수 있도록 하는 복잡한 규칙을 가지고 있다. 영어권 사람들은 'Radio down the turn'이 적절한 순서로 배열되어 있지 않으며 'Turn down the radio'가 되어야 한다는 것을 즉시 안다. 구문론이 중요하다는 것은 단어의 순서를 변화시킬 때 의미의 변화를 일으키는 다음의 3개 문장을 통해 잘 증명된다(Lasnik, 1990).

John kidnapped the boy. ⇨ John이 소년을 납치했다.
John, the kidnapped boy. ⇨ John은 납치된 소년이다.
The boy kidnapped John. ⇨ 소년은 John을 납치했다.

언어의 세 번째 중요한 요소는 어의론이다. 어의론이란 단어와 문장의 의미를 지배하는 규칙을 말한다. 어의 규칙은 우리로 하여금 미묘한

뉘앙스를 전달하기 위해 단어를 사용하도록 허용한다. 예를 들면, 우리는 'The truck hit Laura(트럭이 로라를 쳤다)' 와 'Laura was hit by a truck(로라는 트럭에 치였다)' 을 구분할 수 있다. 즉, 전자는 우리가 로라를 친 트럭을 방금 보았다는 의미를, 후자는 로라가 결석한 이유를 말하려는 의미를 담고 있다.

언어의 복잡성에도 불구하고 대부분의 사람은 규칙을 배웠다는 것을 인식하지 못한 채 문법의 기초를 습득한다. 더구나 우리가 사용하는 문법의 규칙을 명확하게 설명하지 못할지라도, 우리의 언어 구사 능력은 매우 정교하여 무수하게 많은 다른 진술문을 구사할 수 있다. 그러한 능력이 어떻게 획득되는지에 대해 살펴보자.

2) 언어 발달

부모에게는 유아의 옹알이가 마치 음악처럼 들린다. 이런 소리는 또한 언어 발달의 첫 단계를 나타내는 중요한 기능을 한다. 아이의 옹알이와 무작위 지껄임은 대략 생후 3개월에서 1년까지 나타난다.

이러한 옹알이는 점차적으로 음의 고저와 톤을 가지는 특별한 언어를 반영하기 시작하며, 생후 1년 정도가 되면 그러한 소리가 언어에서 사라지면서 실제 단어가 생성되기 시작한다. 이 시기에 생성되는 단어들은 전형적으로 'b' 'd' 'm' 'p' 't' 와 같은 자음으로 시작되는 짧은 단어다(예, 'mama' 'dada'). 물론 단어를 처음으로 생성하기 전에도 아이들은 그들이 듣는 많은 양의 언어를 이해할 수 있다.

생후 1년이 지나면 아동은 보다 복잡한 형태의 언어를 학습하기 시작한다. 두 개의 단어를 조합할 수 있게 되며, 사용할 수 있는 단어의 수가 크게 증가된다. 그로부터 6개월 정도가 지나면 어휘력은 수백 단어로 증가된다. 이때 아동은 마치 메시지에 중요하지 않은 단어를 생략하는 전보문과 같은 전보어(telegraphic speech) 문장을 사용할지라도 단문을 생성할 수 있다. 즉, 아동은 'I saw you the book' 대신에 'I show book' 과 같은 전보문의 형식으로 말한다. 물론 아동이 나이가 들어감에 따라 전보어의 사용은 줄어들고 문장은 점점 더 복잡해진다.

3세가 되면 아동은 명사에 's' 를 붙여 복수를 만들 수 있으며, 동사에 'ed' 를 붙여 과거시제를 만들 수 있다. 이러한 능력은 아동이 규칙을 융통성 없이 적용시키는 경향이 있기 때문에 오류를 일으키기도 한다. 이러한 현상을 과잉규제화(overregularization)라 부른다. 예컨대, 'walk' 에 'ed' 를 붙여 'he walked' 에서와 같이 과거시제를 만드는 것이 올바르지만, 'ed' 규칙은 'run' 의 과거시제 문장인 'he runned' 로 말할 때는 잘 적용되지 않는다. 즉, 이 시기의 아동은 'ed' 를 붙이지 않고 과거시제를 만드는 예외에 대해서는 잘 이해하지 못한다.

아동의 언어 획득은 부모가 그들에게 사용하는 언어의 종류에 의해 도움을 받는다. 성인은 아동에게 말할 때 비정형적인 일상 언어의 형태를 사용하지만 언어 발달은 촉진된다. 그들은 보다 천천히 말해 주고, 보다 쉬운 어휘를 사용하며, 대명사 대신에 명사를 사용하고, 일반적으로 문장 구조를 단순화시킨다(deVilliers & deVilliers, 1978). 언어의 기본 규칙 습득은 대략 5세경에 완성된다. 그러나 미묘한 문법 규칙을 이해하고 사용할 수 있는 능력은 그 후에 획득된다.

3) 언어 획득의 이해

아동의 주위에 있는 사람들은 아동기 동안 언어 발달이 급속도로 이루어진다는 점을 인식할 것이다. 언어 발달이 그렇게 빠르게 이루어지는 이유는 분명하지 않지만 두 가지 설명이 가능하다. 하나는 학습이론 접근이고 다른 하나는 본래적 과정이라는 설명이다.

학습이론 접근(learning-theory approach)에서는 언어 획득이 강화와 조건화의 원리에 따른다고 주장한다. 예를 들면, 부모는 'mama'라는 단어를 말하는 아이를 칭찬해 주고 안아 줌으로써 그 행동을 강화시키고, 이에 그것의 반복 가능성이 커진다. 결국 조성의 과정을 통해 언어는 좀 더 성인의 언어에 가까워진다(Skinner, 1957).

학습이론 접근은 언어 규칙의 획득을 설명하는 데 있어서는 다소 미흡하다. 아동은 적절한 언어를 사용할 때뿐만 아니라 그들이 부정확하게 반응할 때도 강화된다. 예를 들면, 부모는 아동이 "Why the dog won't eat?(왜 강아지가 밥을 먹지 않지요?)"라고 질문할 때 "Why won't the dog?(개가 밥을 먹지 않느냐고?)"라고 정확한 문장을 써서 되묻는 반응을 한다. 두 문장은 매우 쉽게 이해된다. 따라서 학습이론은 언어 획득을 완전히 설명해 주지는 않는 것으로 보인다.

대안적인 모형으로 촘스키(Noam Chomsky, 1968, 1978)는 본래적 기제(innate mechanism)가 언어학습에서 중요한 역할을 한다고 주장하였다. 인간은 성숙에 따라 나타나는 본래적 언어 습득 능력을 가지고 태어난다. 그의 분석에 따르면 전 세계의 언어는 보편적 문법(universal grammar)이라 불리는 유사한 기저 구조를 공유하고 있다. 촘스키는 인간의 뇌가 언어의 구조와 주어진 본토어의 독특한 특징을 학습하기 위한 기법을 이해할 수 있게 해 주는 중성체계, 즉 언어 습득 장치(language acquisition device)를 가지고 있다고 주장하였다. 이러한 관점에 따르면 언어는 언어 습득 장치의 존재에 의해 발생되는 독특한 인간현상이다.

그렇다고 촘스키의 관점이 비판을 받지 않는 것은 아니다. 예컨대, 학습 이론가들은 침팬지와 같은 동물의 인간 언어학습 능력은 본래적 관점과 맞지 않는다고 주장한다. 따라서 인간이 어떻게 언어를 습득하는지의 문제는 뜨거운 논쟁의 여지를 남겨놓고 있다.

4) 사고가 언어를 결정하는가, 언어가 사고를 결정하는가

에스키모족 여인들은 이글루(에스키모족 주거 형태)에서 나와 눈이 오는 것을 볼 때 단지 '눈이 온다'고 말하지 않는다. 에스키모족은 눈의 형태를 기술하는 데 있어 수십 개의 단어를 사용한다. 이와 같이 어떤 하나의 현상을 설명하기 위해 사용되는 어휘가 다양하다는 것은 다음과 같은 중요한 질문을 제기한다. '에스키모족은 영어권 사람과 다른 식으로 눈을 생각하는가?'

이 질문은 많은 논쟁을 불러일으켰다. 언어 상대성 가설(linguistic-relativity hypothesis)에 따르면 언어는 조성되는 것이며, 사실 특별한 어떤 문화는 그 문화에 사는 사람들의 세계를 지각하고 이해하는 방식에 영향을 미칠 수 있다(Whorf, 1956). 이러한 관점에서 에스키모족은 눈에 대해 영어권 사람들과는 질적으로 다른 방식으로 사고한다. 이는 에스키모족 언어에 의해 제공된 언어 범주가 영어보다는 더 세분화된 변별을 허용하기 때문이다. 실제로 영어는 눈에 대해 그리 세분화된 단어를 가지고 있지 않다.

그러나 또 다른 가능성을 고려해 보자. 가령 언어가 세계에 대해 어떤 사고방식의 원인으로 작용한다고 하는 대신에 환경 내에 존재하는 관련 자극에 대해 생각하고 경험한 결과라고 가정하자. 이러한 관점에서는 사고가 언어를 생성시킨다. 에스키모족이 '눈'과 관련하여 많은 단어를 사용하는 한 가지 이유는 그들이 다른 문화에서 사는 사람들보다 눈과 상당히 관련되어 있다는 것이다. 이러한 관점에서 우리는 눈이 자주 오는 산악 지역으로 이사를 간다면 다양한 눈의 유형을 구분할 수 있게 될 것이다. 우리의 언어는 특히 모든 사고를 완전하게 표현할 만큼 다변화되어 있지는 않지만, 우리가 눈의 차이를 지각하고 사고하는 데는 어려움이 없다.

이러한 두 가지 다른 관점, 즉 사고가 언어를 결정하는지 혹은 언어가 사고를 결정하는지의 관점 가운데 어느 것이 보다 정확한지를 결정하기 위한 노력의 일환으로 연구자들은 특별한 연구를 수행하였다. 한 연구에서 엘리너 로시(Eleanor Rosch, 1974)는 미국인과 뉴기니 원주민인 다니족(Dani)의 색 지각에서의 차이를 비교하였다. 다니족은 색에 대해 단지 두 개의 명칭(예, 차가운 색과 어두운 색, 따뜻한 색과 밝은 색)만을 가지고 있다. 물론 영어는 수많은 색 명칭(예, 적색, 녹색, 청색, 흑색, 흰색, 주황색, 오렌지색 등)을 가지고 있다. 로시는 언어 상대성 가설이 타당하다면 영어권 사람들은 주요 색 범주에 속해 있지 않는 색보다는 주요 색 범주를 나타내는 색들을 구분하는 데 더 효과적이어야 한다. 이와는 대조적으로 다니족은 색 범주에 속하는 색들을 구분할 수 없어야 한다. 다니족은 색 범주에 속하는 색들을 기술하기 위한 단어가 없기 때문이다.

그러나 연구 결과는 이러한 가설을 지지해 주지 않았다. 영어권 사람들이나 다니족은 색을 지각하는 방식에서 차이를 보이지 않았다. 두 민족 모두 주요 색 범주에 속하지 않는 색보다는 주요 색 범주에 속하는 색을 지각하는 데 있어 더 탁월하다는 것을 보였다. 이러한 결과에 따르면 언어 차이는 지각에 영향을 미치지 않는다. 이후에 수행된 연구 결과 또한 로시의 연구 결과와 일치하였고, 언어 상대성 가설을 지지해 주지 않았다. 따라서 인지는 일반적으로 언어에 영향을 미치지만 지각이나 구분에는 영향을 미치지 않는다고 결론 내리는 것이 적절해 보인다.

언어는 어떤 식으로든 사고와 인지에 영향을 미친다. 즉, 정보가 기억에 저장되고 인출되는 방식은 언어와 관련이 된다. 인지와 마찬가지로, 주어진 언어에서 이용 가능한 단어들과 범주화는 개념 형성에 영향을 미친다.

마지막으로 다른 사람의 성격과 행동에 대한 우리의 인상과 기억은 우리가 사용하는 언어에 의해 제공되는 언어 범주에 영향을 받는다 (Hoffman, Lau, & Johnson, 1986). 언어는 사고를 결정해 주지는 않을지라도 분명 사고에 영향을 미친다.

제7장

정서와 동기

1. 정서
2. 동기
3. 인간의 성적 반응

1. 정서

1) 정서의 정의

왓슨과 클라크(Watson & Clark, 1994)는 정서(emotion)를 개별 또는 통합된 정신생리학적 반응체계로 정의하였다. 이러한 반응체계에는 표정의 전형적인 형태, 일관된 자율신경계 반응 변화, 그리고 주관적 느낌(feeling) 상태가 존재한다. 즉, 정서는 표현 행동(expressive behavior), 생리적 각성(physiological arousal)과 인지적 경험(cognitive experience)을 포함하고 있는 개념이다. 예를 들어, 당신이 번지점프를 하기 위해 번지점프대 끝에 서 있다고 가정해 보자. 이와 같은 상황에서 당신은 심장이 두근거리는 것을 경험하게 될 것이다(생리적 각성). 그 후 당신은 번지점프대에서 뛰어내리거나 또는 포기하고 돌아설 것이다(표현 행동). 만일 번지점프에 성공했다면 성취감을 느껴 다음에 다시 번지점프에 도전하고자 할 것이고, 포기하고 돌아섰다면 창피함을 느껴 다시 번지점프를 하려는 시도를 하지 않을 것이다(인지적 경험; 물론 창피함을 극복하기 위해 다시 번지점프에 도전하고자 할 수도 있다).

2) 정서의 이론

정서의 이론은 매우 다양하다. 이렇게 다양한 이유는 각 연구자의 관점이 다양하기 때문인데, 일부 연구자는 정서를 주로 생물학적인 관점에서 바라보는 반면, 또 다른 연구자는 정서를 인지적인 관점에서 바라본다. 또한 정서의 정의에서처럼 정서를 인지, 행동, 그리고 생리적 체계의 관계로서 설명하는 연구자도 있다.

(1) 제임스-랑게 이론

미국의 심리학자 윌리엄 제임스(William James)와 덴마크의 심리학자 카를 랑게(Carl Lange)는 각자 같은 정서 이론에 도달하였다. 따라서 이후 연구자들은 이 정서 이론을 제임스-랑게 이론(James-Lange theory)이라고 부른다. 이 이론에 따르면 정서의 생리적 반응은 인지적 이해보다 앞서 발생한다. 즉, 정서는 생리적 반응의 결과로서 경험되는 것이라고 제임스와 랑게는 주장하였다. 이러한 관점은 제임스의 다음과 같은 진술에 잘 요약되어 있다.

> …… 우리는 울기 때문에 슬프며, 떨리기 때문에 두려움을 느낀다(James, 1890).

그러나 제임스-랑게 이론은 생리적 각성이 중복되는 사건을 구분하지 못한다는 제한점을 가지고 있다. 예를 들면, 심장박동과 호흡이 빨라지는 생리적 변화는 두려움(또는 공포)을 느낄 때도 발생하지만 아무런 정서적

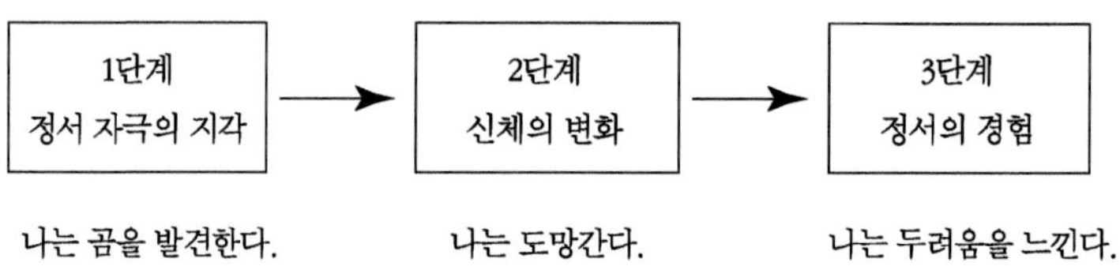

[그림 7-1] 제임스-랑게 이론(Myers, 2007 참조)

경험이 없이 조깅을 하는 경우에도 발생할 수 있다. 즉, 생리적 변화와 정서 경험이 일대일로 대응되지 않기 때문에 생리적 반응의 결과로서 정서를 경험한다는 제임스-랑게 이론으로 모든 정서를 설명하기에는 부족한 부분이 있다.

(2) 캐넌-바드 이론

미국의 생리학자인 월터 캐넌(Walter Cannon)은 생리적 반응에 해당되는 자율신경계 반응의 경우 그 속도가 느리기 때문에 생리적 반응이 정서 경험보다 앞서 발생한다는 제임스-랑게 이론을 비판하였다. 캐넌은 생리적 각성과 정서 경험이 동일한 신경충동에 의해서 발생하며, 이 신경충동은 뇌의 시상이 담당한다고 보았다. 또 다른 생리학자인 필립 바드(Philip Bard) 역시 생리적 반응이 정서 경험보다 앞서 발생한다는 견해를 비판하고, 정서를 유발하는 외부 자극이 독립적으로 하나는 신체적 각성을 일으키고 다른 하나는 정서 경험을 일으킨다고 주장하였다. 이 두 생리학자의 관점처럼 생리적 반응과 정서 경험은 상호 독립적이라는 견해가 바로 캐넌-바드 이론(Cannon-Bard theory)이다.

그러나 캐넌-바드 이론은 정서에 대한 이후 연구에 의해서 수정이 반드시 필요하다는 것이 밝혀졌다. 시상이 아닌 시상하부와 변연계가 정서를 경험하는 데 있어서 중요한 역할을 하기 때문이다.

(3) 샤크터-싱어 이론

미국의 심리학자 스탠리 샤크터(Stanley Schachter)와 제롬 싱어(Jerome Singer)는 정서의 인지적 역할에 초점을 둔 샤크터-싱어 이론(Schachter-Singer theory)을 제안하였다(Schachter & Singer, 1962). 그들은 우리가 환경을 관찰하고 타인과 우리 자신을 비교함으로써 경험되는 정서를 확인한다는 점을 강조하였다. 생리적 변화는 여러 상황에 걸쳐 유사하기 때문에 그 변화에 대한 명명(labeling)이 결국 정서 경험을 결정하는 중요한 요소인 것이다. 따라서 이 이론은 다른 말로 명명으로서의 정서이론이라고 표현하기도 한다.

샤크터와 싱어의 고전적 실험에서 실험 참가자들은 비타민제의 효과를 살펴보기 위한 실험 참여에 동의하였다. 그러나 실제로 그들에게 제시된 약물은 비타민제가 아니라 심장박동과 호흡을 증가시키는 에피네프린 약물이었다. 실험자들은 실험 참가자들을 두 집단으로 구분하여 한 집단에게는 이 약물의 실제 효과에 대해 알려 주고, 다른 집단에게는 이러한 정보를 제공해 주지 않았다. 그런 다음 실험 보조자의 행동(화를 내고 적대감을 보이는 행동 대 즐겁고 유쾌한 행동)에 어떻게 정서적으로 반응하는지를 살펴보았다. 그 결과 약물의 실제 효과를 제공받은 참가자들은 실험 보조자의 행동에 영향을 거의 받지 않았다. 그들은 생리적 각성의 원인이 약물임을 인지하고 있었기 때문이다. 그러나 약물의 실제 효과를 제공받지

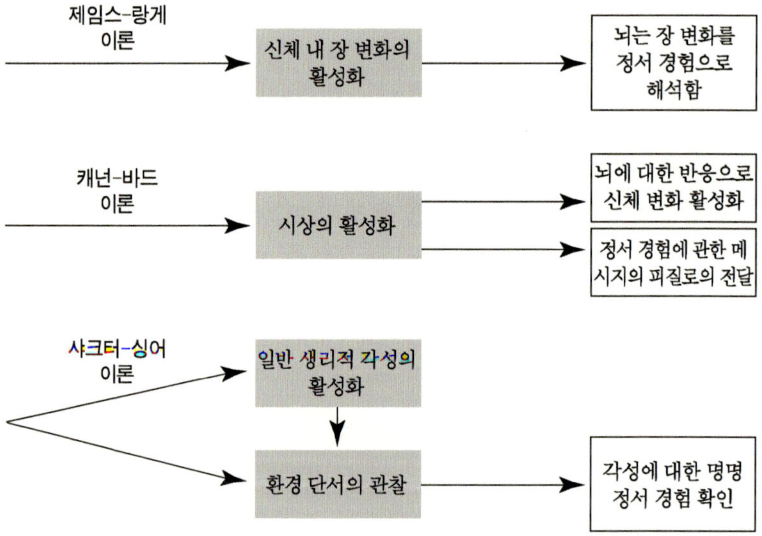

[그림 7-2] 세 가지 정서 이론 비교

못한 참가자들은 실험 보조자의 행동에 따라 일부는 분노를 느끼고 일부는 행복감을 느꼈다. 그들은 생리적 각성의 원인을 환경과 타인의 행동에서 찾았기 때문이다. 샤크터와 싱어는 이러한 실험 결과를 통해 정서가 비교적 비특징적인 생리적 각성과 환경에서 얻은 단서에 기초하여 각성을 명명함으로써 결정된다는 정서의 인지적 관점을 확고히 하였다.

(4) 인지적 평가이론

미국의 심리학자인 리처드 라자러스(Richard Lazarus)는 샤크터-싱어 이론과 유사하게 외부 환경에 대한 지속적인 평가(appraisal)에 의해서 정서를 경험한다고 주장하였다(Lazarus, 1984). 라자러스는 이러한 인지적 평가(cognitive appraisal)가 세 가지의 형태로 구분될 수 있다고 제안하였다. 그중 첫 번째는 **일차적 평가**(primary appraisal)로 외부 환경이 긍정적인 상태로 지각되는지 혹은 부정적인 상태로 지각되는지를 평가한다. 두 번째는 **이차적 평가**(secondary appraisal)로 외부 환경에 각 개인이 대처할 수 있는 자원을 보유하고 있는지를 평가한다. 세 번째는 **재평가**(re-appraisal)로 외부 환경과 개인의 대처 전략을 모니터링하면서 필요하다면 일차적 평가와 이차적 평가의 수정을 통해서 상황에 대한 정서적 판단을 내리게 한다.

(5) 단순노출효과

로버트 자종크(Robert Zajonc)는 몇몇 정서 반응은 우리의 의식을 우회하여 나타날 수 있다고 제안하면서, 모든 정서 반응에 인지적 평가과정이 필수적이라는 인지적 평가이론을 비판하였다(Zajonc, 1980). 자종크는 **단순노출효과**(mere exposure effect)에 대한 일련의 실험을 통해 이를 증명하였다. 그는 실험 참여자에게 인식하지 못할 정도로 빠르게 여러 자극을 제시한 후 자극에 대한 선호도를 평가하였는데, 참여자는 반복해서 제시된 자극을 더 선호하는 것으로 나타났다. 그러나 참여자는 자신들이 왜 그 자극을 더 선호하는지에 대해서는 인식하지 못했다.

3) 비언어적 행동과 정서 표현

셰익스피어(William Shakespeare)는 맥베스의 얼굴을 "낯선 것들을 읽을 수 있는 장소"로 기술하였다. 또한 "당신의 눈은 사랑에 빠진 눈이다"라는 노랫말도 있듯이, 이러한 예는 비언어적 행동이 개인의 정서를 나타내는 훌륭한 장소라는 것을 알 수 있다. 심리학자들은 비언어적 행동이 정서를 밝히는 주요 수단이라는 것을 발견하였다.

우리는 비언어적 행동이 동시에 몇 가지 채널을 통해 메시지를 전달한다는 것을 알고 있다. 예컨대, 얼굴 표정, 눈 맞춤, 신체 움직임, 목소리 톤, 그리고 눈썹의 위치와 같은 덜 분명한 행동까지도 의사소통의 독립적인 비언어적 채널이 될 수 있다. 더 나아가 각 채널은 특별한 메시지를 전달할 수 있다. 이러한 메시지는 다른 채널에서 전달되는 메시지와 관련될 수도 있고 그렇지 않을 수도 있다. 얼굴 표정은 정서 상태를 전달하는 일차적 수단이다.

(1) 정서 표현의 보편성

[그림 7-3]을 보고 사진 속의 각 인물이 보이는 얼굴 표정이 어떤 정서를 보여 주는지 확인해 보자. 만약 얼굴 표정에 대해 정확한 정서 상태를 확인할 수 있다면 각각의 사진은 여섯 가지 기본 정서(행복, 분노, 슬픔, 놀람, 혐오, 공포)를 나타내고 있다는 결론을 내릴 것이다. 이것은 많은 비언어적 행동에 관한 연구 결과에서 얻은 정서 목록이다.

이러한 여섯 가지의 정서에 관해 특히 흥미로운 것은 그것이 서구 문화에만 한정된 것이 아니라 문화나 학습 경험과 관계없이 모든 인종에게 보편적으로 나타나는 기본 정서라는 것이다. 이는 바깥 세계와는 전혀 접촉

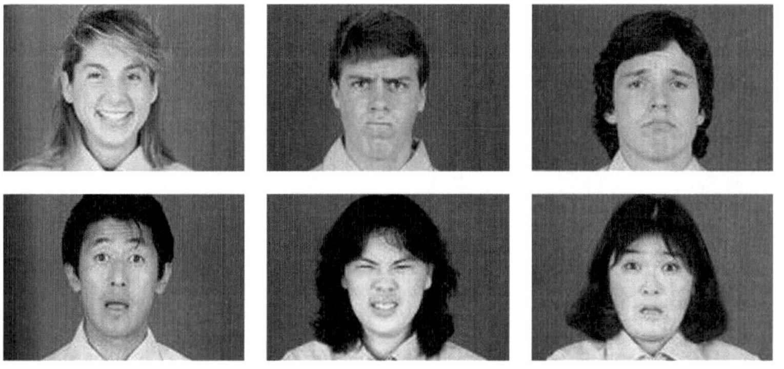

[그림 7-3] 여섯 가지 기본 정서(행복, 분노, 슬픔, 놀람, 혐오, 공포)를 보이는 얼굴 표정

이 없는 뉴기니의 정글 지역 원주민을 연구한 심리학자인 폴 에크먼(Paul Ekman, 1972)에 의해 증명되었다. 이 원주민은 영어를 말하거나 이해하지 못하였고, 영화를 본 적도 없으며, 에크먼이 오기 전에는 서구 인종과 전혀 접촉이 없었다.

에크먼은 뉴기니 원주민이 어떻게 비언어적 행동으로 정서를 표현하는지를 알아보기 위하여 그들에게 정서를 일으킬 수 있는 이야기를 들려주었고, 3명의 서구인의 얼굴 표정을 보여 주었다(그 가운데 하나는 이야기 내용에 적절한 정서를 보여 주는 얼굴 표정이었다). 과제는 이야기와 가장 잘 어울리는 정서를 보여 주는 사진을 선택하는 것이었다. 결과적으로 뉴기니 원주민의 반응은 서구인의 반응과 매우 유사하였고, 뉴기니 원주민 아동은 성인보다 적절한 정서를 확인하는 데 있어 더 나은 능력을 보여 주었다. 흥미로운 것은 공포를 보여 주는 얼굴 표정을 확인하는 데 있어서 유일하게 차이를 보였다. 즉, 원주민은 공포를 나타내는 표정과 놀람을 나타내는 표정을 혼돈하였다.

뉴기니 원주민이 서구인과 같은 식으로 정서 표현을 해석하는지의 여부를 확인하는 것 이외에, 두 집단이 유사한 비언어적 반응을 보여 주는지의 여부를 확인하는 것도 중요하였다. 이를 위해 다른 원주민에게 이전에 사용한 이야기를 들려주었고, 이야기의 내용에 적절한 얼굴 표정을 짓도록 요청하였다. 그들이 보여 준 얼굴 표정은 녹화되었고, 미국의 피험자 집단에게 그들의 녹화된 얼굴을 보여 주고 어떤 정서를 나타내는지를 확인하도록 요청하였다. 그 결과, 서구인은 이전에 뉴기니 원주민을 본 적이 없지만 공포와 놀람을 나타내는 표현을 제외하고 원주민의 정서 표현을 놀라울 정도로 정확하게 판단하였다.

요약하면, 기본 정서가 표현되고 해석되는 방식에서 문화 보편성이 존재한다는 확신적인 증거가 있다. 뉴기니 원주민은 다른 문화와 고립되어 있기 때문에 서구로부터 유사한 얼굴 표정을 인지하고 나타내는 것을 학습할 기회가 없었다. 대신에 정서적으로 반응하는 능력과 방식에서의 유사성은 본래적으로 존재하는 것으로 보인다. 물론 두 문화의 유사한 경험은 유사한 비언어적 행동을 이끌 수 있다고 주장할 수 있지만, 두 문화는 매우 동떨어져 있기 때문에 그럴 가능성은 거의 없다. 기본 정서의 표현은 보편적인 것으로 보인다.

기본 정서를 표현하는 데 있어 문화를 통한 보편성이 존재하는 이유는 무엇인가? 이에 대한 한 가지 설명은 안면영향 프로그램(facial-affect program)으로 알려진 가설에 근거한다(Ekman, 1972). 안면영향 프로그램(태어날 때부터 누구나 보편적으로 가지는 것으로 가정되는)은 특별한 정서가 경험될 때 작동되는 컴퓨터 프로그램과 유사하다. 일단 '프로그램'이 작동되면, 프로그램은 안면이 적절한 표현을 나타내도록 하는 일련의 신경충동을 활성화시킨다. 각각의 일차적 정서는 [그림 7-3]에서의 얼굴 표정 종류를 나타내는 독특한 근육 운동을 일으킨다. 예컨대, 행복을 나타내는 정서는 보편적으로 입 가장자리를 위로 움직이는 근육 운동에 의해 표현된다.

(2) 안면 피드백 가설

만약 당신이 행복감을 느끼기를 원한다면 미소를 지어 보라. 이는 안면 피드백 가설(facial-feedback hypothesis)로 알려진 흥미로운 개념이 시사하는 원리다. 이 가설에 따르면 얼굴 표정은 정서 경험을 반영할 뿐 아니라 사람들이 정서를 어떻게 경험하고 명명하는지를 결정하는 데 도움을 준다. 기본 아이디어는 의도적인 정서 표현이 그와 일치하는 정서를 일으키도록 도와주는 근육 피드백을 뇌에 제공한다는 것이다. 예를 들면, 미소를 지을 때 활성화되는 근육은 비록 환경 내에 어떤 특별한 정서를 일으킬 아무런 조건이 없을지라도 행복감 경험을 나타내는 메시지를 뇌에 전달할 수 있다. 더 나아가 몇몇 이론가는 정서 경험을 위해 얼굴 표정이 필요하다고 주장하였다(Rinn, 1991). 이러한 관점에 따르면 얼굴 표정이 존재하지 않을 경우 정서도 느낄 수 없다.

안면 피드백 가설은 폴 에크먼과 동료들에 의해 수행된 고전적 실험에 의해 지지되었다(Ekman, Levenson, & Friesen, 1983). 연구에서는 배우들에게 안면 근육 운동과 관련된 다음과 같은 지시를 따르도록 요청하였다.

> 눈썹을 올리면서 두 눈썹을 함께 모으라. 눈꺼풀을 올리라. 이제 입을 수평으로 하여 귀까지 뻗치라.

이 지시를 수행한 후(공포를 나타내는 표현), 배우들은 심장박동이 증가하고 체온이 떨어졌다. 이러한 생리적 반응은 공포를 경험할 때 나타나는 변화다. 비록 안면 피드백 가설에 대한 지지가 확증적이지는 않을지라도(Matsumoto, 1987), 우울할 때 미소를 지으면 훨씬 기분이 나아지는 것만은 분명하다.

2. 동기

1) 동기의 정의

2009년 MTV가 선정한 올해의 여성에 가수인 레이디 가가(Lady Gaga)가 선정되었다. 이 여성은 '파격' 이라는 수식어를 달고 다닐 만큼 매우 독특한 의상과 행동을 선보였다. 자신만의 개성을 표현한다고 하지만, 그럼에도 우리는 이 여성의 행동에 '왜' 라는 질문을 던지게 된다. 이처럼 행동에 대한 원인을 고찰하고자 하는 것이 동기(motivation)를 연구하는 목적이다. 즉, 동기는 모든 유기체의 행동을 이끌고 활성화시키는 요인을 말한다.

[그림 7-4] 레이디 가가

2) 동기의 이론

(1) 본능이론

초기에 심리학자들은 동기를 생물학적으로 결정된 타고난 행동 패턴, 즉 본능(instinct)으로 설명하고자 하였다. 예를 들어, 섹스(sex)는 번식 본능, 탐색 행동은 자신만의 영역을 확보하려는 본능으로 설명하였다. 결국 사람과 동물은 태어날 때부터 이미 생존에 필요한 행동 조합이 내재화되어 있음을 본능 이론가들은 강조하였다. 그러나 본능이론에 따르면 인간의 다양한 행동은 이미 결정되어 있고, 다양한 행동을 보인 개개인은 자신이 보인 행동에 대해 아무런 책임이 없는 마치 로봇과 같은 존재로 해석될 수 있다. 결국 이 이론은 특별한 행동에 대한 이유를 설명해 주지 못한다는 제한점을 가지고 있다.

(2) 추동감소 이론

클라크 헐(Clark Hull, 1943)은 본능이론에서처럼 인간의 행동이 내적인 욕구(본능)에 의해 그대로 발현된 것이라기보다 유기체 내부에서 부족한 생물학적 조건을 충족시키기 위한 추동(drive)을 줄이기 위해 나타나는 것이라고 보았다. 즉, 추동은 생물학적으로 결정된 욕구가 아니라 생물학적인 균형이 무너지며 나타나는 내적인 욕구를 말한다. 추동을 감소시키려는 행동에 있어서 헐은 **동질정체**(homeostasis)의 개념을 사용하였다. 동질정체는 유기체의 일반적이며 균형적인 내적 상태를 위해 생물학적인 기능을 최적 수준으로 유지시키는 현상을 의미한다. 인간이 생존하기 위해 체온을 유지하거나, 체내에 필요한 수분을 보유하고 있는 것이 동질정체의 예라 할 수 있다.

추동감소 이론이 본능이론에 비해 인간의 행동 원인을 보다 잘 설명하였으나, 이 이론 역시 모든 인간의 행동을 설명하기에는 부족함이 있다. 예를 들어, 번지점프를 하거나 암벽 타기를 하는 등의 추동을 감소시키기 위한 행동이 아닌 것은 이 이론을 통해 설명되지 않는다.

(3) 각성이론

앞서 예로 든 번지점프나 암벽 타기는 사람들이 흥분을 유지시키거나 증가시키려는 목적에 해당되는 행동이다. 이러한 행동을 가장 잘 설명해 주는 이론이 바로 각성이론(arousal theory)이다. 각성이론은 1908년 두 명의 심리학자에 의해 고안된 여크스-도슨(Yerkes-Dodson) 법칙에 기초하고 있다. 이 법칙에 따르면 특정 과제에 최적의 수행을 보이기 위해서 요구되는 동기적 각성 수준은 서로 다르다. [그림 7-5]와 같이 과제의 수준을 비교적 단순한 과제와 복잡한 과제로 구분해 보면, 최적의 수행을 보이기 위해 요구되는 각성 수준은 복잡한 과제에 비해 단순한 과제에서 높다. 예를 들어, 어려운 과목의 시험을 보거나 중요한 경기에 출전했을 때 평소보다 시험을 못 보거나 기록이 좋지 않은 경우가 있다. 이는 현재의 각성 수준이 과도하게 높기 때문에 저조한 수행이 나타난 것이다. 따라서 '연습을 실전같이, 실전을 연습같이' 라는 표어는 이러한 각성이론을 잘 반영한 것이라 할 수 있다.

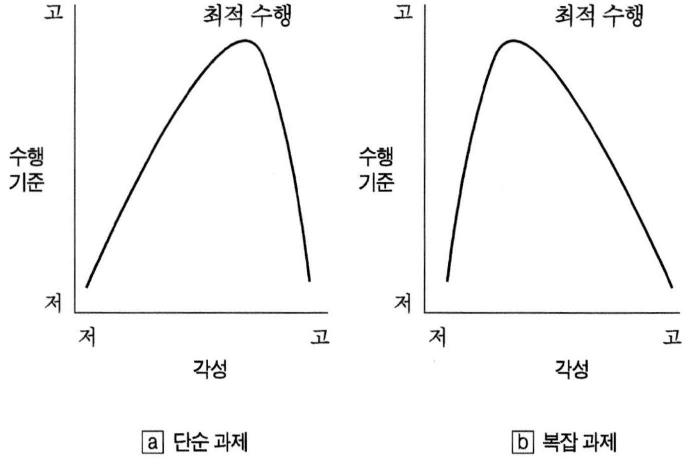

[그림 7-5] 과제의 유형에 따른 수행 수준과 최적 수행의 관계(서창원, 민윤기, 2007)

(4) 유인이론

식사를 마치고 돌아오는 길에 감미로운 커피 향에 이끌려 커피를 마신 경험은 누구나 있을 것이다. 여기서 커피를 마시는 행동은 배고픔과 관련된 내적 추동이나 혹은 번지점프처럼 각성을 유지시키는 것과는 관련이 없다. 이는 단지 그 행동이 보상으로서 작용하는 커피 자체, 즉 외적 자극에 의해 동기화된 행동이라 할 수 있다. 이와 같이 내적 요인에 초점을 두기보다는 외적 자극(유인물, incentive)에 의해서 동기를 설명하는 이론이 유인이론(incentive theory)이다. 유인이론이 내적 단서(예, 배고픔)가 없는데도 유인물(예, 맛있어 보이는 후식)에 끌리는 이유를 잘 설명해 주기는 하지만, 유인물이 없을 때에도 유사한 욕구를 충족시키려 하기 때문에 이 이론 역시 불완전한 설명 이론에 해당된다. 그러나 유인이론은 동기를 내적 요인으로만 설명하려 했던 다른 동기 이론과는 달리 외적인 유인물로 동기를 설명하려 했다는 점에서 중요한 이론이라 할 수 있다. 따라서 많은 심리학자는 유인이론의 외적 유인물과 추동감소 이론의 내적 추동이 상반되기보다는 밀고 당기는 개념으로 행동을 동기화시킨다고 보았다. 예를 들면, 시원한 음료수 광고가 그 자체로 유인물로 작용하기도 하지만, 목이 마른 상황에서 이 광고는 더 강력한 유인물로 작용해 행동을 동기화시킬 수 있다.

(5) 대립과정설

중독은 표면적으로 이득이 없어 보이는 특정 행동을 지속하는 것을 의미한다. 이러한 중독 행동에 있어 가장 대표적인 것이 약물중독이다. 각성이론에 따르면 이러한 행동은 각성 수준을 증가시키기 위해 약물을 지속적으로 복용하는 것으로 설명될 수 있다. 그러나 문제는 단순히 약물 복용이라는 행동이 지속적으로 일어나는 것에 머무르지 않고 약물 복용 횟수가 증가하거나 1회 복용 약물의 양이 증가하는 현상이 동시에 발생한다는 것이다. 이러한 현상은 각성이론으로 설명하기가 어렵다. 대립과정설(opponent-process theory)은 이와 같은 현상을 다음과 같이 설명한다. 중국 철학자들이 우주에 두 개의 대립적인 힘(음과 양)이 존재하며 이 힘이 인간의 행동에 영향을 미친다고 본 것처럼, 약물 복용으로 각성이 증가된 후에는 인간의 신경계가 그와 상반되는 이완 반응을 일으킴으로써 동일한 수준 또는 양의 약물은 최초의 각성 반응에 도달하지 못한다. 결국 최초의 각성 반응에 도달하려면 이전보다 더 자주 또는 더 많은 양의 약물을 복용해야 하기 때문에 약물중독이 일어나게 되는 것이다.

(6) 기대가치 이론

수업을 듣는 학생들이 시험공부를 열심히 하는 이유는 열심히 공부하는 행동이 좋은 학점을 가져다줄 것이라는 기대와 좋은 학점이 가지고 있는 가치가 높기 때문이다. 이처럼 특정 행동이 특별한 목표에 도달할 것이라는 기대와 목표의 가치에 대한 이해가 그 행동을 동기화시킨다고 보는 것이 바로 기대가치 이론(expectancy-value theory)이다. 그러나 시험공부를 열심히 하는 행동의 단순한 증가가 그에 비례한 학점을 항상 가져다주는 것은 아니다. 그 이유는 이 이론에서 기대의 개념은 개인이 노력을 기울인 정도와 그 노력에 의해 결과가 변화하는 정도의 관계성을 반영하고 있기 때문이다. 예를 들어, 특정 상품을 판매하는 상점의 주인은 그 상품을 한 개 더 판매할 때마다 자신에게 들어오는 금전적인 이득이 그에 비례하여 증가한다. 즉, 상품 판매량과 금전적 이득의 관계성이 높기 때문에 기대가 높다고 할 수 있다. 반면 시간제 아르바이트를 하는 근로자의 경우는 정해진 시간 동안의 노동량과 보수가 비례하여 증가하지 않는다. 따라서 이러한 근로자는 보통 열심히 일하려 하기보다는 시간이 빨리 지나가기를 바라게 된다. 이는 열심히 일하려는 행동과 보수의 관계성이 낮아 기대가 낮기 때문이라고 할 수 있다.

(7) 인지이론

동기의 인지이론(cognitive theory)은 우리의 사고, 기대, 그리고 세계에 대한 이해의 역할에 초점을 맞춘다. 예를 들면, 앞의 기대가치 이론에 따르면 두 종류의 인지가 우리 행동의 기초가 된다. 첫 번째는 행동이 특별한 목표에 도달할 것이라는 기대이고, 두 번째는 목표의 가치에 대한 이해다(Tolman, 1959). 예를 들면, 학생이 시험공부를 하는 데 있어 동기화되는 정도는 공부가 어느 정도 이득(학점)을 가져다줄 것인지에 대한 기대와 좋은 학점에 대해 부여한 가치에 기초한다. 만약 기대와 가치가 모두 높다면 학생들은 열심히 공부하기 위해 동기화될 것이다. 그러나 어느 한쪽이 낮다면 공부에 대한 동기는 비교적 낮을 것이다.

동기의 인지이론에서는 내생적(intrinsic) 동기와 외생적(extrinsic) 동기를 구분한다. 내생적 동기는 보상 때문이 아니라 활동 자체에 참여하는 것을 즐기도록 해 주며, 반대로 외생적 동기는 보상을 위해 어떤 것을 행하도록 한다.

두 가지 유형의 동기 연구에 따르면 어떤 과제에 대한 동기가 외생적이기보다는 내생적일 때 작업의 질을 높이기 위해 노력하기 쉽다(Deci & Ryan, 1985; Lepper, 1983). 더 나아가 어떤 심리학자는 바라는 행동에 보상을 제공하는 것은 내생적 동기를 감소시키며 외생적 동기를 증가시키게 할 수 있다고 주장한다. 이러한 현상을 증명하는 실험으로, 한 집단의 유치원 아동에게 그림을 그릴 때 보상을 줄 것을 약속하였다. 그 결과, 보상은 그림 그리기에 대한 그들의 열정을 감소시키고 흥미를 반감시켰다(Lepper & Greene, 1978). 이것은 보상에 대한 약속이 그림 그리기에 대한 내생적 흥미를 반감시킨다는 것을 증명해 준다.

이러한 연구는 내생적 동기를 촉진시키는 것이 매우 중요하며, 외생적 보상을 제공하는 것은 실제로 수행의 노력과 질을 떨어뜨릴 수 있다는 사실을 시사해 준다. 이와 같은 결과는 교수로 하여금 학생들에게 A학점을 주는 것이 상책이 아니라는 점을 인식하게 해 준다.

(8) 매슬로의 위계이론

에이브러햄 매슬로(Abraham Maslow)는 상이한 욕구가 위계적인 순서를 가지고 있다고 가정하고, 위계 구조에서 하위에 해당되는 욕구가 먼저 충족되어야 보다 고차적인 욕구에 도달할 수 있다고 제안하였다. 이 이론을 매슬로의 위계이론(Maslow's hierarchical theory)이라 부른다(Maslow, 1970). 이 이론에 따르면 가장 하위에 위치한 욕구는 생존과 관련된 생리적 욕구(기, 갈, 성, 수면 욕구)다. 즉, 앞에서 살펴본 일차적인 추동에 해당되는 것이다. 이러한 생리적 욕구가 채워지고 나면 다음으로 안전에 대한 욕구를 추구하고, 이 욕구가 충족되면 그다음으로 사랑을 느끼고 소외되지 않으려는 소속과 애정의 욕구를 추구하게 된다. 이 욕구를 충족하고 나면 다른 사람으로 하여금 자신의 능력과 가치를 알게 함으로써 자기 가치감을 발달시키려는 존경의 욕구를 발달시키게 된다. 그다음으로 자신의 지적인 능력을 키워 가려는 인지적 욕구와 조화로움 및 아름다움을 추구하려는 심미적 욕구를 거치게 된다.

이러한 욕구가 모두 충족되고 나면 비로소 최고 수준에 해당되는 자아실현의 욕구에 도달하게 된다. 자아실현(self-actualization)은 사람들이 자신의 가장 큰 잠재력을 실현시키는 자기 충족 상태를 의미하는 것으로, 이 이론을 제안할 당시 매슬로는 링컨, 아인슈타인과 같은 몇몇 유명인만을 자아실현을 한 모델로 기술하였다. 그러나 자아실현은 이러한 유명인사에 한정된 개념이 아니라 자신의 재능을 완전하게 사용할 때 만족감을 느끼는 사람이면 누구든지 다 도달할 수 있는 개념이다. 물론 이후 연구들은 매슬로의 이러한 위계 구조를 확인시켜 줄 증거를 완벽하게 확보하지 못했으며, 자아실현을 객관적으로 측정하는 것이 어렵다는 비판을 제기하였다. 그럼에도 매슬로의 위계이론은 인간 욕구의 복잡성에 초점을 두었다는 점, 그리고 기본적 욕구가 충족되기 전에는 고차적 욕구에 비교적 관심을 가지지 않게 된다는 사실을 강조하였다는 점에서 시사하는 바가 크다.

7단계: 자아실현 욕구(자기 완성과 능력 실현)
6단계: 심미적 욕구(조화, 질서, 미)
5단계: 인지적 욕구(학식, 이해력, 탐구심)
4단계: 존경 욕구(성취하고 유능함을 인정받으려 함)
3단계: 소속과 애정 욕구(타인과의 유친, 승인받고 소속되려 함)
2단계: 안전 욕구(안정되고 안전하다는 느낌, 위험에서 탈피)
1단계: 생리적 욕구(배고픔, 갈증, 성 등)

[그림 7-6] 매슬로의 위계 욕구(서창원, 민윤기, 2007 참조)

3. 인간의 성적 반응

성 행동은 대부분의 삶에 있어 중요한 일이다. 인간 성 행동의 신체적 측면은 다른 종과 그리 다르지 않지만, 인간이 성 행동에 부여하는 의미, 가치, 그리고 감정은 특별하다. 그러나 다른 종과는 다른 인간의 성 행동을 완전히 이해하기 위해서는 먼저 성 반응의 기본적인 생물학 지식을 이해할 필요가 있다.

1) 생물학의 기초

두 마리 개가 교미를 하는 장면을 본 사람이라면 성 행동이 생물학적인 기초에 의해 이루어진다는 것을 알 것이다. 개들은 상대에게 크게 끌림이 없더라도 자발적인 성 행동을 일으키는 것으로 보인다. 유전적으로 조절되는 많은 요인이 동물의 성 행동에 영향을 미친다. 예컨대, 동물의 성 행동은 혈액에 존재하는 어떤 호르몬의 영향을 받거나 암컷은 연중 비교적 특정한 기간에만 성 행동에 준비되는 것 등이 있다.

이와 비교하여 인간의 성 행동은 기초 생물학이 다른 관련 종과 다르지 않을지라도 좀 더 복잡하다. 예컨대, 남성의 고환은 사춘기 때부터 남성 호르몬인 안드로겐을 분비하기 시작한다. 안드로겐은 체모 발달 및 변성과 같은 이차 성징을 일으킬 뿐 아니라 성 행동 추동을 증가시킨다. 비록 생성되는 안드로겐의 양이 장기적으로 변할지라도(최대 분비는 성적 성숙이 일어난 직후에 이루어진다), 그 분비는 단기적 · 지속적으로 일어난다. 따라서 남성은 어떤 생물학적 주기에 관계없이 성 행동(혹은 성적 관심)을 할 수 있는 상태가 된다. 각성을 일으키는 적절한 자극이 주어지면 남성의 성 행동이 일어날 수 있다.

여성은 남성과는 다르게 좀 더 복잡한 패턴을 보인다. 여성은 사춘기에 이르러 성적으로 성숙되며, 여성의 생식 기관인 두 개의 난소는 여성 호르몬인 에스트로겐을 생산하기 시작한다. 그러나 에스트로겐은 지속적으로 생산되지 않고 주기적으로 생산된다. 에스트로겐은 난자가 난소에서 배출되는 배란기 동안에 가장 많이 분비된다. 이 기간 동안 남성의 정자세포에 의한 수정 확률이 가장 높다. 보고된 성 행동 추동에는 차이가 있을지라도, 여성은 환경에서 대하게 되는 외부 자극에 따라 그 주기 동안 성 행동에 수용적이 된다.

동물의 경우 각성을 일으키는 파트너의 존재는 성 행동을 이끄는 자극이 된다. 인간은 동물보다는 상당히 더 다양한 출처(대상, 시각, 냄새, 소리, 혹은 성적 흥분을 일으키는 다른 자극)에서 성적 각성을 일으킨다. 이전에 형성된 연합 때문에 사람들은 특정한 향수 냄새를 맡을 때, 비키니 수영복을 볼 때, 혹은 좋아하는 노래 소리가 귀에 은은하게 들릴 때 성적으로 각성되기도 한다. 성적 각성을 일으키는 특별한 자극에 대한 반응은 매우 사적인 것으로, 어떤 사람에게는 성적 각성을 일으키는 자극이 다른 사람에게는 성적 각성을 전혀 일으키지 않기도 한다.

2) 성적 흥분의 심리적 측면

만약 주요 성 기관이 뇌라고 주장하는 사람이 있다면 어떤 면에서는 그 주장도 옳다고 볼 수 있다. 우리 사회에서 성적 각성을 일으키는 것으로 고려되는 많은 것은 성기와 거의 혹은 전혀 관련이 없고, 대신에 학습과정을 통해 에로틱하거나 성적으로 자극하는 것으로 명명되는 외부 자극과 관련된다.

예컨대, 접촉이 됨으로써 자동적으로 성적 각성을 일으키는 신체 부위는 없다. 성감대(erogenous zones)라 불리는 것(신경 수용기가 많이 분포되어 있기 때문에 특히 민감한 신체 부위)은 성적인 접촉이 아닌 어떤 종류의 접촉에 민감하다. 의사가 치료 때문에 환자의 가슴이나 성기를 접촉할 때 신경세포에 의해 뇌로 전달되는 정보는 본질적으로 사랑하는 사람이 같은 부위를 접촉했을 때 보내지는 정보와 동일하다. 다른 것은 그러한 접촉에 대한 정보 해석이다. 어떤 신체 부위가 사람들이 성적이라고 정의하는 식으로 접촉되었을 때만 성적인 각성이 따라온다.

비록 사람들이 거의 모든 자극에 대해 성적으로 반응하도록 학습할 수 있을지라도, 일반적으로 에로틱한 자극으로 표현되는 것에 대해서는 사회나 문화에 따라 상당한 다르다. 서구 사회에서는 남성이 여성의 큰 가슴을 에로틱한 자극의 기준으로 고려하는 반면, 다른 문화에서는 가슴 크기를 에로틱한 자극으로 생각하지 않는다. 예를 들면, 어떤 문화에서는 양볼을 불룩하게 만들어 입을 부풀리는 것을 성적인 각성을 일으키는 자극으로 보며, 다른 문화에서는 여성의 허벅지를 매우 에로틱한 것으로 본다. 미국 문화에서 대부분의 여성은 작은 엉덩이와 중간 크기의 가슴을 가진 남성을 선호한다. 또한 그들은 엉덩이, 다리, 혹은 성기보다는 가슴을 가장 성적인 자극을 일으키는 것으로 본다.

성적 공상은 또한 성적 각성을 일으키는 데 있어 중요한 역할을 한다. 사람들은 일상생활을 하는 동안 성적인 성질의 공상을 하지만, 약 60%의 사람들은 성교가 이루어지는 동안 공상을 한다. 흥미롭게도 그러한 공상은 흔히 성교가 이루어지는 동안 실제 파트너가 아닌 다른 사람과의 성 행동을 포함한다.

남성과 여성의 성적 공상은 내용과 질에서 거의 차이가 없다. 오럴-성기 섹스에 대한 공상을 자제할 수 없다는 것이 두 성 모두에게 공통적이다. 공상은 단지 공상에 지나지 않다는 것에 주목해야 한다. 즉, 실세계에서는 그러한 욕망을 드러내지 않는다.

3) 성 반응 단계

성적 각성을 일으키는 자극의 종류가 어느 정도 개개인에게 독특하기는 하지만, 성적 반응에는 공통적인 측면이 있다. 세심하게 통제된 실험실에서 성 행동을 연구한 윌리엄 매스터스와 버지니아 존슨(William Masters & Virginia Johnson, 1966)에 의해 행해진 선구적 연구에 따르면, 성적 반응은 4단계(흥분-고원-절정-환원)로 구성된 규칙적인 패턴을 따른다. 비록 다른 연구자들은 성 반응이 다소 다른 형태로 진행된다고 주장할지라도

(Kaplan, 1974), 매스터스와 존슨의 연구는 사람들이 성적으로 흥분될 때 어떤 현상이 일어나는지를 가장 잘 설명해 주는 것으로 받아들여진다.

수 분에서 한 시간 이상 동안 지속될 수 있는 흥분기(excitement phase) 동안 각성 자극은 성교를 위해 성기를 준비시키는 순서를 진행하기 시작한다. 남성의 경우 음경은 피가 몰리면서 발기되고, 여성의 경우 음핵(clitoris)은 혈액이 공급됨으로써 부풀려지며 질에서는 윤활액이 분비된다. 여성은 또한 가슴과 목 주변에 마치 홍역으로 인해 붉은 반점이 생기는 것처럼 '섹스 조홍(sex flush)' 이 나타나기도 한다.

다음 단계는 신체로 하여금 오르가슴을 준비시키는 고원기(plateau phase)다. 이 단계에서는 음경과 음핵이 확장됨으로써 성적 각성을 최대 수준에 이르게 한다. 여성의 가슴과 질의 크기는 커진다. 심장박동과 혈압이 증가하며 호흡이 빨라진다. 신체가 다음 단계인 오르가슴을 준비함에 따라 근육 긴장은 더욱 증가된다. 비록 강렬하고 고도로 쾌감을 일으키는 경험이라고 말하는 이상으로 오르가슴 감각을 설명하기는 어렵지만, 감정을 동반하는 생물학적 사상은 상당히 직접적이다. 절정기(orgasm phase)에 도달될 때, 0.48초마다 성기에서는 리듬 있는 근육 수축이 일어난다. 남성의 경우 수축은 음경을 통해 정자가 포함되어 있는 정액을 방출하게 되는데, 이를 사정(ejaculation)이라 부른다. 호흡과 심장박동은 최대 수준에 이른다.

분명하지는 않지만, 오르가슴의 주관적 경험은 성기의 차이에도 불구하고 남녀 공히 동일한 것으로 보인다. 한 실험에서 한 집단의 남성과 여성에게 어떻게 오르가슴을 느끼는지 기술하도록 요청하였다. 그들이 작성한 기술을 전문가에게 보여 주고는 기술한 사람의 성을 확인해 보도록 하였다. 그 결과를 보며 전문가들은 우연히 알아맞힐 수 있는 수준을 넘지 않았는데, 이는 성에 기초하여 오르가슴에 대한 묘사를 구분할 수 있는 방법이 없음을 시사한다.

절정기가 지나면 마지막 성적 각성 단계인 환원기(resolution phase)가 진행된다. 신체는 다시 정상적인 상태로 돌아간다. 성기는 정상 크기와 모양으로 환원되며 혈압, 호흡, 심장박동 모두 정상 상태로 돌아간다. 남성과 여성의 반응은 환원기 동안 유의한 차이를 보인다. 이 차이는 [그림 7-7]에 요약되어 있다. 여성은 오르가슴 단계로 다시 돌아가 오르가슴을 반복해서 경험할 수 있다. 궁극적으로 여성은 최종 환원기로 들어가면 자극 전 상태로 돌아간다. 이와는 대조적으로 남성은 보통 환원기 동안에 반감기(refractory period)로 들어가는 것으로 여겨진다. 반감기 동안에 남성은 각성될 수 없으며, 따라서 오르가슴과 사정을 반복할 수 없다. 반감기는 수 분에서 수 시간 동안 지속될 수 있다(노인의 경우는 수일이 걸릴 수도 있다).

흥미롭게도 남성이 반감기를 거치지 않고는 오르가슴을 반복할 수 없

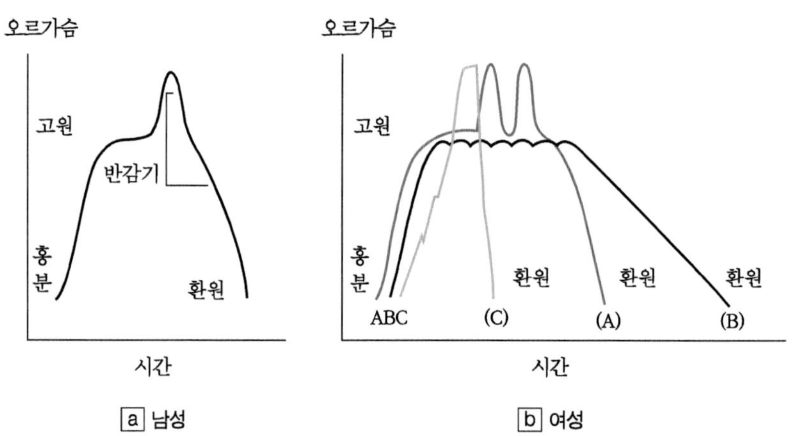

여성의 섹스 반응은 세 가지 유형으로 분류된다. (A)는 여성이 두 번의 오르가슴을 가진다는 점을 제외하고 남성의 주기와 가까운 패턴을 보여 주며, (B)는 오르가슴이 없는 상태를 보여 주며, (C)는 오르가슴이 빠르게 도달되고 여성은 각성 전 상태로 신속하게 돌아간다는 것을 보여 준다.

[그림 7-7] 남녀의 4단계 섹스반응 모형(Masters & Johnson, 1966)

다는 종래의 관점이 잘못되었다는 것을 시사하는 몇몇 증거가 제시되었다. 예컨대, 한 연구에서는 282명의 남성 가운데 12%가 사정 전에 오르가슴을 반복해서 경험하는 것으로 보고하였음을 밝혔다(Hartman & Fithian, 1984). 더구나 오르가슴에 따른 생리적 반응을 측정한 결과 그러한 보고가 타당하다는 것이 확증되기도 하였다. 이 연구의 결과와 더불어 오르가슴과 사정이 독립적인 신경계에 의해 조절된다는 사실에서 오르가슴과 사정은 독립적으로 일어날 수 있는 것으로 보인다. 앞으로 더 많은 연구가 이루어져야겠지만, 모든 남성은 사정을 하지 않고도 반복적으로 오르가슴을 경험할 수 있는 능력을 가지고 있는 것으로 추측된다.

4) 성 행동의 다양성

분명히 성과 성 관련 행동은 기대, 태도, 신념, 그리고 주어진 기간 동안의 의학적 및 생물학적 지식에 의해 영향을 받는다. 오늘날 우리는 성 행동에는 다양한 형태가 있으며, 한때 '비정상적' 형태로 여겼던 것이 현대에 이르러 정상적 형태로 받아들여지기도 한다.

(1) 성 행동의 정상성 여부

어떤 성 행동이 정상인지 평가하는 척도를 개발한다면 결론을 내리는 것이 어렵지 않을 것이다. 예컨대, 부부의 동의를 포함하는 남녀 성교를 척도의 한쪽 끝의 극히 정상적인 범주로 정하고, 거미가 몸에 기어오르는 동안에만 성적으로 각성되는 사람의 경우를 척도의 반대쪽 끝의 극히 비정상적인 범주로 정한다면, 대부분의 사람은 이에 동의할 것이다. 그러나 이러한 양극단의 중간에 해당하는 행동에 대해서는 정상 여부를 정의하기가 매우 어렵다.

한 가지 접근은 정상적인 성 행동을 평균적 혹은 전형적 행동으로부터의 이탈 여부에 따라 정의하는 것이다. 비정상성을 결정하기 위해 우리는 단순히 어떤 행동이 사회적으로 희귀하며 드문지를 관찰하고, 정상으로부터 이탈된 이러한 행동을 비정상으로 명명하기만 하면 된다. 그러나 이러한 접근의 문제점은 통계적으로 평균에서 벗어난 어떤 행동은 거의 주목을 받지 못한다는 것이다. 비록 대부분의 사람은 잠자리에서 성 행동을 하지만, 식탁에서 이루어지는 성 행동을 선호하는 사람도 있다. 그렇다면 과연 이러한 성 행동을 비정상으로 보아야 하는가? 만약 어떤 사람이 살찐 파트너와의 성 행동을 선호한다면, 날씬한 것에 대해 가치감을 부여하는 사회에서 그 사람은 비정상적인 것으로 평가되어야 하는가? 분명히 이 두 질문에 대한 대답은 '아니요' 일 것이다. 따라서 성 행동의 비정상성을 결정하는 데 있어 평균으로부터의 이탈 기준은 부적절하다.

대안적인 접근은 어떤 기준이나 이상에 기초하여 성 행동을 비교하는 것이다. 그러나 이 또한 문제는 있다. 어떤 기준이 사용되어야 하는가? 어떤 사람은 성경을 기준으로 삼아야 한다고 말하며, 또 어떤 사람은 심리학을 고려해야 한다고 말한다. 문제는 이러한 기준의 어떤 것도 보편적으로 받아들여지지 않으며, 기준은 사회적 태도와 새로운 지식의 변화와 함께 급격하게 변한다는 것이다. 따라서 이러한 접근은 바람직하지 않다. 예컨대, 1973년 전까지만 해도 미국정신의학회는 동성애를 일종의 정신병으로 간주하였으나, 이제는 동성애를 정신병의 징후로 간주하지 않는다. 분명한 것은 행동은 변하지 않았다는 것이다.

이러한 몇몇 접근의 문제점을 고려할 때, 가장 합리적인 정의는 행동의 심리적 결과를 고려하는 것이다. 이 접근에서 성 행동이 고통, 불안, 혹은 죄책감(심지어는 다른 사람에게 해를 입히는 경우)을 일으킨다면 비정상적인 것으로 고려될 수 있다. 이러한 관점에 따르면 성 행동은 개인의 안녕과 타인에게 부적인 영향을 미칠 때 비정상적인 것으로 간주될 수 있다.

성 행동과 관련하여 무엇이 정상적이며 무엇이 비정상적인지를 결정하고자 하는 것은 매우 가치 있는 일이며, 적절한 성 행동에 대한 정의는 한 세대에서 다음 세대를 거치면서 극적인 변화를 겪는다는 점을 인식해야 한다. 사람들은 자신들의 성생활에서 무엇이 적절한지에 대해 개인적인 가치판단을 할 수 있지만, 일반적으로 성 행동에 대한 보편적인 옳고 그름은 거의 존재하지 않는다.

킨제이 보고서 다양한 형태의 성 행동은 생물학자인 킨제이(Albert Kinsey)가 18년에 걸쳐 수행한 미국인의 성 행동에 관한 일련의 조사 연구가 시작된 1930년대 말까지 무지의 신비에 싸여 있었다. 이 조사 결과는 『남성의 성적행동(Sexual Behavior in the Human Male)』(Kinsey et al., 1948)과 『여성의 성적행동(Sexual Behavior in the Human Female)』(Kinsey et al., 1953)이라는 두 권의 보고서로 발표되었다.

킨제이 전에는 인간의 성 행동에 대해 체계적으로 연구한 적이 없었다. 그나마 존재하는 지식이라고는 비체계적인 사례 조사에 기초한 것이었고, 대규모의 조사는 시도되지 않았다. 반면에 킨제이는 10만 개의 사례를 수집하려는 목표를 세웠다. 비록 그가 인구 1,000명당 10명을 인터뷰하려 했던 당초의 목표는 달성하지 못했으나, 킨제이의 인터뷰 기법은 여전히 당혹스러운 상황은 피하면서 민감한 정보를 수집하는 그의 능력 때문에 모범이 된다. 그러나 그의 대상자 표집기법은 비판을 받는다. 킨제이의 인터뷰는 주로 미국의 인디애나와 북동 지역의 대학생, 젊은이, 교육 수준이 높은 사람, 도시 거주자를 대상으로 이루어졌고, 노동자와 교육 수준이 낮은 사람, 가톨릭 신자 및 유태인, 소수 민족 및 시골 지역에 사는 사람들의 수는 매우 적었다.

더 나아가 모든 조사는 자원자를 대상으로 이루어졌기 때문에 자료의 대표성에 문제가 있으며, 조사에 참여하지 않은 사람들에 대한 정보는 분명하지 않다. 더구나 조사는 성 행동을 직접 관찰한 것이 아니기 때문에 응

답자들이 얼마나 그들의 실제 성 행동을 정확하게 기술하였는지를 평가할 수 없다. 사람들은 성 행동과 같은 매우 사적이면서 부끄러움과 당혹감을 느끼게 하는 정보를 개방하지 않았을 수도 있다.

(2) 수음

만약 50년 전에 의사를 찾아갔다면 수음(masturbation, 성적 자기 자극)은 흔히 손을 이용하여 성기를 문지르는 것으로, 손바닥에 체모가 생기는 것에서부터 정신착란에 이르는 다양한 신체 및 정신 장애를 일으킬 수 있다는 말을 들었을 것이다. 그러나 그 말이 옳았다면 가장 흔히 시행되는 성 행동 가운데 하나인 수음을 하는 대부분의 사람은 손바닥에 생긴 체모를 가리기 위해 장갑을 착용하였을 것이다. 전체 남성의 94%와 전체 여성의 63%는 최소한 한 번 이상은 수음 경험이 있으며, 대학생은 수음의 빈도에서 '하루에 여러 번' 부터 '전혀 하지 않는다' 까지 광범한 범위를 보여 주었다.

남성과 여성은 전형적으로 서로 다른 연령에서 첫 수음을 시작한다. 더 나아가 연령에 따른 빈도 차이는 있을지라도 남성이 여성보다 더 자주 수음을 한다. 예컨대, 남성의 수음은 10대 초기에 가장 많이 나타나고 그 이후에 감소하는 반면, 여성은 비교적 후기에 시작하여 동시에 최대 빈도를 보인다.

수음은 다른 성적 출구가 용이하지 않을 때만 행해지는 행동으로 보기도 하지만 이러한 견해는 거의 현실성이 없다. 기혼 남성(20~40세)의 거의 2/3는 평균적으로 1년에 24회 정도의 수음을 하며, 같은 연령 집단의 기혼 여성의 68%는 평균적으로 1년에 10회 정도의 수음을 하는 것으로 보고되었다.

높은 수음 발생률에도 불구하고 수음에 대한 태도는 여전히 부정적인 견해가 많다. 예컨대, 한 조사에서는 수음을 경험하는 사람의 약 10%가 죄책감을 느끼고 있으며, 남성의 5%와 여성의 1%는 그 행동을 성적 도착으로 여긴다고 보고하였다. 그러나 이러한 부정적인 태도에도 불구하고 대부분의 성 행동 전문가는 수음을 건전하고 해롭지 않은 극히 정상적인 성 행동일 뿐 아니라 자신의 성적 상태에 대해 알 수 있는 수단으로 본다.

(3) 이성애

사람들은 흔히 첫 성교 경험을 인생의 주요 사건으로 생각한다. 그러나 이성애(남성과 여성 사이의 성 행동)는 남성과 여성 사이의 성교를 넘어 키스, 페팅, 애무, 마사지 및 기타 형태의 성적 유희까지 포괄한다. 여전히 성 연구자의 초점은 특히 첫 경험과 그 빈도에 따른 성교 행위에 맞추어져 있다.

혼전 성교 최근까지만 해도 최소한 여성에게 혼전 성교는 사회의 주요 금기 가운데 하나로 여겨졌다. 전통적으로 여성은 '착한 여자는 그 짓을 하지 않는다' 는 사회의 경고를 들어야 했다. 남성의 경우는 혼전 성교에 대해 관용적이지만 결혼을 전제로 하는 것이어야 한다는 말을 들어야 했다. 남성에게는 허용적이지만 여성에게는 허용되지 않는 것이라는 이러한 견해를 이중 잣대(double standard)라 부른다.

1960년대만 해도 여론의 극적인 변화에 기인하여 대부분의 미국 성인은 혼전 성교가 잘못된 것이라고 믿었다. 1960년대에 대부분의 사람은 결혼 전에 성교를 하는 것은 남성과 여성에게 나쁜 것이라고 생각하였다. 그러나 1990년대에 이르러 그러한 생각은 변하였다. 보다 많은 사람이 혼전 성교를 나쁜 것으로보다는 관용적인 것으로 생각하게 되었다.

(4) 동성애와 양성애

여성 이성애자가 남성의 엉덩이에 특히 에로틱한 느낌을 갖는 것에 대해 유전적이나 생물학적인 이유를 찾기 어려운 것과 마찬가지로, 인간은 반대 성의 특별한 특징에 대해 본래적으로 매력을 느끼도록 내재된 기제를 가지고 태어나지는 않는다. 동성애자는 성적으로 자신과 같은 성에 이끌리는 반면, 양성애자는 자신과 같은 성뿐 아니라 반대 성에게도 성적으로 이끌린다.

동성애 파트너를 선택하는 사람의 수는 매우 많다. 대략 전체 남성의 20~25%, 전체 여성의 15% 정도가 최소한 한 번 정도는 성인기 동안 동성애 경험이 있으며, 남녀 모두 5~10% 정도가 전 생애 동안 동성애자로 살아가는 것으로 추정된다.

무엇이 사람들의 성 지향성을 결정하는가? 비록 이와 관련하여 많은 이론이 제시되었을지라도, 그 어느 것도 만족스러운 설명을 제공해 주지는 않는다. 몇몇 접근은 성질상 생물학적인 것으로 동성애의 유전적 혹은 호르몬 영향을 시사한다. 예컨대, 남성 동성애자와 이성애자는 성 행동을 조절하는 뇌 영역인 내측 시상하부의 구조에 차이가 있다는 증거가 제시되었다. 그러나 생물학적 원인이 동성애를 일으킨다고 시사하는 연구는 대부분이 소수의 개인만을 대상으로 얻어진 결과에 의존하기 때문에 결정적인 증거로 볼 수 없다. 그러나 유전적 혹은 생물학적 요인이 개인으로 하여금 어떤 환경 조건이 충족될 때 동성애 경향성을 일으킬 가능성은 여전히 있다.

동성애와 관련된 다른 이론은 동성애자의 아동기와 가족 배경에 초점을 맞추었다. 예컨대, 프로이트는 동성애가 발달기 동안 반대 성의 부모에게 부적절한 동일시를 한 결과로 발생된다고 믿었다. 다른 정신분석학자들도 부모-아동 관계성의 성질이 동성애를 이끌 수 있으며, 남성 동성애자는 흔히 과잉보호적이며 지배적인 어머니와 수동적이며 무관심한 아버지를 가지고 있다는 점을 제시하였다. 이들 이론의 문제점은 그러한 가족 역동의 영향을 받지 않은 동성애자가 많이 있다는 것으로, 아동 양육이나 가족 구조의 성질에 의존한다는 설명은 지지되지 않는다.

동성애에 대한 또 다른 설명은 학습이론이다. 이에 따르면 성 지향은 우리가 테니스보다는 수영을 더 선호하는 것을 학습하는 식으로 보상과 처벌을 통해 학습된다. 예컨대, 불쾌한 이성애 경험을 가진 청소년은 반대 성과의 불쾌한 연합을 학습할 수 있다. 만약 같은 개인이 보상적이고 유쾌한 동성애 경험을 가진다면 동성애는 그의 성적 공상에 통합될 수 있다. 만약 그러한 공상이 후에 성적 행동(예, 수음)에 사용된다면 오르가슴을 통해 정적으로 강화될 것이고, 동성애와 성적 쾌감이 연합되어 결국 동성애가 선호되는 성 행동 형태가 될 것이다.

학습이론에 따른 설명이 그럴듯하게 보이지만 몇 가지 문제점도 있다. 사회는 동성애에 대해 낮은 가치를 부여하기 때문에 동성애 행동에 수반되는 처벌은 그에 대한 보상을 훨씬 앞서는 것으로 예측할 수 있다. 게다가 동성애 부모에게서 자란 아동은 통계적으로 볼 때 동성애자가 될 가능성이 적으며, 따라서 동성애 행동이 타인으로부터 학습될 수 있다는 개념은 문제의 소지가 있다(Green, 1978).

이와 같이 일관된 설명을 발견하기 어렵다는 점에서 대부분의 연구자는 동성애자 경향성을 일으키는 어떤 하나의 요인을 받아들이지 않으며, 생물학적 및 환경적 요인이 함께 작용할 수 있다고 생각한다. 사람들이 특별한 성 지향을 발달시키는 이유는 현재까지 정확하게 알려져 있지 않다. 하지만 심리적 적응과 성적 선호도 간에는 관계성이 없다는 사실은 분명하다. 양성애자와 동성애자는 이성애자만큼 정신적으로나 육체적으로 건강하다.

제8장

발달

1. 발달의 개념
2. 발달 연구방법
3. 태내기
4. 출생 후 발달

HUMAN LIFE AND PSYCHOLOGY

1. 발달의 개념

우리는 발달(development)이라 하면 흔히 이전보다 더 나아지는 현상을 머릿속에 떠올리게 된다. 예를 들면, 기술의 발달은 이전 기술보다 현재의 기술이 더 세련되고 우수하다는 개념으로 생각하게 된다는 것이다. 따라서 인간의 발달 역시 임신하는 순간부터 성인으로 성장하기까지의 신체, 인지, 사회 등 미숙에서 성숙으로의 변화에 초점을 두었다. 그러나 이러한 개념으로 사람을 이해하다 보니 성인에서 노년으로 변화하는 부분은 발달의 개념에 부합되지 않게 되었다. 독일의 심리학자 발테스(Paul Baltes)는 노인 역시 발달하는 개인이라는 점을 강조하며 전 생애 발달의 중요성을 제안하였다. 이러한 노력에 힘입어 발달의 개념은 임신에서부터 사망에 이르기까지의 일련의 체계적인 변화로 정의되고 있다. 결국 '인간의 발달은 무엇인가' 는 증가하는 개념과 더불어 자연스레 감소하는 개념이 공존하는 개념으로 인식되어 가고 있다.

2. 발달 연구방법

1) 종단적 연구법

발달적 변화를 연구하기 위해 연구자들이 가장 많이 사용하는 방법 중 하나는 바로 종단적 연구법이다. 종단적 연구법(longitudinal method)은 동일한 연구 대상자를 서로 다른 시기에 걸쳐서 반복적으로 연구하는 방법이다. 예를 들어, 케이건(Kagan, 1998)의 연구처럼 나이가 들면서 아동의 기질이 변화하는지를 연구하고자 한다면, 일정 수의 2세 아동을 모집한 다음 [그림 8-1]과 같이 이들 아동이 2세, 7세, 그리고 12세가 되었을 때의 기질을 각각 측정하면 된다. 이러한 종단적 연구법은 시간의 경과, 즉 연령 변화에 따른 대상자들의 발달 패턴 또는 변화를 연구할 수 있다는 장점을 가지고 있다. 그러나 앞선 예처럼 연령 변화의 효과를 연구하기 위해서는 2세 아동이 12세가 될 때까지 무려 10년을 기다려야 하며, 중도에 탈락하는 연구 대상자가 발생할 수 있다는 단점도 가지고 있다.

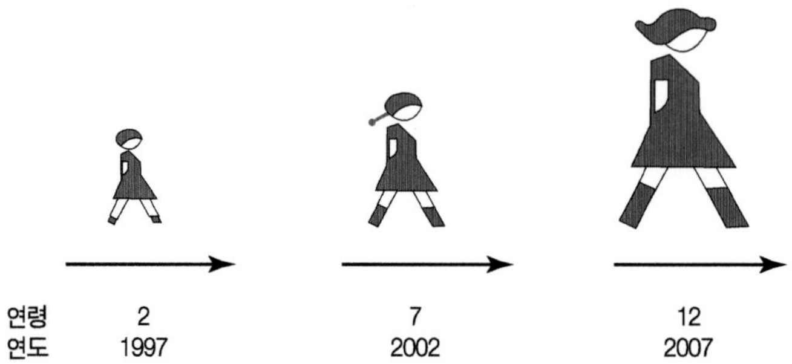

[그림 8-1] 종단 연구법(서창원, 민윤기, 2007)

2) 횡단적 연구법

종단적 연구법의 단점을 보완하기 위한 방법으로 동일한 시점에서 각기 다른 연령의 대상자를 연구하는 것이 바로 **횡단적 연구법**(cross-sectional method)이다([그림 8-2] 참조). 종단적 연구법의 예에서 2세 아동이 12세가 될 때까지 10년의 연구 기간이 필요하다면, 횡단적 연구법에서는 측정 시점에서 2세, 7세, 12세인 아동을 모집하여 그들의 기질을 측정하면 되므로 연구 기간이 현격하게 감소된다. 또한 더 다양한 연령 집단을 연구 대상으로 선정하게 되면 연령에 따른 기질 차이를 보다 풍부하게 연구할 수 있다는 장점을 가지고 있다. 그러나 이러한 연구법을 통해 얻은 연구 결

[그림 8-2] 황단 연구법(서창원, 민윤기, 2007)

과에는 연령효과와 더불어 **출생동시집단 효과**(cohort effect)가 포함되어 있어 순수한 연령효과를 찾아내기가 어렵다. 여기서 출생동시집단 효과란 출생 시기가 동일한 사람들이 공유하는 특성 때문에 출생 시기가 다른 사람 간에 발생하는 차이를 의미한다(장휘숙, 2007).

3) 샤이의 계열 연구법

샤이(K. W. Shaie)는 1965년에 발달 연구에 있어 종단적 연구법과 횡단적 연구법의 단점을 최소화하기 위해서 **계열 연구법**(sequential method)을 개발하였다. 이 연구법은 연구 기간이 비교적 짧은 횡단적 연구의 장점을 살리되, 동일한 대상자의 지속적인 변화를 살펴볼 수 있다는 종단적 연구의 장점을 결합하였기 때문에 **단기 종단적 연구법**(short-term logitudinal method)이라 불리기도 한다. 앞의 예를 계열 연구법을 적용하여 살펴보면, 현재 2세, 7세, 12세인 아동을 대상으로 기질을 측정한 다음 5년 후에 이들 아동을 대상으로 다시 기질을 측정하게 된다. 이때 아동의 연령이 각각 7세, 12세, 17세가 되기 때문에 현재 7세인 아동과 5년 후 7세인 아동, 또는 현재 12세인 아동과 5년 후 12세인 아동의 기질 점수를 비교할

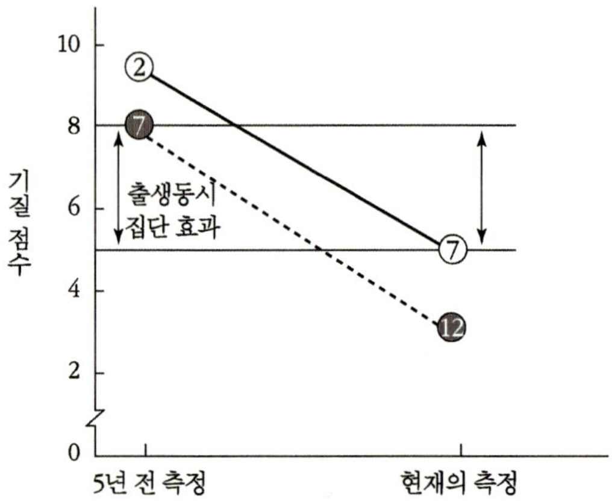

[그림 8-3] 계열 연구법의 출생동시집단 효과(장휘숙, 2007)

수 있다. 이 과정을 통해 앞서 설명한 출생동시집단 효과를 추출하여 연령의 정확한 효과를 산출할 수 있게 된다.

3. 태내기

1) 태내 발달의 3단계

(1) 배종기

배종기(germinal period)는 인간으로 발달하는 초기 단계로 임신 후 약 2주 정도의 기간을 의미한다. 이 기간에는 수정된 난자가 빠르게 세포 분열을 하며 자궁 내벽에 착상이 이루어진다. 때로는 수정된 난자가 자궁벽이 아닌 다른 부위(예, 나팔관)에 착상되기도 한다(자궁 외 임신).

(2) 배아기

배아기(embryonic period)는 수정된 난자가 자궁벽에 착상한 후 약 6주(수정 후 약 8주) 정도의 기간을 의미한다. 이 기간 동안 태반(placenta)으로 모체와 연결된 후 태반을 통해 태아 발달에 필요한 영양분이 유입되고 노폐물이 배출되게 된다. 또한 세포들은 점차 신체 기관으로 분화되기 시작하여, 수정 후 4주 말경에는 인간의 모습에 가까워지게 된다.

(3) 태아기

태내기의 세 번째 단계인 태아기(fetal period)는 수정 후 8주에서 출산까지의 시기를 의미한다. 이 기간 동안에는 폐와 같은 중요한 기관이 발달하며 생식 기관의 분화가 일어나게 된다. 이와 더불어 소리에 대한 반응으로 발을 뻗는 등 태동이 일어나게 된다. 태아기 동안에는 양수검사(amniocentesis)를 통해 많은 유전적 문제를 검사할 수 있다. 이를 통해 확인할 수 있는 유전적 문제 중 하나는 다운증후군(down syndrome)으로, 21번째 염색체 이상에 의해 비정상적인 신체 특성(예, 눈꼬리의 주름살, 넓은 혀 등)과 뇌 발달을 초래하여 정신지체가 나타난다.

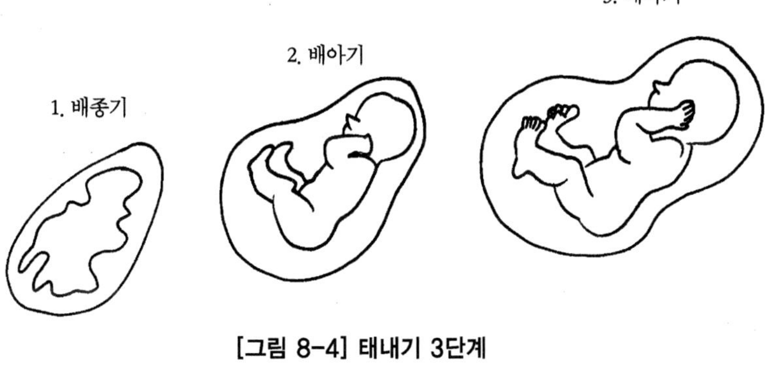

[그림 8-4] 태내기 3단계

2) 약물과 태내 발달

태내기 동안의 태아는 쿠션 역할을 하는 양수와 더불어 산소와 영양분만을 통과시키는 태반의 여과 작용에 의해서 보호를 받는다. 그러나 HIV 바이러스나 니코틴, 카페인과 같은 약물은 태반을 통과하여 태아의 발달에 영향을 미치게 된다. 이러한 위험 요인을 **기형 발생인자**(teratogen)라고 부른다.

(1) 알코올

알코올은 태아의 신체적인 기형과 정신지체를 일으키는 매우 심각한 약물이다. 태내기 동안에 알코올이 태반을 통과하여 태아에게 전달되게 되면 **태아알코올증후군**(fetal alcohol syndrome: FAS)을 초래할 수 있다. 이 증상을 가진 태아의 경우 머리가 작고 미간 사이가 넓으며 코가 낮은 형태의 신체적 특징과 정신지체 및 과잉행동과 같은 심리적 결함을 보인다. 한편 알코올을 섭취한 임산부에게서 태어난 영아는 **태아알코올노출**(prenatal exposure to alcohol: PEA)이라 불리는 문제가 발생할 수도 있다. 이 문제는 태아알코올증후군의 기준에는 미치지 못하지만 발생 빈도는 태아알코올증후군보다 세 배 정도 높다. 이 문제를 가진 영아는 인지 과제, 학업 능력, 정교한 운동 및 조정의 결함과 같은 행동장애를 보인다.

(2) 흡연

임산부의 흡연은 태아의 유산 및 사산의 가능성을 증가시키며, 태아가 태어나더라도 만성적인 산소 부족으로 인해 언어장애 및 인지 발달지체 현상을 보이게 된다. 특히 흡연은 태아의 체중이 증가하는 시점에 영향을 주므로 태아 저체중의 원인이 된다([그림 8-5] 참조). 또한 임산부가 비흡연자라 하더라도 태아의 아버지가 흡연을 하는 경우 저체중 아이가 태어

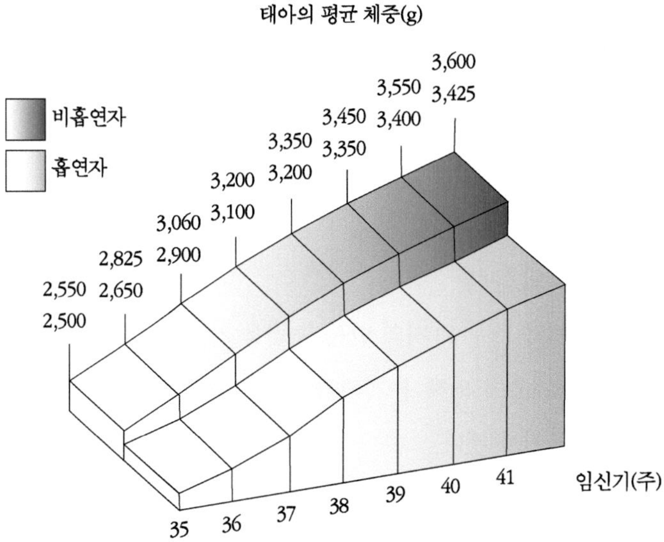

[그림 8-5] 임신부의 흡연량과 태아의 평균 체중(서창원, 민윤기, 2007)

날 수 있다는 연구 결과가 제시되면서 간접 흡연 역시 태아에게 유해함을 시사하고 있다(Friedman & Polifka, 1996).

4. 출생 後 발달

1) 신체 발달

(1) 발달 원리

신체가 발달하는 데에는 두 가지 규칙이 존재한다. 그중 하나는 중심-말초(proximo-distal) 원리다. 이는 영아의 신체 중심부에 가까운 부분이 먼 부분보다 먼저 발달한다는 원리다. 예를 들면, 몸통의 움직임은 팔이나 다리를 포함한 부분의 움직임보다 먼저 이루어진다. 다른 하나는 두미

(cephalocaudal) 원리다. 이는 머리와 가까운 부분이 발과 가까운 부분보다 먼저 발달한다는 원리다. 출생 시 영아의 머리 크기는 전체 크기의 1/4에 해당되지만, 점차 몸과 다리의 성장으로 신장에서 머리가 차지하는 비율이 줄어들게 된다.

(2) 신생아의 능력

신생아는 약 스무 가지의 반사 능력을 가지고 태어난다. 이러한 능력은 뇌간(brainstem)에 의해 통제되기 때문에 영아의 신경체계가 정상인지를 판단하는 근거가 된다.

- 젖 찾기 반사(rooting reflex): 신생아의 뺨을 손가락으로 가볍게 만지면 그 방향으로 머리를 돌려 손가락을 빨려고 하는 반사 행동
- 빨기 반사(suking reflex): 끝부분이 둥근 물체(예, 손가락)를 신생아의 입에 가져다 대면 규칙적으로 그 물체를 빨기 시작하는 반사 행동
- 바빈스키 반사(babinski reflex): 생후 6개월 정도 지나면 사라지는 것으로, 신생아의 발바닥을 자극하면 발가락을 부챗살처럼 발등 쪽으로 펴는 반사 행동
- 모로 반사(Moro reflex): 생후 3~4개월 이후에 사라지는 것으로, 갑작스럽게 놀라거나 하면 팔과 다리를 벌려서 무엇인가를 껴안으려는 듯한 반사 행동
- 파악 반사(grasping reflex): 모로 반사와 마찬가지로 생후 3~4개월 이후에 사라지는 것으로, 신생아의 손바닥을 가볍게 자극하면 자극한 물체를 잡으려고 주먹을 쥐는 반사 행동

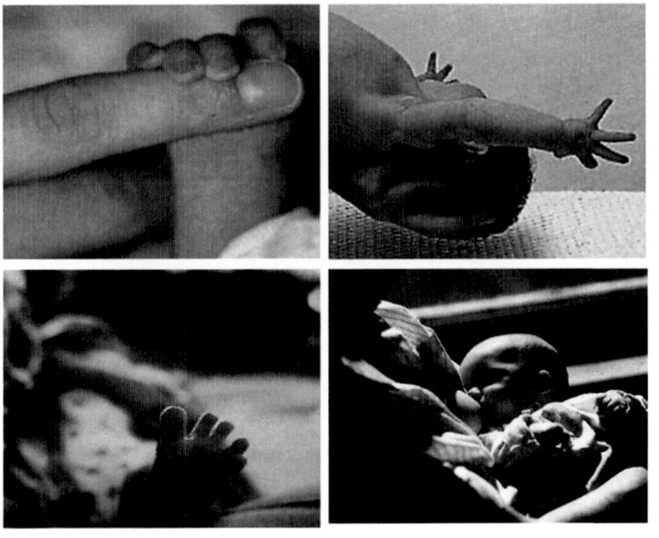

[그림 8-6] 신생아의 다양한 반사

2) 지각 능력 발달

(1) 시지각 능력

생후 3개월 된 영아는 엄마의 얼굴과 낯선 사람의 얼굴을 구분하기 시작하며, 4개월 정도 되면 움직이는 대상이 움직이는 동안 연속적으로 이동한다는 것을 지각하게 된다([그림 8-7] 참조). 또한 6개월이 되면 영아는 깊이를 지각하기 시작한다. 이는 시각 절벽으로 알려진 실험을 통해 검증되었다(Gibson & Walk, 1960). 시각 절벽(visual cliff)은 테이블 한쪽과 일정 공간으로 이어지는 영역이 투명 유리판으로 덮여 있고 유리판 밑의 테이블과 바닥으로 이어지는 표면에는 바둑판 무늬 패턴이 있어, 테이블의 끝 부분에 이르면 바둑판 무늬에 의해 아래 바닥으로 떨어지는 절벽과 같은 착시를 일으키도록 구성된 장치다([그림 8-8] 참조). 생후 6개월 된 영아는 절벽이 시작되는 시점에서 더 이상 나아가지 않고 주저하는데, 이는 영아가 깊이를 지각하고 있다는 증거다.

[그림 8-7] 4개월 된 유아의 중력에 대한 이해(서창원, 민윤기, 2007)

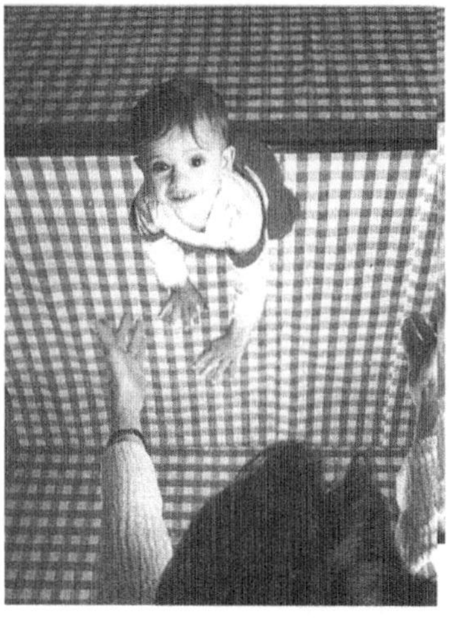

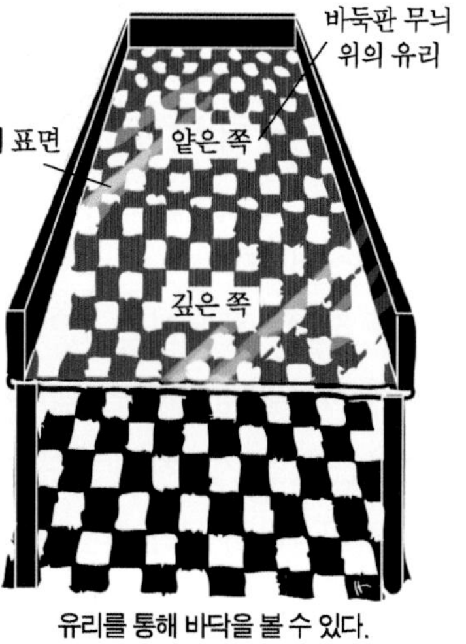

[그림 8-8] 시각 절벽 실험과 장치 설명(서창원, 민윤기, 2007)

(2) 청지각 능력

생후 1개월이 된 영아는 매우 예민한 청각 능력을 가지고 있어, '바' 와 '파' 와 같은 음의 작은 진동 차이를 구분하는 것은 물론 엄마의 목소리와 낯선 사람의 목소리를 구분하기 시작한다. 또한 6개월 정도가 되면 영아는 언어학습에 필요한 모든 음을 낼 수 있는 능력을 발달시킨다.

(3) 기타 지각 능력

신생아의 능력에서도 알 수 있듯이, 신생아는 촉각이 잘 발달되어 있으며 밀감 냄새와 꽃 냄새도 구분할 수 있다. 또한 영아가 6주 정도 되면 엄마와 낯선 사람의 냄새 차이를 구분하게 된다. 미각에서도 영아는 맛을 구분하여 단맛과 짠맛을 선호하며 쓴맛을 싫어한다.

3) 운동 발달

"우리 아이가 드디어 첫걸음을 뗐어요." 부모는 아이의 유전자 프로그램에 기인한 운동 성취를 자랑스럽고 대견하게 여긴다. 유아는 기고 걷는 것을 배워 나감에 따라 가족의 사회생활에서 수동적 관찰자에서 매우 능동적인 참여자로 변모하게 된다. 초기 발달심리학자에 의해 연구된 분야는 운동 기술의 발달이었다(Thelen, 1995).

운동 발달이란 모든 유아가 협응 운동을 해 나가는 데 필요한 근육 통제를 습득해 감에 따라 진행하게 되는 운동 기술의 습득 단계를 말한다. 각 아동은 독특한 유전자 프로그램을 가지기 때문에 운동 기술의 습득 시기가 각기 다를 수 있다. 앉기, 기어가기, 걷기와 같은 초기 운동 기술의 발달은 중심-말초 원리와 두미 원리라 불리는 두 가지 일반적인 규칙을 따른다.

- **중심-말초(proximo-distal) 원리**: 유아의 신체 중심부에 가까운 부분이 먼 부분보다 먼저 발달한다는 것을 말한다. 예를 들면, 몸통 운동은 팔이나 다리를 포함한 활동보다 먼저 완성된다. 이런 이유로 유아는 걷거나 팔을 뻗어 우유병을 잡기 전에 먼저 몸통을 굴릴 수 있다.

- 두미(cephalocaudal) 원리: 머리와 가까운 부분이 발과 가까운 부분보다 먼저 발달된다는 것을 말한다. 예를 들면, 유아는 앉기 위해 상체를 통제할 수 있기 전에 먼저 머리를 들어 올릴 수 있다. 또한 기어다니기 위해 다리를 통제할 수 있기 전에 먼저 앉을 수 있다.

초기 운동 기술을 발달시키기 위한 순서를 규제하는 두미와 중심-말초 원리는 성숙(maturation)으로 알려진 과정의 일부다. 성숙이란 학습이나 자기 경험을 통해서 습득되기보다는 유전적 혹은 생물학적으로 프로그램된 발달적 변화를 말한다. 혼자 앉기, 기어가기, 그리고 걷기와 같은 운동 기술을 발달시키는 데 있어 모든 유아는 대략 같은 시기에 같은 발달 단계를 겪는다. 그러나 유아에게 생의 초기에 걸음마 훈련을 시킨다면 그런 훈련을 시키지 않은 유아보다 더 빠르게 걷기 시작할 것이다. 따라서 초기 운동 발달은 성숙(유전자 프로그램)에 의해 크게 영향을 받을 뿐 아니라 경험/학습(양육)에 의해서 부분적으로 발달이 지체되거나 빨라질 수 있다.

부모는 자녀가 정상적인 발달 규준상에 있는지 알고 싶어 하기 때문에 흔히 처음으로 기거나 걷는 시기 등의 운동 발달상에서의 주요 이정표에 주목한다. 발달 규준(developmental norms)이란 유아가 다양한 종류의 기술을 수행하거나 능력 혹은 행동을 보여 주는 평균 연령을 말한다. 운동 발달에 대한 규준은 절대 연령보다는 평균 연령을 나타내기 때문에 부모는 자녀의 운동 진행이 규준과 일치하지 않더라도 그로 인해 스트레스를 받지 않아야 된다. 2세가 되면 유아는 난간을 잡고 일어설 수 있으며 난간에 기대어 계단을 내려갈 수 있다. 또한 손을 사용하여 컵을 잡고 장난감을 조작할 수 있다.

유아가 서로 다른 시기에 기술과 능력을 발달시키는 이유는 신경 연결이 유아마다 다른 속도로 발달되기 때문이다. 이는 유아가 뇌의 영역에서 신경 연결이 적절히 발달될 때까지는 걷고 말하고 독서하는 등의 복잡한 인지, 감각, 혹은 운동 과제를 수행할 수 없다는 것을 의미한다.

4) 애착 발달

(1) 애착의 개념

애착(attachment)은 유아와 부모 혹은 돌보는 사람 간에 발달하는 기본적인 정서적 유대감을 의미한다. 신생아는 보살핌과 동정을 일으키는 강력한 사회적 신호로 울음을 선택하며, 4~6주가 되면 사회적 미소를 보이기 시작한다. 또한 6개월 정도 되면 외출했다 돌아오는 부모에게 기쁨의 표시로 미소와 팔을 뻗어 안아 달라는 표현을 보이기 시작하는데, 이 모든 행동은 부모와 영아 간의 애착 형성에 기여한다.

부모와 더욱 밀착된 애착을 형성시킴에 따라 영아는 또한 부모가 눈앞에서 사라질 때 더 많은 스트레스를 느끼게 된다. 이를 분리불안이라고 한다. 분리불안(separation anxiety)이란 영아가 자신의 눈앞에서 부모가 일시적으로 사라질 때마다 큰 소리를 내어 울고 요동치는 식으로 스트레스를 느끼는 것을 말한다. 에인스워스(Ainsworth, 1979)에 따르면 분리불안은 영아가 부모에게 애착을 가진다는 분명한 신호다.

(2) 애착의 형성

애착에 대한 연구가 시작되면서 초기에는 애착이 어머니가 유아에게 젖을 먹여 주기 때문에 형성되는 것으로 여겨졌다. 그러나 할로와 짐머만(Harlow & Zimmerman, 1959)은 새끼 원숭이를 대상으로 한 그들의 연구에서 수유보다는 접촉이 더 중요한 애착 형성 요인이라는 사실을 밝혔다. 그들은 철사로 만든 어미 원숭이와 벨벳으로 만든 어미 원숭이에게 젖병을 매달아 놓고는 새끼 원숭이 우리에 넣고 새끼 원숭이의 행동을 관찰하였다. 그 결과 새끼 원숭이는 대부분의 시간을 벨벳 어미 원숭이와 보냈으며, 철사 어미 원숭이에 매달린 젖병의 우유를 먹을 때에도 신체의 대부분은 벨벳 어미 원숭이 쪽에 두고 최소한의 부분(입과 한쪽 팔)만 철사 어미 원숭이에게 가져갔다.

[그림 8-9] 애착 실험(Harlow & Zimmerman, 1959)

(3) 애착의 종류

에인스워스(1979)는 유아의 애착의 종류와 질을 밝히기 위해 유아의 반응을 연구하였다. 그녀에 따르면 애착에는 네 가지 종류가 있는데, 여기에서는 안전 애착과 불안전 애착만을 설명하기로 한다.

1 안전 애착(secure attachment)

유아가 돌아다니고 탐색하는 환경이 될 수 있는 안전한 가정으로 부모를 사용하는 유아의 특성이다. 예를 들면, 유아가 많은 흥미로운 장난감이 놓여 있는 친숙하지 않은 방에 놓이게 될 때, 안전 애착을 형성한 유아는 그들의 부모가 자신의 주변에 존재할 때만 자유롭게 탐색하는 경향이 있다. 대부분의 유아는 부모가 자신만 남겨 두고 방을 떠나면 울기 시작한다. 그러나 부모가 방으로 돌아오면 부모를 반기면서 쉽게 진정된다. 이와는 대조적으로 어떤 유아는 불안전 애착을 보인다.

2 불안전 애착(insecure attachment)

부모나 돌보는 사람을 피하거나 그들에게 양가감정이나 저항을 보이는 유아의 특성을 말한다. 예를 들면, 불안전 애착을 형성한 유아는 부모에게 매달리고 한순간도 떨어져 있지 않으려고 하다가도 어느 순간에는 부모를 밀치는데, 이는 부모나 돌보는 사람에 대한 자신의 신뢰가 부족하다는 것을 분명하게 보여 주는 신호다.

연구자들은 유아의 신뢰감이나 애착은 유아가 탁아소에 맡겨지는지의 여부와 그 기간에 영향을 받지 않는다는 것을 발견하였다. 대신에 유아의 애착에 가장 큰 영향을 미치는 것은 유아의 욕구에 대한 엄마의 민감성, 보살핌, 그리고 반응이다. 이러한 애착은 이후의 행동 및 대인관계에 영향을 미칠 수 있다.

5) 인지 발달

발달심리학의 역사에서 인지 발달에 관한 연구에 크나큰 영향을 끼친 사람은 생물학자이며 심리학자였던 장 피아제(Jean Piaget)다. 1920년대부터 1980년에 사망할 때까지 피아제(1929)는 자연 상황에서 아동이 어떻게 문제를 해결하는지를 연구하였다. 피아제는 가장 영향력 있는 인지 발달 이론을 제안하였다. 피아제에 따르면 유아는 단지 수동적 관찰자가 아니라 그들이 보고 발견한 것에 의미를 부여하는 일에 능동적으로 개입하는 존재다. 능동적으로 개입한다는 것은 유아가 세계에 대해 자신의 추측이나 가설을 형성한다는 것을 의미한다.

만약 블록을 가지고 노는 2세 유아를 상상한다면 피아제의 능동적 개입(active involvement)이라는 아이디어를 쉽게 이해할 수 있을 것이다. 피아제는 유아가 블록을 먹거나 쌓는 등의 행위는 동화와 조절이라는 두 가지 과정을 통해 이해되어 간다고 믿었다.

- 동화(assimilation): 만약 6개월 된 영아에게 블록을 주면 먼저 대상들이 먹는 것이라고 믿기 때문에 입으로 그것들을 가져가려고 할 것이다. 입으로 사물을 가져가는 행동은 동화의 예다. 동화는 아동이 새로운 상황을 다루기 위해 오래된 방법이나 경험을 사용하는 과정이다. 6개월 된 영아가 새로운 대상을 자신의 입으로 가져가는 것은 대상에 대해 그가 가지고 있는 지식은 먹거나 빨기 위한 것이기 때문이다. 따라서 그 영아는 새로운 대상에 대해 그것이 먹기에는 너무 딱딱한 것이지만 빨기에는 적절한 것이라고 동화할 것이다. 연령과 지식에 따라 아이는 여러 방식으로 블록에 동화할 것이다. 영아는 블록을 빨기 위한 것으로, 걸음마 단계에 있는 유아는 블록을 쌓거나 던지는 것으로, 청소년은 블록을 게임하는 것으로, 그리고 성인은 블록을 아이에게 선물하는 것으로 동화할 것이다. 새로운 정보에 대한 동화는 피아제가 제시한 두 번째 과정인 조절을 이끈다.
- 조절(assimilation): 만약 2세 된 유아에게 블록을 준다면 그것을 먹으려 하지 않고 쌓으려고 할 것이다. 쌓는 행동은 조절의 예다. 조절은 유아가 새로운 상황을 다루거나 그에 적응하기 위해 오래된 방법을 변화시키는 과정이다. 예를 들면, 유아는 나무 대상에 대한 경험을 함으로써 어떤 대상은 음식물처럼 보이지만 음식이 아니라는 것을 학습한다. 새로운 정보 때문에 기존의 지식을 변화시키는 조절이라는 과정은 정신적 성장이 일어나는 한 가지 방법이다.

환경에 대한 영아나 유아의 능동적 개입은 다른 종류의 인지 성장과 발달을 초래하는 동화와 조절에 대한 보다 많은 기회를 제공한다. 피아제에 따르면 유아는 능동적 개입과 동화 및 조절 과정을 통해 추리, 사고, 그리고 이해의 범위를 확장시킨다. 이런 두 가지 과정을 사용하여 유아는 일련의 추리 혹은 인지 단계를 진행해 간다.

피아제는 유아에서 성인기로 진행되는 인지 발달의 변화를 네 개의 단계로 구분하였다. 피아제는 모든 사람이 동일하게 4단계를 거치지만 그 진행 속도는 사람마다 다를 수 있다고 보았다.

(1) 감각운동기

감각운동기(sensorymotor stage)는 피아제의 인지발달 단계 중 첫 번째 단계다. 이 단계 동안에 유아는 감각 경험을 운동 행위와 관련시켜 환경과 상호작용하고 환경을 학습한다. 예를 들면, 유아는 장난감 강아지를 보고 손을 뻗어서 그것을 쥐어 입으로 가져가는 행동을 보인다. 그러나 감각운동기 초기에 유아는 숨겨진 대상이 여전히 존재한다는 것을 기억하지 못한다. 그 이유는 유아가 자신의 시야에서 사라진 것은 더 이상 존재하지 않는다고 믿기 때문이다. 즉, 유아가 대상영속성을 획득하지 못했기 때문이다. **대상영속성**(object permanence)이란 대상이나 사상이 더 이상

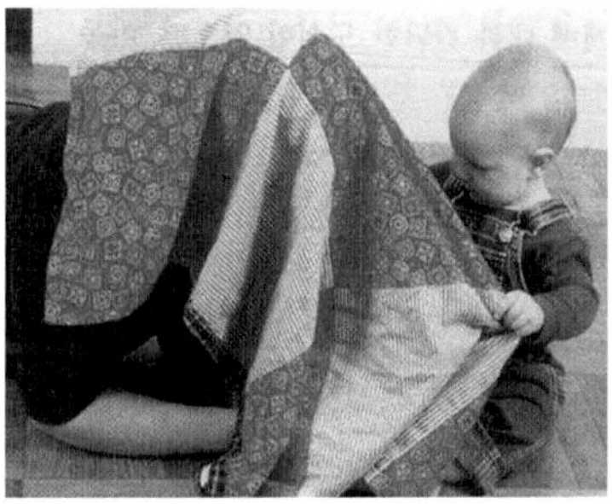

[그림 8-10] 대상영속성 실험(서창원, 민윤기, 2007)

들리거나 만져지거나 보이지 않더라도 계속 존재한다는 사실을 이해하는 것을 말한다([그림 8-10] 참조).

(2) 전조작기

전조작기(preoperational stage)는 피아제의 인지발달 단계 중 두 번째 단계다. 이 단계 동안 아동은 단어나 정신적 이미지와 같은 상징을 사용하여 간단한 문제를 해결하고, 존재하지 않는 사물에 대해서 생각하거나 말할 수 있다. 그러나 이 시기의 아동은 두 가지의 인지적 한계점을 가지고 있다. 그중 하나는 보존 개념이다. 보존(conservation)이란 어떤 대상의 모양이 변할지라도 전체의 양은 동일하게 유지된다는 사실을 의미한다. 전조작기의 아동은 구체적 조작기로 들어가기 전까지 보존 문제를 해결할 수 없다([그림 8-11] 참조). 다른 하나는 자기중심적 사고다. 자기중심적 사고(egocentric thinking)란 오직 자신의 관점에서 세계를 보거나 사고하는 것을 말한다. 따라서 다른 사람의 관점에서 세상을 이해하는 것이 어렵다. 피아제의 '세 개의 산(three-mountain)' 실험은 이를 잘 설명해 주

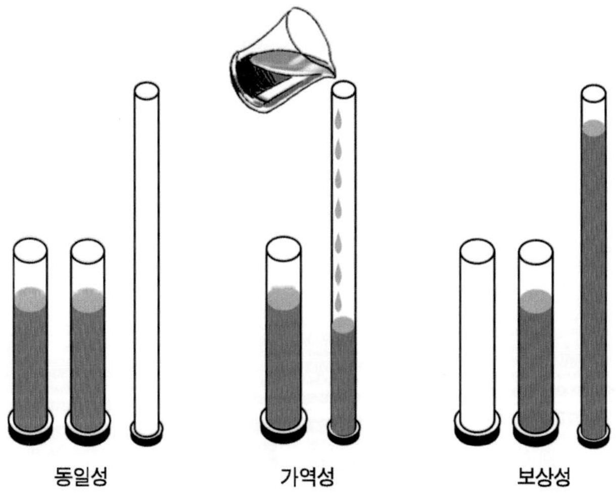

[그림 8-11] 보존 개념

고 있다. 이 실험은 아동이 인형의 위치에서 보이는 산의 모습을 선택하도록 하는 과제다. 이때 전조작기의 아동은 인형의 관점에서 보이는 산이 아닌 자신의 관점에서 보이는 산의 모습을 선택하기 때문에 올바르게 답을 하지 못한다.

(3) 구체적 조작기

구체적 조작기(concrete stage)는 피아제의 인지발달 단계 중 세 번째 단계다. 이 단계 동안 아동은 물리적으로 존재하는 대상에 대해 논리적인 정신적 조작을 수행할 수 있다. 앞선 전조작기에 획득하지 못했던 보존 개념을 획득하게 되고, 색과 크기 같은 두 개 이상의 분류 기준에 따라 사물을 분류할 수 있는 능력을 획득하게 된다. 그러나 이 시기의 아동은 여전히 물리적으로 존재하지 않는 대상이나 상상적인 상황 간의 관계성을 이해하는 데 어려움이 있다.

(4) 형식적 조작기

형식적 조작기(formal stage)는 피아제의 인지발달 단계 중 네 번째 단계다. 이 단계 동안 청소년과 성인은 논리적인 방법으로 추상적인 문제에 대해 생각하고 해결할 수 있는 능력을 발달시킨다. 예를 들면, 이 시기의 청소년은 컴퓨터를 해킹하는 것이 왜 범죄 행위인지, 얼마나 엄격하면 '엄격한 부모'라고 할 수 있는지와 같은 추상적인 아이디어에 대해 논할 수 있다.

6) 성격 발달

(1) 프로이트의 심리성적 발달 단계

프로이트(Sigmund Frued)는 성격의 발달을 다섯 단계의 심리성적 발달 단계로 가정하였다. 이 심리성적 발달 단계는 성감과 관련된 신체의 다른 영역으로부터 쾌감을 찾는 다섯 단계의 상이한 발달 단계로 구성된다.

1 구강기(oral stage)

구강기는 생후 18개월간 지속되며, 유아의 쾌락 추구는 구강에 집중된다. 이 시기의 쾌락 추구 활동은 빨기, 씹기, 깨물기 등을 포함한다. 이 시기에 유아의 구강 욕구가 너무 많이 충족되거나 너무 적게 충족되면 이 단계에 고착되고, 성인이 되어서도 구강 만족을 계속해서 추구하게 된다(예, 흡연).

2 항문기(anal stage)

항문기는 생후 1년 반에서 3년까지 지속되며, 유아의 쾌락 추구는 항문에 집중된다. 이 시기에 과도한 배변 훈련으로 고착이 이루어지면 이후에 유아는 지나치게 정돈하고 인색하며 행동적으로 엄격한 형태를 추구하게 된다. 반면 너무 느슨한 배변 훈련으로 고착이 이루어지면 유아는 관대하거나 지저분한 행동의 형태를 추구하게 된다.

3 성기기(phallic stage)

성기기는 3세에서 6세까지 지속되며, 유아의 쾌락 추구는 성기에 집중된다. 이 시기의 유아는 반대 성의 부모에 대한 애정과 쾌락을 확보하기 위해 동성의 부모와 경쟁을 하게 된다(오이디푸스 콤플렉스, 엘렉트라 콤플렉스). 이러한 경쟁을 해결하는 과정에서 여성은 열등감, 남성은 우월감을 얻게 된다.

4 잠재기(latency stage)

잠재기는 약 6세에서 사춘기까지 지속되며, 아동은 성적인 공상을 억압하고 비성적인 활동, 즉 사회성 발달 또는 지적 기술의 발달에 해당되는 활동을 하게 된다. 성적 추구는 사춘기에 다시 발발하게 되는데, 이는 새로운 심리성적 단계의 시작을 의미한다.

⑤ 생식기(genital stage)

생식기는 사춘기에서 성인기까지 지속되며, 반대 성과의 관계성을 통해 충족시키고자 하는 새로운 성적 욕망을 가지는 시기다. 처음 세 단계에서 발생하는 갈등을 성공적으로 해결한다면 이 시기의 사람들은 건강한 애정관계와 성숙된 성격을 발달시킬 에너지를 갖게 된다.

(2) 에릭슨의 심리사회적 발달 단계

심리성적 문제에 초점을 둔 프로이트와는 달리, 에릭슨(E. H. Erickson)은 심리사회적 문제를 강조하면서 여덟 단계의 심리사회적 성격발달 단계를 주장하였다. 만약 우리가 각 심리사회적 발달 단계의 잠정적 문제를 성공적으로 처리한다면 그다음 단계에 직면하게 되는 문제를 더 잘 해결할 수 있고, 정적인 성격 특질을 발달시킬 수 있다. 그러나 이러한 문제를 성공적으로 처리하지 못하면 불안, 염려, 곤란을 느끼게 되고, 사회적 혹은 성격 문제를 발달시키게 된다. 여기서는 초기 네 단계에 대해 설명한다.

① 1단계: 신뢰감 발달

생후 1년 동안 영아는 부모 또는 양육자와의 관계를 통해서 기본적인 신뢰(basic trust)를 형성하게 된다. 이를 위해서 부모는 영아의 욕구에 반응적이고 민감하게 반응해야 한다. 그러나 부모가 영아의 욕구를 무시하고 적절하게 반응하지 못하면 영아는 세상에 대한 불신감을 형성하게 된다.

② 2단계: 자율성 발달

생후 2~4세의 유아는 자신과 부모가 별개의 존재라는 사실을 인식하기 시작한다. 왜냐하면 유아가 걷고 말하고 탐색을 시작하기 때문이다. 만일 부모가 유아로 하여금 자율성을 획득하기 위한 여러 활동(예, 혼자 힘으로 옷 입기, 신발 신기 등)을 허용하고 격려해 주게 되면 유아는 자율성을 발달시키게 된다. 반면 부모가 유아를 과잉보호하거나 유아의 잠재적인 위험 행동을 처벌을 통해 제한하게 되면 유아는 독립적으로 하는 행동이 나쁜 것이라는 수치감과 회의감을 형성하게 된다.

③ 3단계: 선도성 발달

5~6세의 아동은 외부 환경에 대한 강한 관심과 호기심을 보이게 된다. 선도성은 아동의 이러한 강한 호기심에 바탕을 두고 있다. 가장 대표적인 호기심은 신체에 대한 호기심이다(주로 생식기). 이때 부모가 이를 제지하게 되면 아동은 죄책감을 형성한다. 이 과정의 문제를 제대로 해결하지 못하여 형성된 이런 죄책감으로 인해 이후 아동은 이상 행동에서 보이는 불합리한 공포, 불안장애를 갖게 될 가능성이 높아진다.

④ 4단계: 근면성 발달

근면성은 학령기 아동의 특성으로 열심히 과제를 수행하고 완성하는 일에 에너지를 사용하는 것을 의미한다. 이전 단계에서 발달시킨 선도성과 그에 따른 외부적 보상(예, 부모, 친구, 교사의 격려 및 물질적 보상)에 의해서 아동은 근면성을 발달시킨다. 그러나 실패를 경험하게 되면 아동은 열등감을 학습하게 된다. 물론 내적 동기 유발 수준이 높은 경우에는 실패의 원인을 찾고 다시 도전하게 되지만, 외적 동기 유발 수준이 높은 경우에는 이러한 열등감을 보다 오래토록 지속시키거나 평생 발달시킬 수도 있다.

표 8-1 에릭슨의 아동기 이후 심리사회적 발달 단계

단계	연령	정적 결과	부적 결과
5. 정체감 대 역할혼란	청소년기	자기의 독특성과 역할 인식	적절한 역할 정체감 혼돈
6. 친밀감 대 고립감	성인초기	사랑, 성적 관계성, 친밀한 관계성 발달	타인과의 관계에 대한 두려움
7. 생산성 대 자기침체	성인중기	인생의 연속성에 대한 기여감	자신의 활동이 사소하다는 느낌
8. 자아통합 대 절망	성인후기	인생의 성취감	인생의 기회 상실에 대한 후회감

7) 사회성 발달

(1) 사회인지 능력의 발달

사회인지 능력은 타인을 이해하는 능력으로, 타인의 생각이나 감정 등을 고려하는 것이다. 이러한 사회인지 능력을 발달시키기 위해서 획득되어야 할 것은 마음이론(theory of mind)이다. 이는 소망과 신념과 같은 마음 상태를 인간이 지니고 있고, 이 마음 상태에 따라서 개인의 행동이 이루어진다는 것을 이해하는 것이다(장휘숙, 2007). 베론-코헨 등은 거짓신념과제(false belief task)를 활용하여 마음의 이론에 대한 선구적인 연구를 진행하였다(Baron-Cohen, Leslie, & Frith, 1985). [그림 8-12]에서 보는 바와 같이 실험이 진행되었는데, 만일 아동이 마음이론을 획득했다면, 셀리가 공기돌을 상자에서 찾지 않고 바구니에서 찾을 것이라고 답할 것이다. 이는 셀리가 자리를 비운 사이에 엔이 공기돌을 바구니에서 상자로 옮겼다는 것을 아동은 보았지만, 셀리는 그 자리에 없었기 때문에 공기돌이 옮겨졌다는 것을 보지 못한 셀리의 입장을 이해하고 있다는 것을 의미한다.

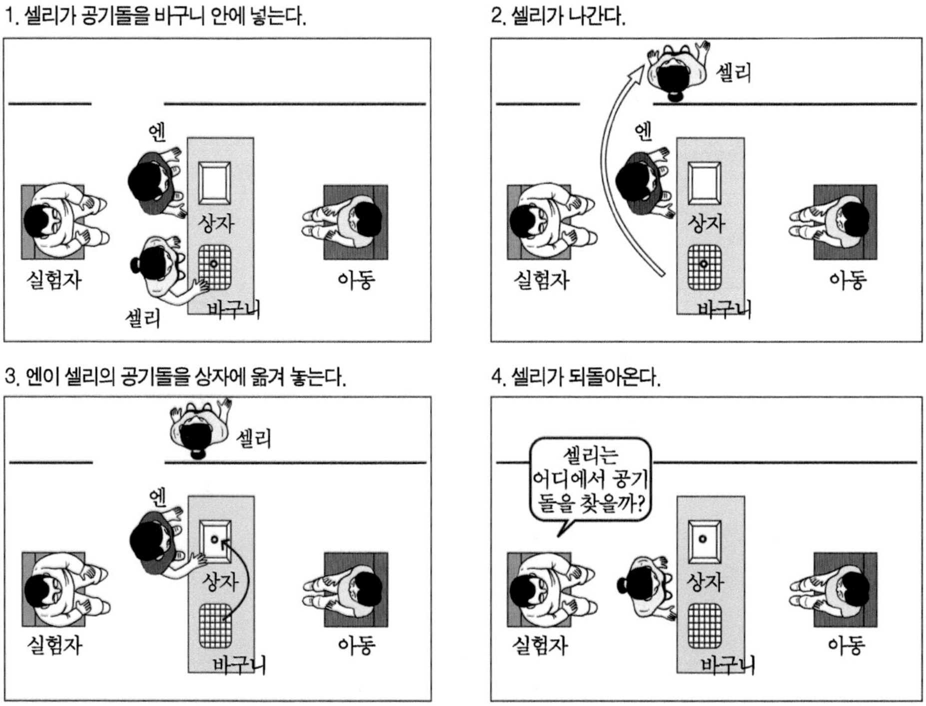

[그림 8-12] 셀리와 엔을 포함하는 거짓신념과제의 실험배치(Baron-Cohen, Leslie, & Frith, 1985)

(2) 콜버그의 도덕성 발달

콜버그(L. Kohlberg)는 인간의 행동에서 옳고 그름에 해당되는 도덕성이 어떻게 발달하는지에 대한 구체적인 이론을 제시하였다. 콜버그는 '하인츠의 딜레마 상황'을 사용하여 도덕성 발달 수준과 단계를 평가하였다. 이런 수준과 단계에 대한 설명은 〈표 8-2〉에 요약되어 있다. 그러나 많은 사람이 최상위의 도덕성 발달 수준에 도달하지 못하며, 콜버그의 도덕성 측정 절차가 도덕적 판단을 측정한 것일 뿐 도덕적 행동을 측정하지는 않았다는 것이 제한점으로 지적되었다. 이러한 지적은 도덕적 판단과 행동이 항상 관계성을 갖지 않는다는 점을 근거로 한다. 즉, 옳고 그르다는 것을 안다고 하더라도 항상 그러한 판단과 일치된 행동을 할 것이라고 기대할 수는 없다는 것이다.

하인츠의 딜레마 상황　하인츠는 아내가 암에 걸려 죽음을 눈앞에 두고 있었다. 하인츠는 자신의 아내를 살리기 위해 암을 치료할 수 있는 약을 찾고 있었다. 그때 한 약사가 암을 치료할 수 있는 약을 개발하였다. 약을 개발하기 위해 든 비용 등을 감안하여 약값으로 원가의 100배를 요구하였다. 그러나 하인츠는 약값을 마련하기 위해 노력했지만 약사가 요구한 약값의 절반밖에 모으지 못했다. 하인츠는 약을 좀 싸게 팔거나 혹은 모자란 약값은 추후에 지불할 테니 자신에게 약을 팔 것을 요청하였다. 하지만 약사는 자신이 자선사업가가 아니며, 자신은 이 약을 통해 돈을 벌어야 하므로 하인츠의 요구를 받아들일 수 없다고 대답하였다. 절망한 하인츠는 결국 약국을 부수고 약을 훔치고 만다. 하인츠의 행동은 정당한가 그렇지 않은가? 그렇게 생각하는 이유는 무엇인가?

표 8-2 콜버그의 도덕성 발달 단계

수준	단계(피험자의 도덕적 추리 표본)
수준 1: 전인습적 도덕성	[단계 1] 복종과 처벌 지향(사람들은 처벌을 피하기 위해 규칙에 집착함. 복종은 자신의 안전을 위해 발생) • 훔친 행위에 대한 찬성: "만약 아내를 죽게 내버려 두었다면 아내 때문에 돈을 들이지 않으려 한다는 비난을 받았을 것이다. 그리고 아내의 죽음에 대해 당신과 그 약사는 조사를 받았을 것이다." • 훔친 행위에 대한 반대: "훔치는 행위는 잡혀서 감옥에 가야 되기 때문에 약을 훔쳐서는 안 된다. 만약 그런 행위를 했다면 언제 경찰에 잡힐지 모른다는 생각에 양심의 고통을 받게 될 것이다."
	[단계 2] 보상 지향(개인 자신의 이득을 위해서만 규칙을 따름. 복종은 보상 때문에 발생) • 훔친 행위에 대한 찬성: "만약 잡히면 약을 돌려주어야 하고 형을 오래 살지는 않을 것이다. 작은 형량을 받았다는 것이 그리 당신을 괴롭히지는 않을 것이며, 벌을 받고 나면 아내를 다시 볼 수 있다." • 훔친 행위에 대한 반대: "약을 훔친 것에 대해 많은 형량을 살지는 않을 것이다. 그러나 당신의 아내는 아마도 당신이 형량을 마치기 전에 죽을 수도 있다. 만약 아내가 죽는다면 아내의 병이 당신 때문에 얻은 것은 아니지만 당신은 자신을 책망하게 될 것이다."

<table>
<tr><td rowspan="2">수준 2:
인습적
도덕성</td><td>[단계 3] '착한 아이' 도덕성(개인은 타인에 대한 존중과 그들에게 기대되는 것을 행하는 데 관심)
• 훔친 행위에 대한 찬성: "약을 훔친 데 대해 아무도 당신을 나쁘다고 생각하지 않을 것이다. 그러나 당신이 약을 훔치지 않았다면 당신의 가족은 당신을 비인간적인 사람으로 생각할 것이다. 그렇게 되면 당신은 다시는 고개를 들고 다른 사람의 얼굴을 볼 수 없을 것이다."
• 훔친 행위에 대한 반대: "당신을 범죄자로 생각하는 것은 약사뿐만은 아닐 것이다. 당신이 약을 훔친 후에 자신과 가족의 명예를 손상시켰다고 생각하면 나쁜 행위라고 느낄 것이다. 당신은 다시는 고개를 들고 다른 사람의 얼굴을 보지 못할 것이다."</td></tr>
<tr><td>[단계 4] 권위와 사회질서 유지 도덕성(사람들은 사회 규칙에 순종하며 '권리'란 사회가 정당하다고 정의한 것으로 고려)
• 훔친 행위에 대한 찬성: "만약 당신이 어떤 명예가 있다면 아내를 구할 수 있는 유일한 일을 하는 것을 두려워하지 않을 것이기 때문에 아내를 죽게 내버려 두지는 않을 것이다. 만약 당신의 의무를 행하지 않아서 아내가 죽게 된다면 당신은 항상 죄책감을 느낄 것이다."
• 훔친 행위에 대한 반대: "당신은 절망적인 상태에 있기 때문에 약을 훔친다는 것이 잘못이라는 것을 모를 수 있다. 그러나 감옥에 가고 나면 그것이 잘못된 행동이었다는 것을 알게 될 것이다. 당신은 항상 불명예와 법을 위반했다는 것에 대해 죄책감을 느끼게 될 것이다."</td></tr>
<tr><td rowspan="2">수준 3:
후인습적
도덕성</td><td>[단계 5] 계약, 개인의 권리, 그리고 민주적으로 수용된 법 도덕성(사람들은 사회 내에서 동의가 이루어진 법을 지켜야 된다는 의무감 때문에 옳은 일을 행함. 법이 암묵적 사회계약의 변화에 따라 부분적으로 수정될 수 있다고 지각함.)
• 훔친 행위에 대한 찬성: "만약 당신이 약을 훔치지 않는다면 다른 사람을 존중하지 않게 될 것이고, 다시는 그것을 회복하지 못할 것이다. 만약 당신의 아내를 죽게 내버려 둔다면 두려움은 벗어날지 몰라도 도리로부터는 벗어나지 못할 것이다. 따라서 당신은 자신을 존중할 수 없을 것이고, 물론 다른 사람도 존중하지 못할 것이다."
• 훔친 행위에 대한 반대: "당신은 지역사회에서 당신의 위치와 존중을 상실하게 되고 법을 위반하게 된다. 당신은 자신을 존중할 수 없게 된다."</td></tr>
<tr><td>[단계 6] 개인의 원리와 양심 도덕성(개인은 보편적 도덕성 원리에 따라 법을 따름. 이 원리를 위반하는 법은 따르지 않음.)
• 훔친 행위에 대한 찬성: "만약 당신이 약을 훔치지 않는다면 그 후에 자신을 계속해서 책망하게 될 것이다. 자신의 양심 기준에 따라 행동하게 되면 법이라도 어쩔 수 없을 것이다."
• 훔친 행위에 대한 반대: "만약 당신이 약을 훔친다면 다른 사람이 그것을 책망하지는 않겠지만 당신 자신은 양심과 정직 기준을 따르지 않았기 때문에 스스로를 책망하게 될 것이다."</td></tr>
</table>

제9장

성격

1. 성격의 정의
2. 성격의 이론
3. 성격 평가

HUMAN LIFE AND PSYCHOLOGY

1. 성격의 정의

성격(personality)이란 원래 라틴어 페르소나(personare)에서 유래되었다. 페르소나는 페르(per; through, ~을 통하여)와 소나(sonare; speak, 말하다)의 합성어로 무대에서 배우가 쓰는 가면이나 탈을 뜻한다. 이후 페르소나는 가면이라는 뜻에서 점차 변화하여 로마 시대에는 배우 자신, 즉 고귀한 성질을 가진 사람을 의미하는 말로 사용되었다. 그러나 오늘날에는 타인과 구별할 수 있는 인상 전체를 뜻하는 말로 사용하게 되었다.

올포트(G. Allport)는 성격을 환경에 대한 개인의 독특한 적응을 결정하는 정신물리적 제 조직의 역동적 체제라고 정의하였으며, 프롬(E. Fromm)은 개인의 특징이 되며 독자성을 꾸며 주는 선천적 · 획득적인 정신적 특질의 총체라고 정의하였다. 그리고 설리번(H. S. Sullivan)은 성격을 인간 상호 간의 상황에서 나타나 인간 행동을 특징짓는 비교적 지속적인 유형이라고 정의하였다. 이러한 정의를 바탕으로 가장 널리 사용되는 성격의 포괄적인 정의는 다음과 같다. 성격이란 환경에 대한 적응이나 대인관계에서 나타나는 비교적 일관성 있고 독특한 개인의 행동 양식이나 사고 양식의 특징적 총체로 정의된다. 우리는 이 정의에 다음과 같은 몇 가지 특징적 요소가 포함되어 있음을 알 수 있다.

첫째, 성격은 환경 적응이나 대인관계에서 나타난다는 것을 알 수 있다. 둘째, 성격은 비교적 일관성을 가지고 있다. 셋째, 성격은 사람마다 톡특성이 있다. 즉, 성격이 좋고 나쁘고를 떠나서 사람마다 독특한 특징을 가지고 있어 타인과 구별된다는 것이다. 넷째, 성격은 행동 양식 또는 사고 양식으로 이루어진다. 다시 말하면, 성격은 조직화되어 있는데, 행동 양식은 밖으로 나타난 조직화된 반응이고 사고 양식은 밖으로 나타나지 않는 내적으로 조직화된 반응체계다.

2. 성격의 이론

1) 프로이트의 정신분석 이론

프로이트(S. Freud)는 성격의 구조가 독립적이면서 상호작용하는 세 가지 요소(원초아, 자아, 초자아)로 구성되어 있다는 이론을 제시하였다. 만약 성격이 본능적인 갈망과 욕망만으로 구성되어 있다면 그것은 단지 하나의 요소인 원초아(id)만을 가지는 것이다. 원초아의 유일한 목적은 배고픔, 성 행동, 공격성과 관련된 일차적 추동에 의해 일어난 긴장을 줄이는 것이며, 원초아는 성격의 유전된 부분이다. 이런 추동은 정신 에너지(psychic energy) 혹은 리비도(libido)에 의해 충전된다. 원초아는 쾌락의 원리(pleasure principle)에 따라 작용하며, 그 목표는 즉각적인 긴장 감소와 만족의 극대화다.

그러나 현실의 대부분은 쾌락의 원리에 의한 요구를 충족시켜 주지 않는다. 즉, 배가 고프다고 해서 항상 먹을 수 있는 것은 아니며, 성적 욕구가 생긴다고 해도 시간, 장소, 상대가 적절할 때에만 해소할 수 있다. 이러한 부분을 고려하여 프로이트는 성격의 두 번째 부분인 자아(ego)를 가정하였다. 자아는 원초아와 객관적 외부 세계의 현실 사이에서 완충 역할을 한다. 원초아의 쾌락 추구 성질과는 대조적으로, 자아는 현실의 원리(reality principle)에 따라 작용한다. 이는 성격의 집행부라 할 수 있으며, 의사결정을 내리고, 행동을 통제하며, 원초아보다 더 고차적인 수준에서 사고하고 문제를 해결하게 해 준다.

한편 초자아(superego)는 부모, 교사, 그리고 다른 중요한 사람들에 의해 전수받은 사회의 선과 악을 나타낸다. 이는 인간이 옳고 그른 것을 학습하고 그들이 살고 있는 사회의 광범위한 도덕적 원리를 자신의 기준 속에 통합시키기 시작함에 따라 지속적으로 발달한다. 초자아는 실제로 두 가지 부분, 즉 양심(conscience)과 자아이상(ego-ideal)을 가진다. 양심은 우리로 하여금 도덕적으로 위배되는 것을 하지 않도록 해 주는 반면, 자아이상은 도덕적으로 적절한 것을 행하도록 동기화시킨다.

종합하면, 원초아는 일차적이며 쾌락을 추구하고, 사려 깊지 않으며, 모든 욕망을 지연 없이 충족시키려는 개인을 창출하려고 한다. 반면 초자아는 보다 큰 덕목을 강요하며, 인생이 요구하는 화해를 용납하지 않는 완벽주의자를 창출하고자 한다. 이때 자아는 초자아와 원초아의 요구를 조정함으로써 둘 다 만족시키는 역할을 한다.

그러나 이 이론은 지지해 주는 과학적 자료가 부족하다는 제한점을 가지고 있다. 비록 특별한 사람에 대한 풍부한 경험적 평가가 이론을 지지해 주는 것으로 보일지라도, 프로이트가 주장한 성격의 구조와 그 작용에 관한 증거 자료는 부족하다. 또한 프로이트의 이론은 성인의 특정한 발달

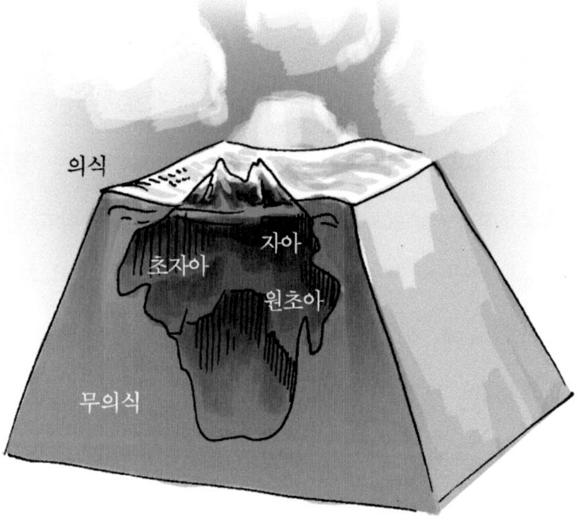

[그림 9-1] 의식과 성격의 구조(Baird, 2010)

적 문제를 전혀 예측해 줄 수 없다. 예컨대, 어떤 사람이 항문기에 고착된 경우 지저분하고 정돈되지 않는 사람으로 발달할 수 있다고 하는데, 이러한 발달 문제를 예측하기 위한 어떠한 지침도 그의 이론에서는 제시하지 않고 있다. 마지막으로 프로이트는 제한된 집단을 관찰(통찰)하고 그로부터 이론을 도출했다. 주로 1900년대에 대단히 보수적이며 순결을 강조하는 시대에 살았던 상류 사회의 여성을 대상으로 관찰한 결과였다. 따라서 이 이론이 다른 집단에게 얼마나 일반화될 수 있을지는 의문으로 남을 수밖에 없다.

2) 신프로이트 학파의 정신분석 이론

신프로이트 학파(neo-Freudians)는 프로이트보다 자아의 기능을 더 많이 강조하였다. 이는 자아가 원초아보다 일상의 활동을 더 많이 통제한다는 것을 시사하는 것이다. 신프로이트 학자들은 성격 발달에 미치는 사회적·문화적 영향에 큰 관심을 가졌다. 대표적인 인물로는 카를 융(Carl Jung)이 있다. 그는 처음에는 무의식적 성충동의 중요성을 강조한 프로이트의 생각에 동조하였다가 후에 무의식적 충동을 보다 긍정적인 측면에서 파악하였다. 융은 사람들이 아주 오랜 과거로부터 그들의 특별한 선조, 전체 인류, 그리고 동물 조상으로부터 유전되어 온 영향력의 집합인 **집단 무의식**(collective unconscious)을 가지고 있다고 주장하였다. 이러한 집단 무의식은 모든 사람이 공유하고 있는 것으로 다양한 문화에서 공통적으로 나타나는 행동(예, 어머니의 사랑, 뱀에 대한 공포 등)에 의해 표출된다. 또한 융은 이러한 무의식에는 특별한 대상 혹은 경험의 보편적 상징 표상인 **원형**(archetypes)이 포함되어 있다고 주장하였다. 예를 들면, 어머니라는 인물을 통해 조상과의 관계성을 반영하는 어머니 원형은 예술, 종교, 문학, 신화의 주제로 많이 사용되고 있다(예, 성모마리아, 대지[earth mother]).

또 다른 신프로이트 학자는 알프레트 아들러(Alfred Adler)다. 그는 융과 마찬가지로 지나친 성적 욕구를 강조한 프로이트의 이론을 거부하면서 인간의 일차적 동기는 우월성(superiority)의 추구라고 주장하였다. 우월성의 추구는 다른 사람을 지배하려는 것이 아니라 자기 향상과 완벽을 이루려는 것이다. 한편 카렌 호나이(Karen Horney)는 성격의 이면에 있는 사회적, 문화적 요인에 더 초점을 두었다. 예컨대, 호나이는 성격 발달이 사회적 관계성, 특히 부모와 아동 간의 관계성과 아동의 욕구가 충족되는 정도에 달려 있다고 주장하였다. 그녀는 여성이 남근 선망을 가진다는 프로이트의 주장을 거부하고, 여성이 남성을 선망하는 것은 여성에게 흔히 거부되는 독립성, 성공, 자유 때문이라고 주장하였다.

알프레트 아들러

카렌 호나이

카를 융

[그림 9-2] 신프로이트 학자

3) 특질이론

특질(trait)이란 비교적 영속적이며, 개인의 독특성을 반영하는 성격 특성이다. 특질이론가들에 따르면 이러한 특질은 특정 사람만이 가지고 있는 것이 아니라 모든 사람이 가지고 있으나, 그 정도에 차이가 있어 이를 수량화할 수 있다고 가정하였다. 특질이론은 사람의 행동 일관성을 분명하고도 직접적으로 설명해 주며, 더 나아가 특질은 한 사람을 다른 사람과 쉽게 비교할 수 있게 해 준다는 장점을 가지고 있다. 그러나 이론마다 기본 특질이 상이하고, 일차 특질이 성격은 명명해 주나 행동을 설명해 주지는 못한다는 단점을 가지고 있다.

(1) 올포트의 특질이론

고든 올포트(Gordon Allport)는 성격을 기술하기 위해 사전에 제시된 단어를 검토한 결과 약 1만 8,000개의 단어를 찾아냈다. 이 중 기본이 되는 것을 추출하기 위해 세 가지의 기본적인 특질 범주(기본 특질, 중심 특질, 이차 특질)를 제시하였다. **기본 특질**(cardinal trait)은 대부분의 활동을 지시하는 단일 특성이다. 예를 들면, 이기심이 전혀 없는 여성은 자신의 모든 에너지를 인본주의적 활동에 쏟을 것이며, 권력에 굶주려 있는 사람은 다른 사람을 지배하고 통제하려는 활동에 모든 에너지를 쏟을 것이다. 그러나 대부분의 사람은 이런 기본 특질만을 발달시키지 않고 성격의 핵심을 구성하는 **중심 특질**(central trait)도 발달시킨다. 정직, 사교성 등이 이러한 중심 특질이며, 사람들은 일반적으로 5개에서 많게는 10개 정도의 중심 특질을 가진다. 마지막으로 **이차 특질**(secondary trait)은 특별한 상황에서 행동에 영향을 미치는 특성으로 기본 특질이나 중심 특질보다는 영향력이 작다. 예를 들어, 아이스크림을 좋아하는 것과 같이 특정 대상에 대해 가지는 태도는 이차 특질로 고려된다.

(2) 카텔의 특질이론

레이먼드 카텔(Raymond Cattell)은 **요인분석**(factor analysis: 다수의 변인 간의 관계성을 보다 소수의 일반적인 패턴으로 요약하는 통계방법)을 사용하여 주어진 상황에서 관찰될 수 있는 특성을 46개의 표면 특질(surface traits) 혹은 관련 행동의 군집으로 나타낼 수 있다고 주장하였다. 그러나 이러한 표면 특질은 사람들의 성격에 대한 지각과 표상에 기초되어 있기 때문에 모든 행동의 근원이 되는 기저의 성격 차원을 가장 잘 기술해 주는 것은 아니다. 따라서 2차 요인분석을 실시하여 카텔은 16개의 기본 특질(source traits)을 발견하였다. 이 기본 특질을 사용하여 그는 16개 성격요인검사(sixteen personality factor questionnaire: 16PF)를 개발하였다(〈표 9-2〉 참조).

(3) 아이젱크의 특질이론

한스 아이젱크(Hans Eysenck)도 요인분석을 사용하여 특질 패턴을 확인하였으나, 성격의 본질에 대해 카텔과는 다른 결론에 도달하였다. 그는 성격이 단지 두 개의 주요 차원, 즉 **내향성-외향성**(introversion-extroversion)과 **신경증-안정성**(neuroticism-stability)에 의해 가장 잘 설명될 수 있다고 주장하였다. 내향성 차원에는 조용하고 신중하며 사려 깊고 참을성이 있는 사람들이 위치하며, 외향성 차원에는 활발하고 사교적이며 적극적인 사

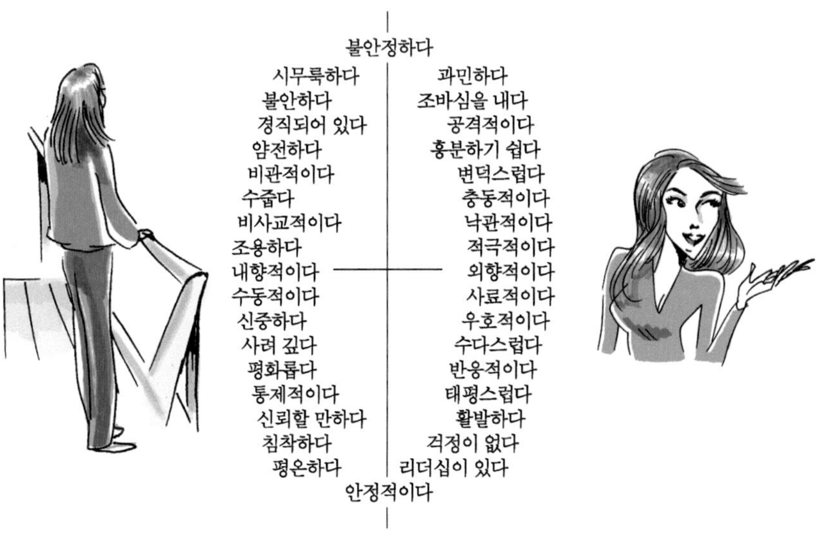

[그림 9-3] 아이젱크의 특질 분류

람들이 위치한다. 이와는 독립적으로 신경증 차원에는 우울하고 예민하며 까다로운 사람들이 위치하고, 안정성 차원에는 침착하고 신뢰성이 있으며 차분한 사람들이 위치한다. 아이젱크는 이러한 두 차원에 따라 사람들을 평가함으로써 다양한 상황에서의 개인의 행동을 정확하게 예측할 수 있었다.

4) 사회학습 이론

사회학습 이론에서는 개인과 환경의 상호적 관계를 특히 강조한다. 환경은 성격에 영향을 미치며, 동시에 개인의 행동과 성격은 피드백을 통해 환경을 수정한다고 가정한다. 사실 앨버트 반두라(Albert Bandura)는 **상호적 결정주의**(reciprocal determinism)가 행동을 이해하는 열쇠라고 주장하였다. 이는 개인과 환경의 상호작용의 중요성을 의미한다. 예를 들면, 공격적 욕구를 가진 사람은 자신의 전투 욕구를 충족시키기 위해 하키 팀에 참가하여 격렬한 전투력을 발휘할 수 있다. 이러한 공격성 추동은 그러한 공격성의 발휘를 통해 증가될 수 있다. 하키 게임이라는 환경, 공격 행동,

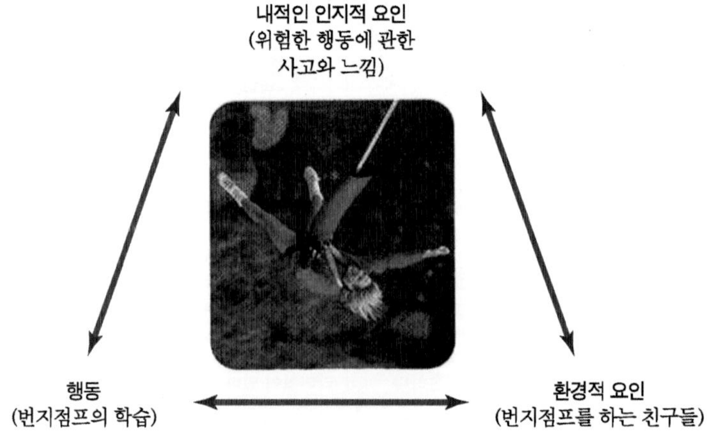

[그림 9-4] 상호적 결정주의(Myers, 2007)

그리고 개인의 특성은 상호적인 형태로 서로 영향을 준다. 그러나 행동은 주로 외부 압력에 의해 조성된다는 결정주의는 사람들이 자신의 인생 여정을 통제 · 관리할 수 있는 능력이 있다는 것을 인정하지 않는다는 점에서 비판을 받는다. 그럼에도 불구하고 사회학습 이론은 사람들의 관찰 가능한 특성과 그들이 살고 있는 환경에 초점을 맞춤으로써 성격을 보다 객관적 · 과학적으로 연구할 수 있도록 했다는 점에서 장점을 가진다.

5) 인본주의 이론

인본주의 이론가에 따르면 지금까지 논의된 성격 이론은 모두 인간의 본성에 대해 잘못된 입장을 견지하고 있다. 인간을 무의식적 압력(정신분석학), 안정된 특질의 집합(특질이론), 혹은 강화와 처벌(학습이론)에 의해 통제되는 존재로 보는 대신, 인본주의 이론은 인간이 기본적으로 선하며 보다 높은 수준의 기능을 위해 성장하려는 경향성을 가진 존재라는 것을 강조한다. 대표적 이론가인 칼 로저스(Carl Rogers)는 사람들이 사랑과 존경을 받고 싶어 하는 보편적 욕구를 반영하는 정적인 관심에 대한 요구를 가지고 있다고 주장하였다. 이에 해당하는 것이 바로 **무조건적인 긍정적 존중**(unconditioned positive regard)인데, 개인이 무엇을 말하거나 행하든 그것을 수용하고 존중하는 관찰자의 태도를 의미한다. 일상적으로 개인은 자신의 경험과 자아개념(self-concept) 혹은 자아이상 간에 어느 정도 불일치를 경험하게 된다. 이러한 불일치가 크면 불안 경험과 같은 심리적 고통이 따르게 된다. 그리하여 로저스는 이를 극복하는 방법으로 무조건적인 긍정적 존중을 제시하였다.

비록 인본주의 이론이 사람들에 대해 무조건적인 긍정적 존중의 가치를 중요시하였을지라도, 많은 성격 이론가는 이러한 무조건적인 긍정적 존중을 인정하지 않는다. 이러한 비판에서는 이론의 기본 가정을 확증하기 어렵다는 점과 무조건적인 긍정적 존중이 실제로 성격 적응을 이끄는지의 여부에 의문이 집중되었다.

6) 성격 이론 비교

지금까지 논의된 여러 성격 이론은 약간씩 다른 성격의 측면에 초점을 맞추고 있으며, 그에 대한 분명한 전제를 가지고 있다. 각 이론 간의 주요 차이점에 대해서 비교한 결과는 다음과 같다.

- 무의식 대 의식: 정신분석 이론은 무의식의 중요성을 강조하는 반면, 사회학습 이론과 인본주의 이론은 의식을 강조한다. 한편 특질이론은 이러한 구분에 중요성을 부여하지 않는다.
- 본성(유전) 대 양육(환경): 정신분석 이론은 성격의 본래적이며 유전적으로 생성된 구조를 강조한다. 반면 사회학습 이론은 환경에 초점을 둔다. 인본주의 이론은 성격 발달에 있어서 이 둘의 상호작용을 강조하며, 특질이론은 특별한 강조점을 가지고 있지 않다.
- 자유 대 결정주의: 인본주의 이론은 삶에 있어서 개인이 선택의 자유가 있다는 점을 강조하는 반면, 다른 이론은 결정주의를 강조한다.
- 안정성 대 수정 가능성: 정신분석 이론과 특질이론은 개인의 전 생애를 통한 성격 특성의 안전성을 강조한다. 반면 사회학습 이론과 인본주의 이론은 성격이 변화될 수 있다는 점을 강조한다.
- 보편성 대 독특성: 각 이론은 이 두 측면을 어느 정도는 포함하고 있지만 그럼에도 보다 강조하는 측면이 존재한다. 정신분석 이론과 특질이론은 다른 이론보다는 성격의 보편성을 더욱 강조하며, 사회학습 이론과 인본주의 이론은 개인의 특별한 배경과 환경의 결과로 성격이 초래된다는 독특성을 강조한다.

3. 성격 평가

1) MBTI

MBTI(Myers-Briggs Type Indicator)는 융의 성격이론을 근거로 마이어스와 브릭스(Myers & Briggs, 1962)가 만든 성격유형 검사다. 이 결과는 외향성(E)-내향성(I), 감각적(S)-직관적(N), 사고적(T)-감정적(F), 판단적(J)-인식적(P)의 지표에 의해서 16개의 성격 유형으로 구분된다.

표 9-1 MBTI의 성격 유형(Myers & McCaulley, 1995 발췌 수정)

ISTJ	ISFJ	INFJ	INTJ
책임감과 집중력이 강하다. 신중하며 침착하고 철저하며 인내력이 있고 보수적인 경향이 있다.	조용하고 차분하며 성실하고 정확하다. 동정심이 많고 헌신적이며 분별력이 있고 표현력이 약한 경향이 있다.	창의적·독창적이며 원리원칙을 중요시한다. 신념이 강하고 내적 독립심이 강하다. 자기 안의 갈등이 많고 복잡하다.	독창적이고 추진력이 강하다. 직관과 통찰력이 강하며 목적 달성과 능력을 중요시하고 고집스러운 면도 있다.
ISTP	**ISFP**	**INFP**	**INTP**
조용하고 과묵하여 인간관계에 관심이 적다. 기계 조작이나 원칙에 따른 조직화에 관심이 많다.	말없이 다정하고 겸손하고 관용적이다. 인간관계에서는 충동보다 인화적이다.	정열적이고 충실하나 쉽게 드러내지 않는다. 완벽주의 경향이 있고 인간 이해와 인간 복지에 관심이 많다.	조용하고 과묵하며 통찰력과 지적 호기심이 강하다. 분석적·논리적이나 사교성이 적고 비평적 경향이 있다.
ESTP	**ESFP**	**ENFP**	**ENTP**
개방적이고 현실적인 문제 해결에 능하며 적응을 잘하고 친구를 좋아한다. 순발력이 강하고 논리분석을 좋아하지 않는다.	사교적이고 활동적이며 친절하고 낙천적이며 재미있다. 상식이 많고 주위에 관심이 많다.	창의적이고 열정적이며 재능이 많고 상상력이 풍부하다. 즉흥적이고 새로운 것을 좋아한다.	독창적이고 다방면에 관심과 재능이 많고 달변가다. 문제해결 능력과 솔선력이 강하고 경쟁적이다. 현실에 태만하기가 쉽다.

ESTJ	ESFJ	ENFJ	ENTJ
현실적이고 계획력과 추진력이 강하다. 지도력과 행정 능력이 있다. 속단속결과 업무 위주 경향이 있다.	동정심이 많고 양심적이며 인화적이고 인기가 있다. 참을성이 많으며 칭찬받기 좋아하고 상처받기 쉽다.	사교적이고 적극적이며 인화적이고 동정심이 많다. 지도력과 충성심이 강하나 지나치게 평가에 민감하다.	솔직하고 단호하고 열정적이며 통솔력이 있다. 지적인 욕구와 관심이 많고 자신만만한 경향이 있다.

2) 16PF

16PF는 열여섯 가지 성격 특성을 양극성 요인 구조(bipolar factor structures)로 표현하여 한 사람의 점수 프로파일을 제공해 준다. 이 검사

득점				표준점수 (standard ten score)	
척도	요인	득점	낮은 점수(1~3점)	1 2 3 4 5 6 7 8 9 10	높은 점수(8~10점)
1	A	5	냉정성		다정성
2	B	6	낮은 지능		높은 지능
3	C	4	정서 불안형		정서 안정성
4	E	4	순종성		지배성
5	F	3	신중성		충동성
6	G	3	편의성		도덕성
7	H	3	소심성		대담성
8	I	6	강인성		유연성
9	L	6	신뢰성		불신감
10	M	4	현실성		상상력
11	N	6	순진성		실리성
12	O	8	자신감		죄책감
13	Q_1	5	보수성		진보성
14	Q_2	8	의존성		자족성
15	Q_3	6	갈등감		자제력
16	Q_4	8	편안감		긴장감

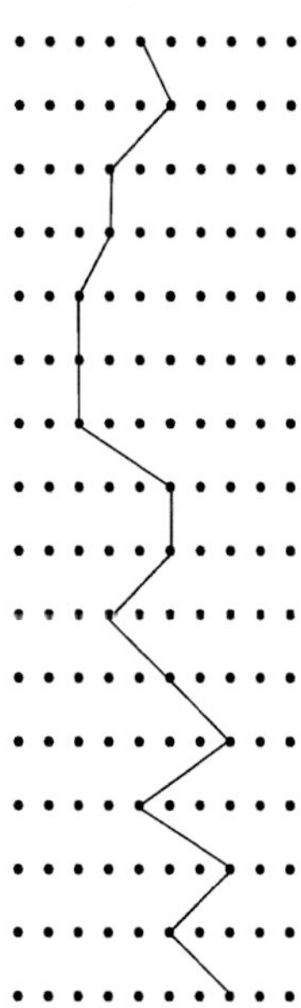

[그림 9-5] 김○○의 16PF 성격 프로파일의 예(강봉규, 2004 발췌 수정)

는 총 187개 문항으로 구성되어 있다.

3) MMPI

MMPI(Minnesota Multiphasic Personality Inventory, 미네소타 다면적 인성검사)는 세계적으로 가장 널리 쓰이는 객관적 성격검사로 1940년에 개발되어 여러 차례 수정을 거쳤으며, 현재 MMPI-2가 사용되고 있다. 총 567개 문항으로 구성되어 있으며, 기분을 묻는 문항(예, 나는 때때로 쓸모없다고 느낀다)에서부터 신체 및 정신 건강을 묻는 문항(예, 나는 일주일에 수차례 위장병으로 고생한다, 나는 이상한 생각에 사로잡힌다)에 이르기까지 다양한 문제를 포괄하고 있다.

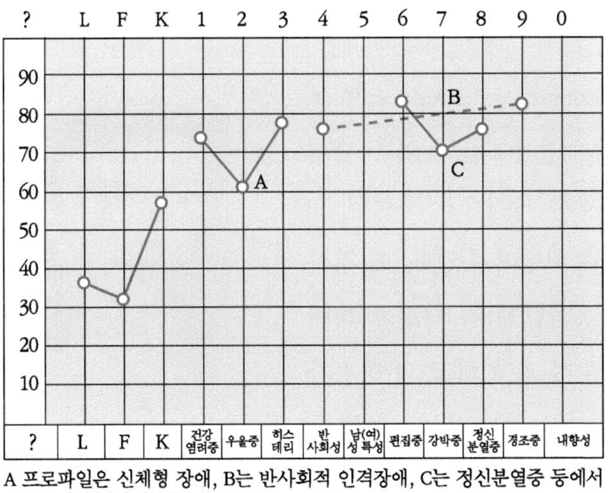

A 프로파일은 신체형 장애, B는 반사회적 인격장애, C는 정신분열중 등에서 나타나는 일반적인 형태들이다.

[그림 9-6] MMPI(정의석, 2008)

4) 로르샤흐 검사

로르샤흐 검사(Rorschach Test)는 스위스 출신의 정신의학자 헤르만 로르샤흐(Hermann Rorschach)가 고안한 검사로 일련의 대칭된 자극으로 이루어진 10장의 카드로 구성되어 있다. 이 검사에서는 시각 자극에 대한 사람들의 반응이 기록되고, 사람들은 복잡한 임상 판단을 통해 여러 다른 성격 유형으로 분류된다.

[그림 9-7] 로르샤흐 성격검사에서 사용되는 잉크반점 카드

5) TAT

TAT(Thematic Appeareption Test, 주제통각검사)는 [그림 9-8]과 같이 일련의 모호한 사진으로 구성된 20장의 카드로 이루어져 있다. 이 검사에서는 반응자에게 각 사진에 대해 이야기를 꾸며 보게 하고, 반응자가 지어낸 이야기는 그 사람의 성격 특성을 도출하기 위해 사용된다.

[그림 9-8] TAT 검사 카드

제10장

스트레스와 건강

1. 스트레스의 개념
2. 스트레스 이론
3. 스트레스원의 분류
4. 스트레스에 대한 대처
5. 주요 건강 문제의 심리적 측면

HUMAN LIFE AND PSYCHOLOGY

1. 스트레스의 개념

스트레스(stress)는 라틴어 'stinger' 에서 유래한 말이다. 그 의미는 '팽팽하게 조이다' 로 인간이 역경과 고난을 당할 때 매우 긴장한 상태를 표현하는 말로 사용되고 있다. 이러한 스트레스는 오랫동안 심리학자들의 연구 주제로 다루어졌지만, 그 정의는 통일되지 않았다. 때로는 외부의 위협이나 도전 상황으로 해석되기도 하고(자극으로서의 스트레스), 심장이 빨리 뛰거나 호흡이 빨라지는 형태의 반응으로 표현되기도 한다(반응으로서의 스트레스).

최근에 심리학자들은 이와 같은 스트레스와 그에 대한 대처방법을 건강심리학(health psychology)으로 알려진 새 연구 분야의 맥락에서 다루기 시작하였다. 건강심리학은 의학적 문제의 예방, 진단, 치료에 적용되는 심리학의 한 분야로, 질병이 심리적 요인에 의해 어떻게 영향을 받으며 발생하는지, 질병 치료를 위해 심리적 원인과 결과가 어떻게 적용될 수 있는지의 문제를 다룬다.

2. 스트레스의 이론

1) 셀리에 이론

한스 셀리에(Hans Selye)는 일반적응 증후군(general adaptation syndrome: GAS)으로 알려진 모형을 통해 스트레스에 대한 이해를 돕고자 하였다. 이 모형에서 셀리에는 앞서 설명된 자극으로서의 스트레스를 스트레스원(stressor)으로, 반응으로서의 스트레스를 그냥 스트레스로 구분하여 설명하였다. 이 모형에서는 스트레스가 3단계로 진행된다고 가정하였다. 첫 번째 단계는 경고반응 단계(alarm reaction stage)로 사람들이 스트레스원의 존재를 인식하고 준비하는 단계다. 이 단계 동안에는 주로 스트레스원에 대한 초기 반응으로서 생리적 수준의 변화를 경험하게 된다. 즉, 이 단계에서는 심장이 빨리 뛰고 땀이 나는 등 교감신경계의 활동이 일어나게 된다. 두 번째 단계는 저항 단계(resistance stage)로 스트레스원에 나름의 적절한 반응을 보이는 단계다. 즉, 스트레스원에 대해 적절한 대처 수단을 가지고 있다면 앞서 경고반응 단계에서 발생한 초기 생리적 반응이 점차 안정화되겠지만, 그렇지 못하다면 스트레스가 지속되면서 신체적 · 심리적 안녕에 대한 대가(예, 질병, 죽음)를 지불하게 된다. 이처럼 스트레스가 적절하게 해결되지 않는 단계가 마지막 단계인 소진 단계(exhaustion stage)다. 결국 이전 단계인 저항 단계에서 스트레스원에 적절히 대처(저항)하면 적응 에너지는 더 이상 고갈되지 않고 회복될 수 있다.

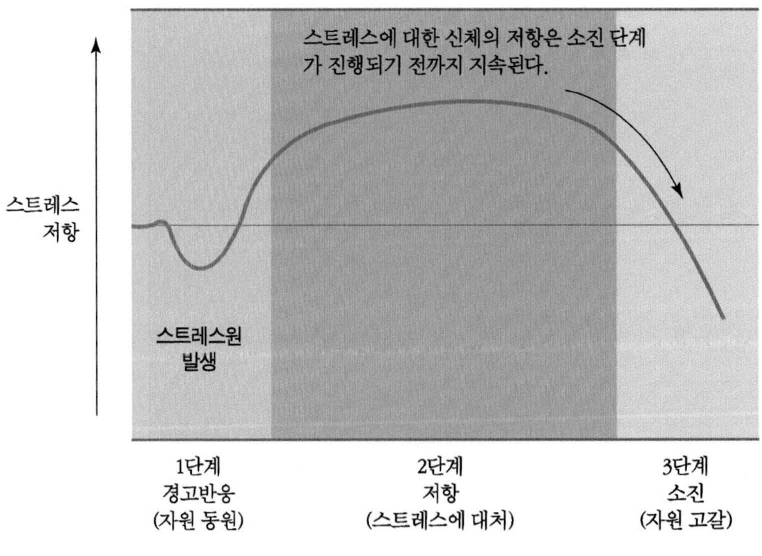

[그림 10-1] 셀리에의 스트레스 반응과정(Myers, 2007)

한편 GAS 모형은 몇 가지 측면에서 의문이 제기되었다. 가장 중요한 비판 가운데 하나는 경고반응 단계 동안 활성화되는 교감신경계의 위급 반응에 대한 가정이다. 셀리에는 스트레스원의 종류와 관계없이 그 반응은 동일하다고 주장하였으나, 어떤 스트레스원은 어떤 호르몬의 분비와 같이 특정 생리적 반응을 일으킨다. 따라서 스트레스는 GAS 모형처럼 동일하지 않을 수 있다. 더욱이 이 모형은 생리적 요인을 주로 강조하였고, 특히 스트레스원이 사람마다 다르게 작용할 수 있다는 점에서 심리적 요인의 중요성을 덜 강조하였다.

2) 홈스와 라헤 이론

홈스와 라헤(Holmes & Rahe, 1967)는 스트레스의 정도를 보다 쉽게 측정할 수 있는 사회재적응평정척도(Social Readjustment Rating Scale)를 개발하였다. 그들은 스트레스를 적응하기 위해 어느 정도의 자신의 에너지가 사용되는 일상 속의 생활 변화로 정의하였다. 따라서 인간에게 스트레스를 유발할 만한 43개의 주요 생활 사건을 목록화하여 자신의 스트레스 정도를 확인할 수 있도록 하였다. 예를 들어, 한 사람이 최근 6개월 내에 결혼을 하고, 거주지를 이동했으며, 배우자와 다투는 일이 많았다면 스트레스 점수는 105(50+20+35)라고 할 수 있다. 그러나 흥미로운 사실은 스트레스를 유발하는 주요 생활 사건에는 결혼, 임신, 휴가와 같은 긍정적인 사건도 포함된다는 것이다.

주요 생활 사건의 스트레스 순위를 구체적으로 살펴보면 〈표 10-1〉과 같다.

표 10-1 주요 생활 사건의 스트레스 순위(Myers, 2007)

순위	주요 생활 사건	생활 변화 단위
1	배우자의 사망	100
2	이혼	73
3	부부의 별거	65
4	교도소 수감	63
5	가족의 사망	63
6	자신이 다치거나 질병에 걸림	53
7	결혼	50
8	실직	47
9	부부간의 화해	45
10	은퇴	45
11	가족 구성원의 건강 변화	44
12	임신	40
13	성생활에서의 문제	39
14	새로운 식구가 생김	39
15	사업상 재적응 상황	39
16	경제적 지위(재정 상태)의 변화	38
17	친한 친구의 사망	37
18	직장 부서의 변화	36
19	배우자와의 다툼 횟수의 변화	35
20	1만 달러 이상의 저당이나 융자	31
21	저당권 상실	30
22	직장에서 책임의 변화	29
23	자녀의 출가(예, 결혼이나 대학 입학 등)	29
24	시댁이나 처가와의 갈등	29
25	두드러진 개인적 성취	28
26	아내가 직장에 나가기 시작하거나 중단함	26
27	학교를 다니기 시작하거나 그만둠	26
28	생활환경의 주요 변화	25
29	개인적 습관의 변화	24
30	상사와의 갈등	23
31	직장에서 자업 시간이나 조건의 주요 변화	20
32	거주지의 변화	20
33	학교에서의 변화	20
34	취미 활동에서의 변화	19
35	교회 활동의 수나 유형의 변하	19
36	사회 활동의 수나 유형의 변화	18
37	1만 달러 이하의 저당이나 융자	17
38	수면 습관의 변화	16
39	가족 모임 횟수의 변화	15
40	식사 습관의 변화	15
41	휴가	13
42	크리스마스	12
43	사소한 법률 위반(예, 교통 위반 등)	11

3. 스트레스원의 분류

사람들은 어떤 종류의 사건을 스트레스원으로 지각하는가? 세 가지의 일반적인 스트레스원의 범주, 즉 격변적 사건, 사적인 스트레스원, 배경 스트레스원이 있다.

1) 격변적 사건

격변적 사건(cataclysmic events)은 갑자기 발생하여 일시에 많은 사람에게 영향을 미치는 강력한 스트레스원이다. 태풍, 비행기 추락, 9·11 테러, 아이티 지진과 같은 재앙은 수많은 사람에게 일시에 영향을 미칠 수 있는 격변적 사건의 예다. 그러나 흥미롭게도 격변적 사건은 때때로 그 강도가 덜한 사건보다 장기적인 스트레스를 일으키지 않는다. 그 이유는 이와 같은 사건은 분명한 해결방법이 있기 때문이다. 즉, 이러한 사건을 경험하고 나면 앞으로 나타날 최악의 결과가 무엇인지 알게 되고, 이로 인해 발생한 스트레스에 대해서는 다른 사람과 공유하며 서로 격려를 받기 때문이다.

2) 사적인 스트레스원

사적인 스트레스원에는 부모나 배우자의 사망, 직업 상실 등과 같은 주요 생활 사건이 포함된다. 전형적으로 사적인 스트레스원은 직접적인 주요 반응을 일으킨다. 예컨대, 사랑하는 사람의 죽음에 기인한 스트레스는 사망 직후에 그 강도가 크지만, 시간이 지날수록 스트레스 강도는 점점 약해지고 그에 더 잘 대처할 수 있게 된다. 하지만 강간과 같은 사건에 대한 스트레스 효과는 매우 오랫동안 지속되기도 한다.

3) 배경 스트레스원

은행이나 식당에서 긴 줄에 서 있는 것과 교통 체증은 배경 스트레스원의 예다. 이 스트레스원은 수시로 대하게 되는 사소한 자극(예, 시간 지연, 자동차 소음)이다. 또한 학교나 직장에서의 불만족, 관계 불만족, 혹은 사생활을 보장할 수 없는 주거지와 같은 장기적이면서도 만성적인 문제도 포함된다. 이러한 스트레스원은 자체적으로 불쾌한 정서나 기분을 일으키지만, 개인의 입장에서 취할 수 있는 대처나 반응을 요구하지는 않는다.

4. 스트레스에 대한 대처

스트레스를 이끄는 위협을 통제하고 줄이려는 노력을 대처(coping)라고 한다. 우리는 거의 습관적으로 스트레스로부터 자신을 보호하기 위해 어떤 대처 반응을 사용하지만, 일반적으로 이러한 반응을 인식하지 못한다. 스트레스에 대처하는 방법은 크게는 직접적 대처와 방어적 대처로 분류해 볼 수 있다. 직접적 대처는 스트레스 상황에 직면했을 때 그 상황을 변화시키기 위해 취하는 행동을 의미한다. 무의식적인 수준에서 일어나는 방어적 대처는 방어기제(defense mechanisms)의 사용을 의미한다.

1) 직접적 대처

(1) 공격적 행동과 표현

공격적 행동은 해롭고 위험하다고 생각되는 대상으로부터 자신을 보호하는 방법이며 스트레스를 해소하는 길이다. 공격적 행동은 여러 가지 원인에 의해 다양한 형태(예, 언어적 공격, 신체적 폭력)로 나타나지만, 사회적으로 용납될 수 없기 때문에 사람들은 가능한 한 공격적 행동을 피하려 하고 공격성을 자제하지 못할 때는 죄책감을 느끼기도 한다. 사회적으로 용납 가능한 공격적 감정은 운동경기, 연극 무대, 소설 등을 통해서 대리적으로 해소될 수도 있다.

(2) 태도 및 포부 수준의 조절

자신의 태도와 원래의 목표에 대한 포부 수준을 조절함으로써 스트레스를 덜 받을 수 있으며, 다소 낮추어 대치된 목표에 도달할 수 있는 방식을 강구할 수도 있다. 건강한 사람은 방해와 좌절을 비교적 잘 참아내지만, 신경증 환자의 경우 원래의 목표를 끝까지 고집하거나 당장의 좌절을 소화하지 못하는 경향이 많다.

(3) 철수

흔히 스트레스를 해결하는 데 가장 효과적인 방법은 그 장면에서 철수하거나 후퇴하는 것이다. 즉, 스트레스를 주는 대상이 자기 자신보다 너무 강하고 자신의 태도나 포부 수준을 효과적으로 수정하기 힘들며 공격적인 행동도 비생산적일 경우, 문제 장면으로부터 회피하는 행동인 철수가 가장 적극적이고 현실적인 적응방법이 된다.

2) 방어적 대처

방어적 대처는 위협이나 좌절에 대해 실제로는 그렇지 않다고 스스로 확신시키거나 획득할 수 없는 것은 원래부터 원했던 것이 아니라고 믿는 방법으로, 일종의 자기기만적 대처방식이고 무의식적 갈등을 해소하려는 심리적인 반응이다. 주요 방어기제를 살펴보자.

(1) 부정

부정(denial)은 고통스러운 환경이나 위협적인 정보를 거부하는 것으로 가장 흔한 방어기제 중 하나다. 부정은 두 가지로 구분될 수 있다. 하나는 위협적인 정보를 의식적으로 거부하는 것이고, 다른 하나는 현실화된 그 정보가 타당하지 않고 잘못된 내용이라고 간주하는 것이다. 대개 정보 자체를 거부한 다음에는 부정적 해석이 뒤따르게 된다. 예를 들면, 자녀가 학교에서 도둑질을 했다는 경찰의 연락에 부모는 처음에 "그럴 리가 없어. 우리 아이는 그런 아이가 아니야."라고 하다가, 다음에는 "뭔가 오해가 있을 거야."라는 식으로 부정함으로써 자신의 불안으로부터 도피하고자 한다.

(2) 퇴행

퇴행(regression)은 주로 생의 초기에 성공적으로 작용했던 생각이나 만족스러웠던 행동 양식에 의지함으로써 현 상황에서의 위협이나 불안을 해소시키는 방어기제다. 아이에게서 발견되는 전형적인 퇴행의 예로는 대소변을 잘 가리던 아이가 동생이 태어난 이후 부모의 관심이 온통 동생에게 쏠리자 동생과 같이 바지에 소변을 보거나 심지어는 기어 다니는 행동을 하는 경우를 들 수 있다.

(3) 동일시

자기의 바람직하지 못한 감정을 다른 사람에게 귀인하는 투사와 반대로, 동일시(identification)는 자신의 불안이나 자신이 부족하다고 느끼는 감정을 피하기 위해 다른 사람의 바람직한 점을 자기 것으로 끌어들이는 것이다. 이는 어떤 개인이 다른 사람 또는 어떤 집단과의 동질성을 느끼거나 정서적 유대감을 가짐으로써 자기만족을 찾는 방어기제다. 예를 들면, 부모가 아들의 출세를 보면서 자신이 성취하지 못한 직업적 야망도 간접적으로 달성된 것처럼 느끼는 경우다. 즉, 자식이 승진하면 자기도 성공한 것처럼 느끼는 식이다.

(4) 승화

공격적 행동과 같이 사회적으로 용납되지 않는 형태의 대처 수단을 사회적으로 바람직한 형태로 변형하여 적응에 도움을 주는 것을 승화(sublimation)라고 한다. 예를 들면, 외과의사는 칼을 사용하여 타인의 배를 가르는 수술을 하게 되는데, 칼을 휘두르는 공격적인 행동이 의사라는 직업 때문에 사회적으로 용납되도록 승화시킨 경우다.

(5) 반동형성

자기가 느끼고 바라는 것과는 정반대로 감정을 표현하고 행동하는 것이 반동형성(reaction formation)이다. 앞서 설명한 부정의 행동적 형태라고 볼 수 있다. 투사나 부정적 행동이 과장되어 나타날 때 반동형성이라는 방어기제로 본다. 대체로 반동형성은 자신의 욕구나 감정이 너무나 받아들일 수 없는 무거운 죄의식에 사로잡힐 때 나타나는 반응 양식이다.

(6) 주지화

주지화(intellectualization)는 부정의 교묘한 형태다. 골치 아픈 문제로부터 벗어나거나 위협적인 감정에서 자기를 떼어 놓기 위해 가끔 문제 장면이나 위협 조건에 관한 지적인 토론 및 분석을 하는 경우가 있다. 즉, 주지화는 스트레스를 부정하는 고등 수단이라고 볼 수 있다. 따라서 주지화는 지능이 높거나 교육 정도가 높은 사람에게서 흔히 발견되는 방어기제다.

(7) 전위

전위(displacement)는 만족되지 않은 충동 에너지를 다른 대상에게로 돌림으로써 긴장을 완화시키는 방어기제다. 예를 들면, 자녀를 갖고 싶지만 그렇지 못한 부부가 이웃집 아이를 끔찍이 사랑하거나 애완동물에 집착하는 경우다. 전위는 우리 자신을 직접 방어할 수 없는 경우에 생기는 것이 특징이다.

(8) 투사

투사(projection)는 자기 자신의 동기나 불편한 감정을 다른 사람에게 돌림으로써 불안 및 죄의식에서 벗어나고자 하는 방어기제다. 투사에는 문제의 소재를 가상적인 원인, 개인의 성격적 결함, 다른 사람의 책임으로 돌리는 것의 세 가지 유형이 있다고 볼 수 있다. 이 중 처음과 두 번째 유형의 투사는 비교적 해로운 결과를 초래하지 않지만, 세 번째 유형의 투사는 비정상적인 현실 왜곡이나 관계 망상 등을 포함하는 경우가 있다. 일이 이렇게 된 것은 모두 다 당신 때문이라는 식의 책임 회피나 지나친 비판 및 편견 등은 모두 투사의 예라 할 수 있다.

(9) 억압

망각의 한 형태인 억압(repression)은 아마도 고통스러운 감정과 경험에 대한 의식을 봉쇄하는 가장 흔한 방어기제일 것이다. 수치스러운 생각, 죄의식을 일으키는 생각, 고통스러운 기억 등을 의식 수준 아래로 밀어내는 반응이며, 대체로 자신도 모르는 사이에 일어나는 것으로 보인다. 억압의 극단적인 형태로 과거의 일부를 완전히 잊어버리는 기억상실증(amnesia)이 있다.

(10) 합리화

합리화(rationalization)는 사회적으로 용납되지 않는 감정 및 행동에 대해 용납되는 이유를 붙여 자신의 행동을 정당화함으로써 사회적 비판이나 죄의식을 피하는 방어기제다. 예를 들면, 먹고 싶으나 먹을 수 없는 포도를 신 포도이기 때문에 먹지 않겠다고 말하는 것이다. 이러한 합리화는 자기의 대외적 인상과 자존심을 보존 또는 향상시키는 데 도움을 주는 방어 수단이다.

3) 사회적 지지

다른 사람과의 관계성은 스트레스에 대처할 수 있도록 하는 데 도움을 준다. 연구자들은 사회적 지지(사람들은 서로 보살펴 주고 보살핌을 받는 상호 네트워크의 일부라는 생각)가 사람들로 하여금 보다 낮은 수준의 스트레스를 경험하게 하고 더 잘 대처할 수 있도록 해 준다는 것을 발견하였다. 예를 들면, 재난으로 집을 잃은 사람에게 일시적이지만 주거지를 제공하거나, 학업 수행이 저조하여 스트레스를 경험하는 학생에게 시험 준비를 위한 도움을 제공할 수 있다.

4) 효과적인 스트레스 대처 전략

어떻게 하면 스트레스에 가장 효과적으로 대처할 수 있는가? 이 질문에 대해 연구자마다 많은 상이한 방안을 제시하였다. 물론 효과적인 대처는 스트레스원의 성질과 통제 가능성에 달려 있기 때문에 하나의 보편적인 해결책은 없다. 그러나 몇 가지 일반적인 지침을 제안하면 다음과 같다.

(1) 위협을 도전으로 생각하라

스트레스 상황이 통제 가능하면 최선의 대처 접근은 그 상황을 도전적인 것으로 취급하고 그것을 통제하기 위한 방법에 초점을 맞추는 것이다. 예컨대, 자동차가 수시로 문제를 일으키기 때문에 스트레스를 받는다면 일과 후에 자동차 수리에 대해 공부하고 직접 자동차를 수리할 수 있는 기술을 학습할 수 있다. 자신에게 수리가 너무 어렵다고 판단되면 최소한 어떤 것이 잘못되었는지를 이해할 수는 있을 것이다.

(2) 위협적인 상황을 덜 위협적인 상황으로 전환시키라

스트레스 상황이 통제 불가능한 것으로 보일 때는 다른 접근을 택할 수 있다. 상황에 대한 자신의 평가를 변화시키고, 다른 입장에서 보거나 자신의 태도를 수정할 수 있다. 부정적인 상황에서 긍정적인 것을 발견하려는 사람은 그렇지 않은 사람보다 스트레스를 덜 느끼며 스트레스를 더 잘 다룰 수 있다

(3) 목표를 수정하라

개인이 통제 불가능한 상황에 처하게 될 때 또 다른 적절한 전략은 특별한 상황에 적용될 수 있는 새로운 목표를 채택하는 것이다. 예컨대, 자동차 사고를 당하여 다리를 잃은 댄서는 더 이상 댄서로서의 활동을 할 수는 없으나, 목표를 수정하여 댄서 강사가 되고자 할 수 있다. 마찬가지로 직업을 잃은 간부 사원은 부자가 되려는 목표를 수정하여 중간 정도의 수입원을 가지는 것을 목표로 할 수 있다.

(4) 운동을 하라

또 다른 스트레스 대처방법은 스트레스에 대한 자신의 생리적 반응을 변화시키는 것이다. 예컨대, 바이오피드백은 기본적인 생리적 과정을 변

화시켜 혈압, 심장박동, 그리고 다른 고양된 스트레스 반응을 줄이게 한다. 그 외 운동은 몇 가지 측면에서 스트레스를 줄이는 데 효과적일 수 있다. 첫째, 규칙적인 운동은 심장박동, 호흡 수, 혈압을 줄일 수 있다(물론 운동을 하는 동안에는 이러한 반응이 증가될 수 있지만). 더 나아가 운동은 신체에 대한 통제감과 성취감을 안겨 줄 수 있다.

(5) 다이어트를 하라

다이어트의 변화는 스트레스 대처에 도움을 준다. 예컨대, 커피를 많이 마시는 사람은 불안감을 느끼기 쉽다. 따라서 커피의 양을 줄이는 것으로도 스트레스 경험을 줄이는 데 충분한 조건이 된다. 마찬가지로 살이 찌는 것은 그 자체로 스트레스를 일으키기 때문에 살을 빼는 노력이 스트레스를 감소시키는 데 효과적일 수 있다.

(6) 스트레스가 발생되기 전에 스트레스에 대비하라

스트레스에 대처하는 마지막 전략은 스트레스가 나타나기 전에 미리 스트레스에 대비하는 것이다. 병원에 입원한 환자가 수술 후에 겪게 되는 정서 문제를 예방하기 위한 한 가지 방법은 그들이 처하게 될 곤란에 대해 가능한 한 상세하게 설명해 주는 것이다. 그러나 무엇보다 중요한 요인은 단순히 설명하는 대신에 그 상황을 다룰 수 있는 분명하고도 객관적인 전략을 제공해 주는 것이다. 이러한 처치를 받은 환자는 받지 않은 환자보다 스트레스를 덜 경험하는 것으로 나타났다.

5. 주요 건강 문제의 심리적 측면

1) A/B 유형과 관상동맥 심장병

성격 특질의 특징적인 집합으로 사람들을 A유형과 B유형 행동 패턴으로 구분할 수 있다. A유형의 사람들은 경쟁적이고, 계속해서 시간에 쫓기며, 공격적이고, 일에 집착하며, 특히 일의 완성이 지연될 때 언어적 · 비언어적으로 적대감을 보인다. 반면 B유형의 사람들은 A유형에 비해 훨씬 덜 경쟁적이고, 특히 시간 지향적이지 않으며, 공격적 · 충동적 · 적대적이지 않다. A유형의 행동 패턴은 관상동맥 심장병과 관련되기 때문에 건강심리학자들로부터 집중적인 관심을 받았다. A유형으로 분류된 3,000명의 남성을 대상으로 8년에 걸쳐 실시된 연구에서 그들은 B유형으로 분류된 사람들에 비해 관상동맥 심장병에 걸릴 확률이 두 배 이상 높은 것으로 나타났다.

왜 A유형 행동과 관상동맥 심장병이 관련되어 있는가? 이 질문에 대한 답변으로 A유형의 사람들은 스트레스 상황에 처할 때마다 생리적으로 과

[그림 10-2] A형과 B형의 성격 유형

도하게 각성하는 경향이 있는데, 이러한 각성은 에피네프린과 노르에피네프린이라는 호르몬의 분비를 증가시켜 심장박동과 혈압을 증가시키기 때문이라고 보고 있다. 결국 과도한 생리적 반응은 심혈관계 질환의 발생 가능성을 증가시켜 관상동맥 심장병으로 발전될 수 있다는 것이다.

비록 A유형과 관상동맥 심장병 간의 인과관계가 존재할지라도, 더 중요한 것은 어떻게 하면 사람들이 A유형을 B유형으로 변화시켜 심장병의 위험을 감소시킬 수 있는가다. 미국 샌프란시스코에서 수행된 집단 프로그램의 결과는 이러한 부분에 대해 어느 정도의 해결책을 제시했다고 볼 수 있다. 그 결과에서는 전통적인 의학적 치료와 심장마비에 대한 정보를 전달받은 통제집단에 비해 프로그램에 참여한 대상자에게서 심장 발작률이 현저하게 감소되었다.

2) 암의 심리적 측면

암의 발병 원인은 아직까지 확실하게 알려져 있지 않지만, 암의 진행과정은 일정하다. 신체의 어떤 세포들이 변형되어 빠르게 증식함으로써 통제할 수 없는 상태에 이르게 된다. 이런 변형된 세포들이 성장함으로써 종양을 형성하고, 건강한 세포와 신체 조직으로부터 영양분을 흡수하여 결국 신체의 기능을 파괴한다. 이처럼 암의 진행과정은 생리적인 것이지만, 암에 대한 환자의 정서적 반응이 이 질병의 진행과정에 중요한 영향을 미칠 수 있다는 증거들이 제시되었다.

유방암으로 인해 유방을 제거한 여성의 생존율을 분석한 한 연구의 경우 희망이 없다고 느끼고 비관적으로 죽음을 기다리는 여성의 생존율이 가장 낮았으며, 이들 여성은 대부분 10년 이내에 사망한 것으로 나타났다. 반면 질병과 싸워 이기려는 정신을 보여 준 여성의 생존율은 유의하게 높은 것으로 나타났다. 결국 이 연구 결과는 긍정적인 태도를 가지고 있는 암 환자는 보다 부정적인 태도를 가진 사람보다 생존 가능성이 더 크다는 것을 시사한다. 만약 스트레스와 부정적인 태도가 면역계의 능력을 감소시킨다면 긍정적인 태도는 면역계의 기능을 보다 효과적으로 향상시키는가? 이 질문에 대해서는 아직까지 확실하게 대답할 수 없으나 가능성은 분명히 큰 것으로 보인다.

3) 수면과 꿈

(1) 수면의 주기

뇌의 전기적 활동 측정인 뇌파(electroencephalogram: EEG)를 통해서 수면 동안 어떠한 일이 발생되고 있는지를 파악할 수 있다. 잠자는 사람의 두피와 안면에 EEG 전극을 부착하여 뇌의 전기적 활동을 측정하면, 수면 동안에 높이(진폭)와 속도(주파수)가 규칙적으로 변하는 뇌에서 발생되는 체계적인 파장 패턴인 전기적 활동을 관찰할 수 있다. 근육과 안구 운동을 측정하는 도구는 또한 신체 활동을 밝히는 데 효과적이다.

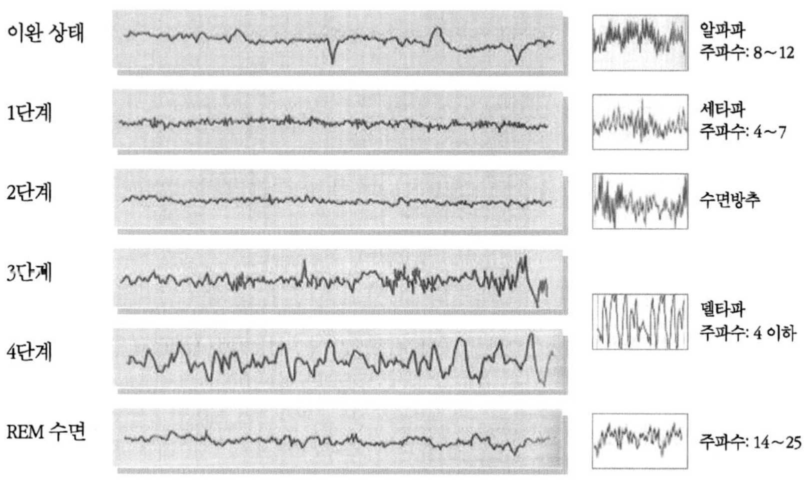

[그림 10-3] 수면 단계별 뇌파 패턴

일반적으로 수면은 4단계를 한 주기로 하여 진행되는데, 한 주기는 약 90분간 지속된다. 각 단계는 독특한 뇌파 패턴과 관련된다.

수면에 돌입하기 위해 사람들은 눈을 감고 이완된 각성 상태(때때로 수면의 0단계라 부름)에서 서서히 제1수면 단계에 돌입하게 된다. 이 단계에서 나타나는 뇌파 패턴은 비교적 빠르고 작은 진폭으로 특징지어진다. 이 단계는 실제로 깨어 있는 상태에서 수면 상태로 전환되는 단계다. 제1수면 단계 동안에는 때때로 마치 정지된 사진을 보는 것과 같은 이미지가 나타난다. 그러나 이 단계에서는 꿈을 꾸지 않는다. 수면이 점점 깊어짐에 따라 제2수면 단계에 돌입하게 되는데, 제2단계에서 발생되는 뇌파 패턴은 좀 더 느리고 규칙적인 파형으로 특징지어진다. 그러나 수면방추(sleep spindles)라 불리는 순간적으로 꺾이는 파형이 나타난다. 제2수면 단계에 돌입하게 되면 점차 깨어나기 어려운 상태가 된다.

제3수면 단계에 접어들면서 뇌파는 더욱 느려지고 진폭은 더 커진다. 가장 깊은 수면 단계인 제4수면 단계에 접어들게 되면 뇌파 패턴은 더 느린 규칙적인 파형이 발생되며, 외부 자극에 대해 가장 적은 반응을 하게 된다. 제4수면 단계 이후에는 다시 수면의 초기 단계로 돌아간다. 결국 아침이 되어 깨어날 때까지 이러한 4단계의 주기를 계속해서 반복하게 된다.

(2) REM 수면

4단계의 수면 주기를 반복하는 동안, 제4수면 단계에서 제1수면 단계로 전환될 때마다 안구는 마치 액션영화를 볼 때와 같이 빠른 운동을 하게 된다. 이러한 수면 기간을 빠른 안구운동 혹은 REM(rapid eye movement) 수면이라 부른다. 역설적으로 이러한 활동이 발생되는 동안 신체의 주요 근육은 마치 마비되어 있는 것처럼 보이며, 수면에서 깨어나기가 어렵다. 일반적으로 REM 수면은 꿈을 수반한다.

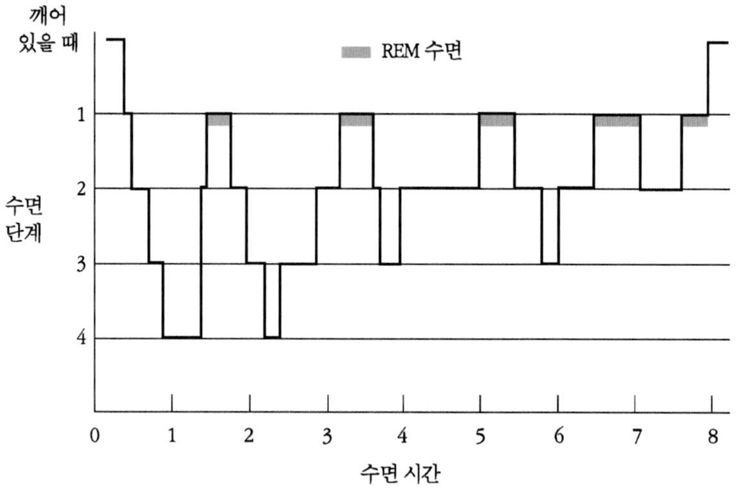

[그림 10-4] 수면의 4단계와 REM 수면

빠른 안구운동에 대해 한 가지 입증되지 않은 설명은 눈이 꿈을 꾸는 동안에 발생되는 행동을 좇아간다는 것이다. 예컨대, 수면자가 깨기 직전에 테니스 경기를 하는 꿈을 꾸었다고 보고한 사람들은 마치 네트를 사이에 두고 왔다 갔다 하는 테니스공을 보고 있는 것처럼 규칙적인 우-좌-우 방향의 안구 운동을 보여 주었다.

REM 수면이 사람들의 일상적인 기능에 중요한 역할을 한다는 증거가 있다. REM 수면을 박탈당한 사람(뇌파를 통해 REM 수면에 돌입할 때마다 흔들어 깨우는 식으로)은 휴식을 취하지 못하도록 했을 때와 동일한 반동효과(rebound effect), 즉 REM 수면에 유의하게 더 많은 시간을 보내는 것으로 나타났다. 이는 마치 신체가 적절히 기능하기 위해 일정량의 REM 수면을 요구하는 것처럼 보인다.

(3) 수면의 필요성

일반적으로 수면은 인간이 기능을 하기 위해 반드시 필요한 것으로 보인다. 신체는 생기를 회복하기 위해 '휴식 및 이완' 을 필요로 한다. 그러나 이것은 완전한 설명이 아니라는 주장이 있다. 예컨대, 대부분의 사람은 하루에 7~8시간 정도의 수면을 취하지만 개인마다 수면 시간은 큰 차이가 있다. 어떤 사람은 하루에 3시간의 수면만으로도 충분히 기능을 한다. [그림 10-5]는 연령에 따른 수면 시간을 비교한 자료를 보여 준다. 이 그림에서 알 수 있듯이 연령이 증가함에 따라 수면 시간은 줄어들며, 특히 REM 수면은 이른 연령일수록 증가된다.

개인의 수면 요구는 전 생애 동안 변하기도 한다. 즉, 나이가 들어감에 따라 일반적으로 수면 시간은 짧아진다. 만약 수면이 신체의 회복 기능을 돕는다면 노인이 젊은 사람보다 적게 수면을 취하는 이유를 이해하기 힘들다. 더 나아가 수면 박탈 실험(약 200시간 동안 수면을 취하지 못하도록 하는 조건)에 참여한 사람들은 어떤 지속적인 영향을 보이지 않았다. 그들은 깨어 있는 동안 피곤함, 집중력 및 창의성 결여, 초조함, 그리고 손 떨림을 경험하였으나, 한 번의 수면을 취함으로써 그러한 증상이 사라졌고 며칠간 규칙적인 수면을 취한 후에는 정상적인 수행을 할 수 있었다.

만약 공부나 일에 투자하는 시간이 많아서 수면이 부족하고, 그것이 건강을 해칠지 모른다고 염려한다면 너무 소심한 것이다. 수면 부족으로 오는 증상은 일시적이기 때문이다. 그러나 수면 부족은 반응 시간을 느리게 하고 수행의 저하를 가져오며 초조감을 느끼게 하기 때문에 숙면을 취하는 것이 바람직하다.

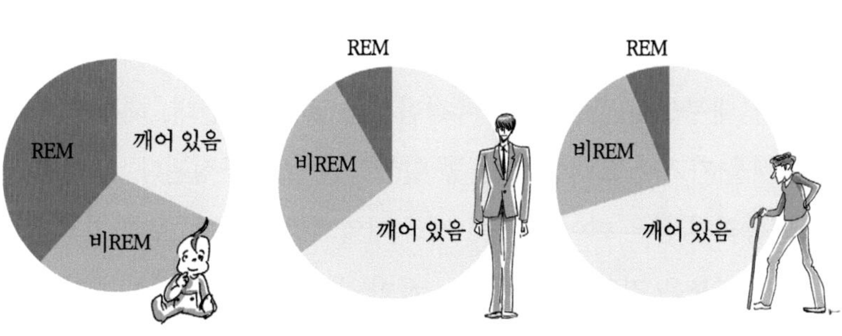

[그림 10-5] 연령에 따른 수면 시간 비교

(4) 꿈의 기능

영희는 학교 벤치에 앉아서 오늘밤 극장에 가서 무슨 영화를 볼 것인지 궁리하고 있었다. 그런데 갑자기 오늘 심리학 수시시험이 계획되어 있다는 사실을 기억하게 되었다. 난감해지기 시작하였다. 사실 공부는 전혀 하지 않았고, 시험을 보는 강의실도 어디인지 모른다. 이제 어떻게 할 것인가? 영희는 강의실을 찾기 시작하였다. 교수에게 기회를 달라고 부탁할 심산이었다. 그러나 이 강의실, 저 강의실을 다 뒤지고 다녔지만 시험을 보는 장소를 찾을 수 없었다. 영희는 그것이 다 부질없는 짓이라는 것을 알고 있었다. 문제는 이번 학기는 심리학뿐 아니라 다른 과목도 동일한 상황에 처할 것이기 때문이었다. 영희는 퇴학을 당할지도 모른다는 것을 잘 알고 있다.

만약 이와 같은 꿈을 꾸었다면 꿈속에서 일어난 사건이 어떻게 공포를 일으키는지를 알게 될 것이다. 어떤 꿈은 현실적이지 않다. 일반적으로 공포를 일으키는 악몽(nightmares)은 사람들이 꾸는 매우 흔한 꿈이다. 한 조사에서 2주 동안 꿈을 기록하도록 요청받은 대학생의 절반가량이 최소한 한 번 이상의 악몽을 꾼 것으로 나타났다. 따라서 한 사람이 연간 평균적으로 24회의 악몽을 꾸는 것으로 추정된다. 꿈을 꾸는 동안 심한 공포감과 함께 비명을 지르면서 깨어나는 경우도 있다. 흔히 그러한 공포는 너무 생생하여 다시 수면을 취하지 못하고 안정감을 찾을 때까지 깨어 있는 경우가 많다.

그러나 대부분의 꿈은 그리 극적이지는 않다. 예컨대, 대부분의 꿈은 슈퍼마켓을 가거나 요리를 하는 등 일상적인 일로 구성된다. 그렇지만 이러한 일상적인 꿈은 깨어난 후에 거의 기억되지 않지만, 보다 자극적이고 흥분되는 내용은 기억되기가 쉽다. 꿈이 특별한 기능을 가지는지의 여부는 오랫동안 과학자 사이에서 논쟁이 되어 온 문제다. 예컨대, 프로이트는 꿈이 무의식의 내용을 포함하고 있다고 주장하였다. 무의식적 소망충족(unconscious wish fulfillment) 이론에 따르면 꿈은 충족하기를 원하는 무의식적 소망을 나타낸다. 그러나 이러한 소망은 꿈을 꾸는 사람의 의식적 자각을 위협하기 때문에 실제 소망, 즉 꿈의 잠시 내용(latent content of dreams)은 위장된다. 꿈의 실제 주제와 의미는 꿈의 현시 내용(manifest content of dreams)이라 불리는 현실 이야기와는 무관할 수 있다.

프로이트에게는 꿈의 진실한 의미를 이해하기 위해서 꿈의 현시 내용의 두터운 갑옷을 벗기는 것이 중요했다. 이를 위해 프로이트는 꿈의 상징을 과거의 사건과 연합시키기 위해 사람들로 하여금 그들이 꾼 꿈을 논의하도록 하였다. 그는 또한 꿈속에는 보편적인 의미를 가진 어떤 일반적인 상징이 포함되어 있다고 주장하였다. 예컨대, 하늘을 나는 꿈은 성 행동에 대한 소망을 상징한다. 〈표 10-2〉는 이러한 일반적인 상징과 그 해석의 예를 보여 준다.

오늘날 많은 심리학자는 꿈이 전형적으로 무의식적인 소망을 나타내며, 꿈속에서 나타나는 특별한 대상과 사건은 상징적이라는 프로이트의 관점을 부정한다. 예컨대, 공부를 하지 않고 시험을 보기 위해 강의실 복도를 걸어가는 꿈은 무의식적이며 허용되지 않는 소망과는 관련이 없다. 오히려 이것은 단지 우리가 시험에 대한 위기감 내지는 그에 대해 골몰하고 있다는 것을 의미한다. 보다 복잡한 꿈은 흔히 일상적인 관심과 스트레스에 의해 해석될 수 있다. 더구나 우리는 이제 어떤 꿈은 사람들이 수면 환경에서 발생되는 사건을 반영한다는 것을 알고 있다. 예컨대, 한 실험에서 꿈을 꾸는 피험자의 얼굴에 스프레이로 물을 품었을 때 수면을 방해받지 않은 다른 피험자보다 물과 관련된 꿈을 더 많이 꾼 것이 보고되었다. 마찬가지로 꿈을 꾸는 동안 알람시계 소리를 들은 사람은 꿈속에서 대문의 초인종이 울리는 경험을 하였다.

비록 꿈의 내용은 환경 자극에 의해 명백하게 영향을 받을 수 있을지라

표 10-2 프로이트가 해석한 꿈의 상징

상징	해석
사다리를 오른다, 다리를 건넌다, 엘리베이터를 탄다, 비행기를 탄다, 긴 복도를 걸어간다, 방에 들어간다, 터널 속에 들어간다	성적 소망
사과, 복숭아, 포도	가슴
총알, 불, 막대, 우산, 총, 말, 칼	남성의 성기
오븐, 상자, 터널, 옷장, 동굴, 병, 양	여성의 성기

도, 우리가 현실에서 해결되지 않은 것이 꿈속에서 나타나는 이유가 무엇인지의 문제는 여전히 의문으로 남아 있다. 프로이트 이론에 대한 몇 가지 대안이 제시되었다. 예컨대, **역학습이론**(reverse learning theory)에 따르면 꿈에는 어떤 의미도 포함되어 있지 않다. 대신에 하루 동안 축적된 불필요한 정보를 날려 버리기 위해 꿈을 꾼다. 이러한 관점에서 꿈이란 단지 우리에게 혼돈을 안겨 주는 재료에 대한 역학습을 의미한다. 따라서 꿈은 일종의 뇌 청소를 위한 것이고, 그 자체로는 어떤 의미도 포함되어 있지 않다.

꿈의 생존이론(dreams-for-survival theory)은 꿈의 또 다른 기능을 제안한다. 이 이론에 따르면 꿈은 매일의 생존을 위해 중요한 정보를 다시 고려하고 재처리하도록 해 준다. 꿈을 꾸는 것은 깨어 있는 시간 동안 충분한 정보를 처리하고 담아 둘 수 없는 작은 뇌를 가진 동물 선조로부터 물려받은 유산이다. 결국 꿈은 하루 24시간 동안의 정보 처리를 허용해 주는 기제를 제공한다. 이 이론에 따르면 꿈은 의미를 가지고 있다. 꿈은 우리의 일상적 삶에 대한 관심이며 삶의 불확실성, 비결정적인 일, 아이디어, 욕망을 포함하고 있다. 따라서 꿈은 일상적인 삶과 일치한다. 프로이트가 주장하는 것처럼 위장된 소망이기보다는 일상적인 경험으로부터 얻어진 중요한 관심사를 나타낸다(Pavlides & Winson, 1989; Winson, 1990).

현재 꿈에 대한 가장 영향력 있는 설명은 꿈을 기본적인 생물학적 활동의 부산물로 보는 것이다. **활성화 종합이론**(activation-synthesis theory)을 제안한 정신의학자인 홉슨(J. Allan Hobson)에 따르면, 뇌는 특별한 신경전달물질 생성의 변화에 기인하여 REM 수면 동안 무작위 전기 에너지를 발생시킨다. 이러한 전기 에너지는 뇌의 여러 영역에 적재된 기억을 무작위로 자극한다. 우리는 수면을 하는 동안에도 세계에 대해 의미를 부여할 필요가 있다. 그래서 뇌는 혼잡하고 무질서한 기억을 논리적인 내용 구성으로 정리한다. 이러한 관점에서 꿈은 유의하고 의미 있는 심리현상이기보다는 자기 생성 게임에 가깝다.

그러나 홉슨은 꿈이 무의식적 소망을 반영한다는 관점을 완전히 부정하지는 않는다. 그는 꿈이 생성하는 특별한 시나리오는 무작위적이지 않으며, 대신에 꿈을 꾸는 사람의 공포, 정서, 그리고 관심에 대한 단서라고 주장한다. 따라서 무작위 처리로부터 시작하여 점차 의미 있는 것으로 정제된다. 꿈이 무작위 뇌 활동에 대한 반응을 나타낸다는 증거는 신경전달물질인 아세틸콜린(acetylcholine)과 유사한 기능을 가진 약물을 주입한 피험자로부터 얻어진다. 피험자는 약물의 영향으로 신속하게 REM 수면에 돌입하고, 자연 수면에서 나타나는 꿈과 유사한 꿈을 꾼다. 그러나 이와 같은 증거는 여전히 생성된 꿈이 심리적 의미를 가진다는 것을 확증해 주지는 않는다.

꿈에 대한 여러 이론을 종합할 때, 분명히 꿈 연구자들은 꿈이 어떤 의미를 가지고 있다는 데 동의한다. 그러나 꿈의 특별한 내용은 개인마다 독특하며 어떤 식으로든 의미 있는 패턴과 관심을 나타내는 것으로 보인다. 결국 꿈은 어떤 의식 수준에서 우리에게 가장 중요한 것들에 대한 단서를 제공할 수 있다.

(5) 백일몽: 수면이 없는 꿈

> 우리의 과거 실수는 깨끗이 말소되고 미래는 괄목할 만한 성취로 채워져 있다. 명성, 행복, 그리고 부가 다 우리의 것이 될 수 있다. 다음 순간 비극이 일어난다. 고통스러운 불행감이 현실로 다가온다.

이 시나리오의 출처는 사람들이 깨어 있는 동안 꾸는 백일몽(daydreams)의 내용이다. 수면 동안 일어나는 꿈과는 달리, 백일몽은 사람들의 통제하에 있으며, 따라서 그 내용은 흔히 수면 동안에 일어나는 꿈의 내용보다는 환경 속의 직접적인 사건과 더 밀접한 관련이 있다. 백일몽은 성적 공상을 포함하기도 하지만 개인의 인생과 관련된 다른 활동이나 사건과도 관련된다.

백일몽은 전형적으로 깨어 있는 상태에서의 의식의 부분이지만, 그 내용과 백일몽을 꾸는 사람의 개입은 사람마다 다르다. 예컨대, 전체 집단의 2~4%는 최소한 공상과 환상을 하는 데 거의 절반가량의 시간을 보낸다. 비록 대부분의 사람이 백일몽을 그리 자주 꾸지는 않지만, 거의 모든 사람은 어느 정도 환상적인 공상을 한다. 사람들에게 하루 동안 행하는 것이 무엇인지를 확인해 보도록 한 연구들은 그들이 하는 일의 10%는 백일몽을 꾸는 데 소비된다는 것을 밝혔다. 환상의 내용은 대부분이 전화비를 내거나, 식품점에 가거나, 사랑과 관련된 문제를 해결하는 등의 일상적인 사건이었다.

비록 빈번하게 꾸는 백일몽은 심리적 문제와 관련되는 것으로 고려되지만, 실제로 심리적 문제와 백일몽은 거의 관계가 없는 것으로 보인다. 환상과 현실을 구분할 수 없는 소수의 사례를 제외하고, 백일몽은 의식 활동의 정상적인 부분으로 고려된다. 실제로 환상은 사람들에게 창의성을 고양시키고 사람들이 경험하는 것이 무엇인지를 이해하기 위해 상상을 동원하도록 함으로써 심리적 안녕에 기여할 수 있다.

(6) 수면 문제

거의 모든 사람은 한 번쯤은 불면증(insomnia)으로 알려진 수면 문제를 경험했을 것이다. 그것은 사랑하는 사람과의 결별, 시험에 대한 불안감, 직업 상실과 같은 특별한 상황에 기인할 수 있다. 그러나 몇몇 불면증 사례는 분명한 이유나 원인이 없이 발생된다. 어떤 사람은 쉽게 잠을 잘 수 없거나 혹은 쉽게 잠이 들지만 수시로 잠에서 깬다. 미국인의 1/4이 이러한 불면증의 문제를 가지고 있는 것으로 추정된다.

불면증보다는 덜 일반적이지만, 많은 사람에게서 나타나는 다른 수면 문제로 수면 무호흡증(sleep apnea)이 있다. 이는 호흡과 수면을 동시에 취할 수 없는 조건, 즉 산소 공급의 부족으로 수시로 깨어나는 수면 문제다. 심지어 무호흡증을 가지고 있는 사람 중에는 한 번의 수면 동안 500회 정도 깨어나는데도 그것을 인식하지 못하는 사람도 있다. 이러한 사람들은 당연히 다음 날 아침이 되면 수면 부족을 호소한다. 수면 무호흡증은 수면 도중에 영아가 갑자기 사망하는 영아돌연사증후군(sudden infant death syndrome)을 잘 설명해 준다.

기면증 혹은 수면발작증(narcolepsy)은 매일 짧은 시간 동안 수시로 수면을 취해야 하는 통제할 수 없는 조건이다. 어떤 활동(열띤 토론, 운동, 운전 등)을 하든 간에 기면증은 갑작스러운 수면을 일으킨다. 기면증을 가지고 있는 사람들은 깨어 있는 상태에서 REM 수면으로 직접 돌입한다. 기면증의 원인은 아직까지도 잘 알려져 있지 않다.

수면을 방해하지는 않지만 몽유병(sleeptalker, sleepwalker)에 대해서도 그 원인이 거의 알려져 있지 않다. 이는 제4수면 단계 동안 발생되며 성인보다는 아동에게서 더 많이 나타난다. 대부분의 몽유병 환자는 세계에 대한 모호한 의식을 가지고 있으며, 여러 사람이 모인 장소를 돌아다니거나 심지어는 위험한 장소를 배회하기도 한다. 몽유병 환자를 깨우면 안 된다는 얘기는 사실이 아니다. 수면 동안 돌아다니는 이런 개인을 깨우더라도 위험한 일은 발생되지 않는다. 다만 그 상태에서 깨어난 사람은 어리둥절해할 뿐이다.

다행히도 대부분의 사람이 겪고 있는 수면장애는 불면증이다. 불면증은 깨어 있는 동안의 활동에 큰 방해 요인이 된다. 수면 문제를 연구하는 심리학자들은 불면증을 극복하기 위한 많은 전략을 제안하였다. 다음은 불면증을 극복하기 위한 몇 가지 제안을 요약한 것이다.

- 수면에 들기 전에 신체를 곤하게 만든다. 더구나 체계적 이완기법과 바이오피드백을 학습하는 것은 하루의 스트레스와 긴장을 푸는 데 도움을 줄 수 있다.
- 수면 시간을 규칙적으로 정하고 그에 따른다. 일정을 습관화하는 것은 내부 타이밍 기제가 신체를 더 잘 조절해 줄 수 있도록 해 주기 때문이다.
- 침대(잠자리)에서 다른 목적의 활동은 하지 않는다. 즉, 공부, 독서, 식사, TV 시청, 그리고 다른 여가 활동은 침대에서 하지 말고 다른 장소에서 하여야 한다. 침대는 단지 수면을 위한 단서로 작용하여야 한다.
- 점심 이후에 카페인(커피, 차 등) 섭취를 피한다. 이 성분은 약 8~12시간 지속되기 때문에 오후에 섭취한 카페인은 수면에 영향을 미칠 수 있다.
- 취침 전에 따뜻한 우유를 마신다. 우유에는 수면을 도와주는 트립토판(tryptophan)이란 성분이 함유되어 있다.
- 수면제를 피한다. 미국에서는 연간 수면제 소비에 1억 달러 이상이 소요되고 있다. 그러나 장기적으로 수면제는 정상적인 수면 주기를

방해하기 때문에 이득보다는 손해를 가져다준다.

- 억지로 수면을 취하려고 하지 않는다. 이 권고는 다소 낯설게 들릴지 모르겠으나, 심리학자들은 사람들이 수면 문제를 가지는 이유가 의도적이면서도 억지로 수면을 취하려는 시도 때문이라는 것을 발견하였다. 보다 나은 전략이 애리조나 대학의 부친(Richard P. Bootzin)에 의해 제안되었다. 그것은 사람들에게 수면 습관을 재조건화하도록 가르치는 것이다. 그는 사람들에게 피곤을 느낄 때만 침대에 들도록 한다. 만약 침대에 들어가서 10분 내에 수면을 취할 수 없다면 침대에서 나와 다른 것을 하도록 하였고, 피곤을 느낄 때 다시 침대로 돌아가도록 하였다. 이 과정은 계속 반복되어야 하며, 필요하다면 밤새 이 과정을 지속하도록 한다. 그러나 아침이 되면 정시에 일어나야 하며 낮잠을 자지 않아야 한다. 이러한 과정을 3~4주 동안 지속하게 되면 대부분의 사람은 침대와 수면을 연합시키는 조건화가 이루어진다. 따라서 쉽게 수면에 돌입하게 된다.

수면 문제를 가지고 있다고 스스로 생각하는 많은 사람은 실제로는 잘못 알고 있는 경우가 많다. 관찰자들은 치료를 위해 수면 클리닉에 오는 환자의 상당수가 실제로 그들이 생각하고 있는 것보다 더 많은 수면을 취하고 있음을 발견하였다. 예를 들면, 연구자들은 밤새 전혀 잠을 못 자는 것으로 보고한 몇몇 사람이 실제로 취침 시작 후 30분이 지나 수면에 돌입하였고, 밤새 그러한 수면 상태를 유지했음을 발견하였다. 더 나아가 불면증을 가진 어떤 사람은 실제로 수면 동안 들리는 어떤 소리를 회상할 수 있었는데, 이것이 실제로 밤새 잠을 자지 못했다는 느낌을 갖게 하는 원인으로 보인다. 불면증을 가진 많은 사람의 문제는 실제로는 수면 부족이 아닌 그들의 수면 패턴에 대한 오지각일 수 있다.

제11장

이상 행동

1. 정상과 이상의 문제
2. 이상 행동의 접근 모형
3. 정신장애의 평가와 진단
4. 주요 정신장애

HUMAN LIFE AND PSYCHOLOGY

1. 정상과 이상의 문제

많은 정신건강 전문가는 어떤 사람의 정신 상태를 논할 때 그 사람이 정신장애를 가지고 있는지의 여부를 결정하려고 한다. 정신장애(mental disorder)란 일반적으로 만족스러운 삶을 살아가고 사회에서 적절히 기능할 수 있는 개인의 능력을 심각하게 방해하는 장기적이거나 반복적인 문제다. 그러나 비정상적이라고 하는 것에 관여되는 요인이 너무 많기 때문에 어떤 사람이 정신장애를 가지고 있는지의 여부를 결정하는 것은 어렵다. 그럼에도 오랜 시간에 걸쳐서 정상(normal)과 이상(abnormal)을 정의하는 접근이 생성되고 변화되어 왔다. 이를 요약해 보면 위 접근에는 대체로 다음의 세 기준이 적용된다.

1) 평균에서 이탈

정상과 이상을 구분하는 가장 명확한 기준 중 하나는 평균에서 벗어났는지의 여부다. 우리는 평균을 가장 보편적이며 대표적인 가치로 생각한다. 그렇기에 우리의 특정한 행동에도 평균이 존재하고, 그것을 벗어나면 보편성에서 벗어난 것, 즉 이상으로 정의하는 것이다. 하지만 이 기준에 따라 보편적이지 않고 매우 드문 행동을 보인다고 해서 다 이상 행동으로 분류할 수 없는 경우도 많다. 예를 들면, 기네스북에 등재되어 있는 사람은 매우 특이한 행동을 보이는 사람이 대부분이지만 그들을 이상 행동의 소유자로 정의하지는 않는다. 또한 지능지수(IQ)가 매우 높은 사람은 극소수에 불과한데도 그들을 이상으로 명명하지는 않는다. 따라서 평균에서 벗어난다는 기준에만 의존하여 이상 행동을 구분하는 것은 타당성이 떨어진다.

2) 사회규준에서 이탈

이상 행동을 구분하는 또 다른 기준은 행동이 사회적 기준, 가치, 혹은 규준에서 벗어나는지의 여부다. 이러한 접근은 우리 사회 구성원의 판단에 비추어 볼 때 사회적 기준에서 크게 벗어나는 행동이라면 그 행동을 이상 행동으로 규정할 수 있다. 그러나 사회규준은 한 시대의 문화를 반영하는 것이기 때문에 시간 흐름에 따라 변한다는 단점을 가지고 있다. 예를 들어, 20년 전에는 남자가 귀걸이를 하는 것이 사회적인 관점에서 많이 벗어난 행동으로 분류되었지만, 최근에는 이러한 행동이 패션 감각의 일부로 자리 잡고 있다. 따라서 사회규준에 기초하여 이상을 구분하는 것은 위험할 수 있다.

3) 부적응 행동

평균과 사회규준에서 벗어나는 것으로 이상 행동을 구분하는 것은 어떤 특별한 행동이 심리적으로 손상되었는지 혹은 부적응적인지의 여부를 명확하게 제시해 주지 못한다는 문제를 가지고 있다. 따라서 대부분의 정신건강 전문가는 이상을 적응 여부에 근거하여 명명하고 있다. 이처럼 행동으로 말미암은 심리적 결과에 초점을 맞추게 되면 한 사람에게 고통, 불안, 죄책감을 일으키거나 어떤 식으로든 다른 사람에게 해를 끼치는 행동은 모두 이상 행동으로 여겨질 수 있다. 예를 들면, 비행기를 타는 것에 심각한 공포를 느끼거나 살인을 하고 사체를 먹는 등의 행동은 모두 부적응적인 것으로 고려되어 이상 행동으로 정의될 수 있다.

2. 이상 행동의 접근 모형

이상 행동의 역사적 배경을 살펴보면, 18세기 말 이전에는 이상 행동을 미신적인 힘 또는 악마의 영혼 등과 관련된 것으로 생각하였다. 따라서 이상 행동을 보이는 사람들은 악령이 깃들었다고 비난을 받았으며, 이를 치료한다는 명분하에 화형시키거나 내장을 제거하는 등의 다양한 고문이 가해지기도 했다. 그러다 18세기 후반에 들어 이상 행동에 대한 이러한 생각이 변화하면서, 이상 행동을 보이는 사람들은 질병을 가진 아픈 사람이라는 의학적 접근을 필두로 이상 행동에 대한 현대적인 접근이 생겨나기 시작했다.

1) 의학적 접근 모형

어떤 사람이 암에 걸렸다면 우리는 일반적으로 그 사람의 신체 조직에서 암세포를 발견하고자 한다. 이와 마찬가지로 이상 행동의 의학적 접근 모형은 어떤 사람이 이상 행동의 증상을 보일 때 그 사람의 생물학적인 측면(예, 호르몬의 불균형)을 검사함으로써 그 근원을 찾고자 한다. 이러한 의학적 접근 모형은 사실 미신에 기초하여 이상 행동을 설명한 것과 비교해 볼 때 큰 진전을 이룬 것이다. 그러나 생물학적인 원인이 확인되지 않는 이상 행동이 다수 존재하기 때문에 의학적 접근 모형의 기본 가정은 신뢰성이 떨어진다.

2) 정신분석적 접근 모형

의학적 접근 모형이 이상 행동의 원인을 생물학적인 것에서 찾았다면,

정신분석적 접근 모형은 이상 행동이 아동기의 성 또는 공격성과 관련된 상반된 욕망에 대한 갈등으로부터 나타난다고 가정하였다. 프로이트는 아동기의 이러한 갈등이 성공적으로 해결되지 않는다면 그것이 무의식 속에 해결되지 않은 채 남게 되어 결국 성인기에 이상 행동으로 나타난다고 보았다. 따라서 정신분석적 접근 모형에서는 이상 행동의 근원을 이해하기 위해서 그 사람의 초기 인생의 역사를 면밀히 살피는 작업부터 시작한다. 그러나 정신분석적 접근 모형은 인생의 초기 경험과 이후의 이상 행동 간에 직접적인 관계성을 증명하기가 어렵다는 비판을 받았다. 하지만 이 접근 모형은 이전의 경험이 현재의 심리적 기능에 큰 영향을 미칠 수 있다는 점을 시사한다는 측면에서는 의의를 가진다.

3) 행동적 접근 모형

의학적 접근 모형과 정신분석적 접근 모형이 이상 행동을 어떤 근본적인 문제의 증상으로 보는 것과는 대조적으로, 행동적 접근 모형은 행동 자체를 문제로 삼는다. 따라서 이 접근 모형은 이상 행동을 넘어서 과거를 포함한 다른 어떤 것을 살필 필요가 없으며, 행동 자체를 이해하고 변화시킬 수 있으면 된다는 점을 강조한다. 즉, 이 접근 모형은 이상 행동이 어떻게 학습되었는지를 분석하고 그 행동이 왜 일어나는지를 설명하기 위해 그것이 나타나는 환경을 관찰한다. 예를 들면, 행동적 접근 모형은 낯선 사람과 대면하는 것을 피하는 개인의 행동을 효과적인 사회 기술의 부족에 기인한 것으로 설명하고, 따라서 이러한 행동은 대화를 주도하고 적절한 얼굴 표정을 사용하며 효과적인 청취자가 되는 기법을 훈련함으로써 치유될 수 있다고 본다.

4) 인지적 접근 모형

행동접근 모형에서는 사람들의 행동이 자신의 통제 밖에 있는 요인에 의해서 일어난다고 보았지만, 사람들이 자신의 행동에 영향을 미치는 복잡하고 관찰되지 않는 내적 사고를 가지고 있다는 사실은 무시할 수 없는 부분 중 하나다. 따라서 이러한 부분에 초점을 둔 인지적 접근 모형이 대두되었다. 이 모형은 인지(사고와 신념)가 이상 행동의 핵심이 되는 신념이라고 가정하고, 치료과정으로 새로운 인지를 학습시키고자 하였다. 인지적 접근 모형은 학습을 중요한 요소로 포함하고 있기 때문에 종종 인지행동 접근 모형이라 불리기도 한다. 예를 들면, 한 학생이 '시험은 나의 장래에 매우 중요하다' 는 식의 인지를 가지고 있다면, 시험을 볼 때마다 수행에 부정적인 영향을 미치는 불안을 지속적으로 경험하게 될 것이다. 따라서 이 학생에게 보다 현실적이며 대안적인 사고, 즉 '나의 미래가 이 시험으로 결정되지는 않는다' 는 식의 인지를 가지도록 지도하게 된다. 비록 학습이론의 기본 원리가 사용될지라도, 행동 변화의 목표물은 인지의 수정이다.

5) 인본주의적 접근 모형

인간을 완전히 자신의 행동을 통제할 수 있는 존재로 가정하는 인본주의적 접근 모형은 행동을 통제할 수 있는 인간의 능력과 책임감을 강조한다. 다시 말하면, 개인과 세계의 관계성, 즉 사람들이 다른 사람과 관련하여 자신을 바라보고 철학적인 의미에서 세계 속의 자신의 위치를 살피는 방식에 초점을 맞추고 있다. 따라서 이 모형에 따르면 이상 행동은 인간으로서의 욕구와 능력을 충족시킬 수 없는 상태에 있음을 알려 주는 신호에 해당된다. 또한 사람들은 다른 사람에게 해를 입히거나 고통을 느끼지 않는 범위에서 스스로 행동을 선택할 수 있는 자유를 가지고 있기 때문에 자신의 행동을 교정할 필요가 있다고 느낀다면 스스로 그러한 행동을 수정할 책임감을 가지게 된다. 이처럼 인본주의적 접근 모형은 이전에 논의된 다른 모형에 비해 더 긍정적인 조망에서 이상 행동을 고려한다. 즉, 이상 행동에 대해 사람들의 어떤 것이 잘못되었다고 가정하는 대신에 그것이 사람들의 일상생활에서 언제든지 일어날 수 있는 환경에 대한 반응이라고 본다. 그러나 인본주의적 접근 모형은 비과학적이고 검증할 수 없는 정보와 모호성(예, 인간으로서의 추구, 인간의 욕구 충족 등 주로 철학적인 개념)을 가정하고 있다는 비판을 받는다.

6) 사회문화적 접근 모형

이상 행동의 사회문화적 접근 모형은 사람들의 행동이 가족, 사회, 그리고 그들이 살고 있는 문화에 의해 조성된다고 가정한다. 우리는 모두 가족, 친구, 지인, 낯선 사람으로 이루어진 사회 네트워크의 일부분이며, 다른 사람과 발전시킨 관계성의 종류는 이상 행동을 회복시키는 데 도움이 되거나 반대로 이상 행동을 일으킬 수 있다. 사회문화적 접근 모형에 따르면 스트레스와 갈등(무의식적 과정이 아닌 환경과의 일상적인 상호작용의 부분으로서)의 종류는 이상 행동을 촉진시키고 유지시킬 수 있다.

3. 정신장애의 평가와 진단

1) 정신장애의 평가

쇼 프로그램 〈투데이〉에 출연한 수전 스미스(Susan Smith)는 납치된 자신의 두 어린아이들을 돌려보내 줄 것을 눈물로 호소하였다. 경찰 수사가 진행되고 납치 사건이 발생된 지 9일 후 경찰은 수전을 의심하기 시작하였고, 다시 원점으로 돌아가 그녀를 심문하였다. 비로소 그녀는 눈물을 흘리며 자신이 두 아이를 죽였다고 고백하였다. 그녀는 호숫가에 차를 세우고 좌석에 두 아이를 남겨 둔 채 자동차 문을 잠그고 나와 자동차를 호수로 밀어 넣었다. 그녀는 아이들의 비명 소리를 듣지 않으려고 두 귀를 손으로 막았다. 결국 아이들은 자동차의 좌석에 앉은 채로 익사하였다.

어떤 경우는 그 사람에게 무엇이 잘못되었는지를 비교적 쉽게 확인할 수 있다. 예컨대, 연쇄 살인을 저지른 살인자와 비행기 타는 것에 대해 강렬하고도 비합리적인 공포를 가지는 사람은 분명히 이런 예에 속한다. 그러나 무엇이 잘못되었는지를 정확하게 확인하기 어려운 경우가 있다.

수전의 고백은 전국을 뒤흔들었고, 많은 사람은 '어떻게 자식을 그런 식으로 죽일 수 있는가?' '도대체 왜 그랬을까?' 와 같은 질문을 던졌다. 정신건강 전문가들은 수전의 문제를 분석하고자 하였고, 자식을 죽인 이유를 알아보기 위하여 임상 평가를 사용하였다. 임상 평가(clinical assessment)는 개인의 다양한 심리적, 생물학적 및 사회적 요인에 대한 체계적 평가뿐 아니라 과거와 현재의 문제, 스트레스 요인 및 기타 인지적 증상과 행동적 증상을 확인하는 절차를 포함한다.

어머니가 자식을 죽인다는 것은 분명히 비정상적이기 때문에 정신건강 전문가들은 어떤 충동이 수전으로 하여금 그러한 상상도 하기 어려운 잔인한 범죄를 저지르게 하였는지를 확인하기 위하여 임상 평가를 사용하였다.

(1) 세 가지 평가법

수전이 구속된 후에 몇 명의 정신의학자는 그녀를 그렇게 할 수밖에 없게 만든 압력이 무엇인지를 발견하기 위하여 임상 평가를 실시하였다. 다른 정신건강 전문가와 마찬가지로, 그들은 임상 평가의 주요한 기법인 신경학적 검사, 임상 인터뷰, 심리검사, 그리고 실생활 평가를 실시하였다.

1 신경학적 검사(neurological tests)

수전의 뇌에 어떤 손상이 있는지의 여부를 검토하기 위해 많은 신경학적 검사가 실시되었다. 이 검사는 반사(reflex), 운동 협응(motor coordination), 뇌 구조, 그리고 뇌 기능 평가를 포함한다. 신경학적 검사는 다양한 이상 증상이 종양, 질병, 혹은 뇌 감염에 의해 유발될 수 있기 때문에 임상 평가의 일부분이 된다. 신경학적 검사의 주요 기능은 심리적 원인(잘못된 신념)으로부터 물리적 혹은 신체기관의 원인(종양)을 분리시키기 위한 것이다.

2 임상 인터뷰(clinical interview)

임상 평가의 부분으로서 몇 명의 정신의학자는 수전을 인터뷰하는 데 많은 시간을 보냈다. 임상 인터뷰는 그 사람의 과거와 현재의 행동, 신념, 태도, 정서, 그리고 문제에 관한 정보를 수집하는 방법이다. 몇몇 임상 인터뷰는 질문이 사전에 설정되지 않는 비구조화된(unstructured) 것일 수 있고, 또 다른 것은 동일한 질문의 표준 형태에 따르는 구조화된(structured) 것일 수 있다.

임상 인터뷰가 실시되는 동안, 수전은 그녀의 현재 문제에 대해 그것들이 언제부터 시작되었고, 다른 사건이 수반되었는지 등의 질문을 받았을 것이다. 인터뷰는 수전의 현재 문제, 즉 자식을 죽인 일, 특히 살인을 저질렀을 때의 증상에 대한 상세한 정보에 초점이 맞추어진다. 임상 인터뷰는 아마도 이상 행동을 평가하기 위해 일차적으로 사용되는 기법일 것이다.

3 심리검사

수전에 대한 평가의 일부분으로 많은 성격검사가 수행되었을 것이다. 성격검사(personality test)는 두 가지 다른 종류의 검사를 포함한다. 즉, 사람이 이미 마련된 특별한 대답으로 반응할 수 있도록 되어 있는 특별한 진술문이나 질문으로 구성된 MMPI와 같은 객관적 성격검사(자기보고 질문지)와 특별한 대답이 준비되어 있지 않지만 사람이 해석하거나 이야기를 구성할 수 있도록 한 모호한 자극으로 구성된 로르샤흐 검사(Rorschach Test)와 같은 투사검사(projective test)를 포함한다. 이러한 성격검사는 임상가로 하여금 사람의 특질, 태도, 정서 및 신념을 평가할 수 있도록 해준다.

4 실생활 평가(real-life assessment)

정신건강과 관련된 문제를 다루는 재판에서 일반적으로 피고 측과 원고 측 각각은 자신의 편에서 정신의학자나 심리학자들을 고용한다. 이는 그들이 서로 다른 문제나 증상을 고려하기 때문이다. 수전의 경우는 최소한 두 명의 정신의학자가 현재 증상은 무엇인가, 과거의 어떤 사상과 상황이 이런 증상의 원인이 되었는가, 그녀의 증상은 자식을 살해하는 데 있어 어떤 역할을 하였는가 등과 같은 많은 질문에 대답하기 위해 임상평가를 수행하였다.

① 그녀의 과거

정신의학자는 수전의 과거를 탐색하는 과정에서 그녀가 아동기와 청소년기에 힘든 상황을 많이 겪었다는 것을 발견하였다. 그녀가 8세 때에 그녀의 아버지는 권총 자살을 하였다. 그녀가 13세 되던 해에 심리학자들은 우울증에 걸린 그녀를 병원에 입원하도록 권고하기도 했으나, 그녀의 어머니와 양부는 동의하지 않았다. 수전이 15세가 되던 해, 그녀의 양부는 그녀를 성적으로 괴롭혔으나 그녀의 어머니는 그 사실을 덮어 두었다. 그녀가 고등학교에 다닐 때는 우울증으로 자살까지 시도한 적이 있었다. 그러나 그녀의 학교생활은 원만하였고, 장학생으로 선발될 만큼 학업도 성공적이었으며, 1989년에는 학급에서 '가장 사귀고 싶은 여학생' 으로 선발되기도 하였다. 1991년에 결혼하였으나 둘째 아이가 태어난 직후에 이혼을 하였다. 할렉(Seymour Halleck) 박사는 그녀의 임상 평가에 기초하여 수전이 아동기 때 아버지의 자살과 사춘기 때 양부로부터의 성적 학대에 의해 충격을 받았다는 사실을 증언해 주었다. 할렉 박사는 그녀의 과거 문제가 현재 일어난 문제의 원인으로 작용했다고 말하였다.

② 그녀의 현재

정신의학자가 수전의 현재를 살펴보는 과정에서 많은 문제가 드러났다. 그녀는 살인을 저지르기 일주일 전에 결별을 선언했던 한 남자와 사귀고 있었다. 그 남자가 보낸 마지막 편지에서 그는 그녀와 같이 있기를 원했으나, 이미 그녀에게 딸린 2명의 아이를 책임질 준비가 되어 있지 않다고 말하였다. 그녀는 살인을 저지르기 수개월 전부터 외로움을 심하게 느껴 여러 남자와 성관계를 맺어 왔다고 고백하였다. 그 가운데는 그녀가 어렸을 때 그녀를 성적으로 괴롭혔던 양부, 결별을 선언한 남자를 포함하여 그 남자친구의 아버지와도 관계를 맺었다는 사실이 밝혀졌다. 게다가 수전은 그 기간 동안 알코올에 찌들어 있었다. 할렉 박사는 수전이 심한 우울증과 스트레스에 과민한 정서 반응까지 보이는 적응장애에 시달려 왔다고 증언해 주었다. 또 다른 정신의학자는 수전이 우울증 상태에서 자살까지 시도하기는 했으나 살인을 저지를 시기에는 옳고 그른 것을 구분할 수 있었으며, 그러나 그녀의 우울증과 최근에 발생된 남자와의 관계 청산이라는 스트레스에 대한 정서적 반응은 그녀로 하여금 자동차를 호수로 밀어 넣는 것을 스스로 막지 못하게 할 정도로 매우 심각한 것이었다고 증언하였다.

판사가 수전에게 유죄 선고를 결정하고 폐정하는 데까지 단 2시간 30분 동안 모든 사실이 보고되었다. 후에 그녀는 사형 선고를 언도받았다. 그녀를 아는 친구들은 수전을 좋아했고 그녀를 '착한 여자' 라고 불렀지만, 그녀의 임상 평가는 수전이 그들이 알고 있는 것보다 훨씬 더 분열되어 있는 사람이라는 것을 보여 주었다.

(2) 임상 평가의 유용성

정신의학자들이 수전에 대해 임상 평가를 실시하였을 때, 그들은 그녀가 아버지의 자살, 양부에 의한 성적 괴롭힘, 청소년기의 우울증, 그녀의 현재 남자친구로부터의 거절, 계속되는 우울증, 알코올 남용 등으로부터 발생된 문제를 가지고 있음을 확인하였다. 따라서 임상 평가는 수전이 저지른 심각한 범죄에 기여한 가능한 원인을 확인시켜 주었다. 그러나 임상 평가의 유용성을 평가하는 데 있어 고려되어야 할 네 가지 문제가 남아 있다.

① 개인은 대중의 시야로부터 그들이 가지고 있는 증상을 숨길 수 있으며, 증상의 진짜 본질과 깊이는 임상 평가를 통해서만 밝혀질 수 있다. 이것은 도시 사람들이 수전을 열심히 사는 '착한 여자' 로 불렀고 그녀가 두 자식을 죽였을 때 충격적인 사실로 받아들인 이유다. 실제로 그녀의 임상 평가는 명백하게 그녀의 범죄 행위에 어떤 역할을 한 장기적이고 복잡하며 심각한 심리 문제의 역사를 밝힐 수 있었다.

② 어떤 사람의 증상을 평가한 후일지라도 여전히 그 증상이 그 사람의 현재 행동에 어떤 역할을 했는지를 설명하기는 어려울 수 있다. 수전의 경우 그녀의 우울증과 자살 증상을 합리적이고 계획적인 것으

로 보이는 행위와 일치시키기는 어렵다.

③ 증상의 정확한 평가는 그것이 치료와 관련하여 중요한 시사점을 가지기 때문에 중요하다. 상이한 종류의 증상은 상이한 종류의 정신치료와 약물로 치료되는 상이한 종류의 정신장애를 나타낸다. 예컨대, 수전은 주요 증상 가운데 하나가 우울증이었고, 재판이 시작되기 전 10개월 동안 항우울제 치료를 받았다.

④ 증상의 다양성, 복잡성, 그리고 특수성은 정신건강 전문가들이 평가를 내리기 어렵거나 동의가 이루어지기 어렵다는 것을 의미한다. 수전의 경우, 두 명의 정신의학자는 모두 그녀가 많은 문제, 특히 우울증을 겪고 있다고 진단하였다. 실제 임상 장면에서 정신건강 전문가들은 증상에 대해 다른 진단을 내리기도 하는데, 그 결과로 같은 개인에 대해 임상가마다 다른 정신장애 진단을 내릴 수 있다. 이러한 진단 문제를 염두에 두고, 미국정신의학회는 일관성 있는 방식으로 증상을 평가하게 하고 그리하여 결과가 일관성 있는 진단이 될 수 있도록 하기 위한 체계를 개발하였다.

2) 정신장애의 진단: DSM-IV를 중심으로

정신건강 전문가들은 정신장애를 명명하기 위해 임상 평가를 사용한다. 이를 임상적 진단(clinical diagnosis)이라 하는데, 이는 어떤 사람의 특별한 증상을 특별한 정신장애 정의에 대응시키는 과정을 의미한다. 이러한 임상적 진단에서는 1950년대 이전까지만 해도 일관성 있는 진단체계가 없었다. 그러나 1952년부터 미국정신의학회는 일관성 있는 진단체계인 『정신장애의 진단 및 통계 편람(Diagnostic and Statistical Manual of Mental Disorder: DSM)』을 개발해 왔다. 이 체계의 가장 최근 버전은 2000년에 출간된 DSM-IV-TR이다. DSM-IV-TR은 신체적, 심리적, 사회적 요인을 고려한 5개의 축으로 구성되어 있다. 축 I 은 현재의 증상과 관련된 정신장애, 축 II는 성격장애와 정신지체와 같은 만성적인 문제, 축III은 일반 의학적 상태, 축IV는 심리사회적 문제, 축 V는 현재의 기능 수준을 평가한다.

임상적 진단을 내리기 위해 먼저 정신건강 전문가들은 내담자의 특별한 증상을 평가하고 그다음에 평가된 증상을 DSM-IV에 기술된 장애에 대응시킨다. DSM-IV는 증상을 결정하기 위한 지침으로 축(axis)이라 불리는 5개의 주요 차원을 상정하고 있다. 먼저 제I축을 설명하고 이것이 수전 스미스의 문제를 진단하기 위해 어떻게 사용될 수 있는지를 설명하기로 하자.

(1) 제I축: 9개의 주요 임상적 증상

제I축은 증상 유목과 이들 증상의 발생, 정도 및 지속 기간 등에 관한 기준을 포함하고 있다. 즉, 이들 증상 유목은 다음과 같은 9개의 주요 임상적 증상에 대한 진단을 내리기 위해 사용된다.

① 일반적으로 유아기, 아동기, 혹은 청소년기에 처음 진단되는 장애(disorders usually first diagnosed in infancy, childhood, or adolescence): 이 범주에는 주의력결핍장애, 자폐증, 정신지체, 야뇨증, 그리고 말더듬과 같은 청소년기 이전에 발생되는 장애가 포함된다.

② 계통적 정신장애(organic mental disorders): 이 장애는 질병이나 화학물질에 의해 발생된 뇌 조직의 일시적이거나 영구적인 역기능이다. 정신착란, 치매, 기억상실 등이 이 범주에 포함된다.

③ 물질 관련 장애(substance-related disorders): 이 범주는 약물이나 알코올의 비적응적 사용을 말한다. 이러한 물질의 단순한 소비와 보양적 사용은 장애가 아니다. 이 범주는 알코올 남용 및 코카인 의존과

같은 비정상적인 사용 패턴을 포함한다.

④ 정신분열 및 기타 정신병적 장애(schizophrenia and other psychotic disorders): 정신분열증은 정신병적 증상(예, 전체적으로 비조직화된 행동, 망상, 환각)과 6개월 이상 지속되는 행동 저하로 특징지어진다. 또한 이 범주에는 망상장애와 분열성 정서장애 등도 포함된다.

⑤ 기분장애(mood disorders): 주요 특징은 정서분열이다. 환자는 정신병적 증상을 가지거나 가지지 않을 수 있다. 주로 우울, 양극성장애 등을 포함하며, 수전의 경우가 이에 해당된다.

수전 스미스: 기분장애

아동기 이후부터 수전의 증상은 우울증, 자살 시도, 외로움에서 벗어나기 위한 성적 파트너 구하기, 심한 음주, 낮은 자존감 및 무기력감을 포함하며, 이런 증상은 모두 DSM-IV의 증상 목록에서 기분장애에 대응된다. 수전의 사례에서 특별한 기분장애는 주요우울장애와 밀접하게 대응되지만, 정신병적 증상이나 심한 사고장애 및 망상이 없는 것이 특징이다.

주요우울증으로 진단되는 경우, DSM-IV는 우울증을 초기(21세 이전) 발병과 후기 발병으로 구분한다. 수전은 초기 발병에 해당되며, 그녀가 얼마나 많은 우울증과 관련된 에피소드를 가지고 있으며, 직장생활을 할 수 없거나 자녀를 돌보지 못하는 것과 같은 정상적인 기능 능력의 감소를 보여 주었는지의 여부에 의해 중간보다 약간 더 심한 정도의 우울증을 가지고 있는 것으로 판단되었다. 직업을 가지고 자녀를 돌볼 수 있는 수전의 능력에 비추어 볼 때, 그녀는 중간 정도의 우울증을 가지고 있음을 알 수 있다.

⑥ 불안장애(Anxiety disorders): 이 장애는 불안의 생리적 징후(예, 심장의 두근거림)와 주관적 긴장, 염려, 혹은 공포감으로 특징지어진다.

불안은 급성적이고 초점화(공포증)될 수 있거나 혹은 지속적이며 확산적(범불안장애)일 수 있다.

⑦ 신체형 장애(somatoform disorders): 이 장애는 신체 질병과 유사한 신체 증상에 의해 지배된다. 이 증상들은 계통적 손상으로 설명될 수 없다. 또한 이들 증상은 심리적 요인이나 갈등에 의해 발생된다는 강력한 증거가 있다.

⑧ 해리장애(dissociative disorders): 이 장애는 모두 해리성 기억상실과 다중성격과 같은 기억, 의식, 정체감 및 행동의 갑작스럽고 일시적인 변질이나 역기능으로 특징지어진다.

⑨ 성 및 성정체감 장애(Sexual and gender-identity disorders): 이 범주에는 기본적으로 세 가지 유형의 장애, 즉 성정체감 장애(남성이나 여성으로서의 정체감 불안), 변태성욕(성적 각성을 얻기 위한 비정상적인 행위 선호), 그리고 성적 역기능(성 기능의 손상)이 포함된다.

(2) 제II축: 성격장애

이 축은 오래 지속되고 비적응적이며 유연성이 없는 성격 특질 패턴을 포함하며, 손상된 기능이나 주관적 고통을 포함하는 장애를 기술한다. 경계선(borderline), 분열성(schizoid) 및 반사회적(antisocial) 성격장애가 포함된다.

예컨대, 성폭행과 함께 15명을 연쇄적으로 살해하고 시신의 일부를 먹기도 하며 죄책감이나 슬픔을 전혀 느끼지 못하는, 이러한 행동을 상당히 오랜 기간 동안 보이는 사람은 성격장애, 특히 반사회적 성격장애로 판단된다. DSM-IV에 따르면 반사회적 성격장애의 기본 특징은 현존하는 문화에서 기대하는 것과 크게 상반되는 낯선 내부 경험의 존재에 있으며, 사적, 직업적, 혹은 사회적 기능에서 심각한 손상을 보이며, 타인의 권리를 무시하는 패턴을 가진다.

(3) 제III축: 일반적인 의학적 조건

이 축은 당뇨병, 관절 및 혈우병과 같은 신체 질병이나 조건을 기술한다.

(4) 제IV축: 심리사회적 및 환경적 문제

이 축은 제 I과 II 축의 정신장애 진단, 치료 및 예후에 영향을 미칠 수 있는 심리사회적 및 환경적 문제를 기술한다. 심리사회적 혹은 환경적 문제는 부정적인 생활 사건(외상적 사건의 경험), 환경적 곤란이나 결핍, 가족이나 대인 스트레스, 사회적 지지나 개인적 재원의 부적절성, 혹은 어떤 사람의 곤란이 발달되는 맥락을 기술하는 또 다른 문제일 수 있다.

(5) 제V축: 전체 기능평가(global assessment of functioning: GAF) 척도

이 축은 10점(자신에게 해가 될 가장 심한 위험성)에서 100점(모든 활동에서 우수한 기능성)까지의 척도상에서 개인의 전체적인 심리적, 사회적 및 직업적 기능성을 평가하기 위해 사용된다.

제II축을 설명하면서 예로 들었던 성폭행, 연쇄 살인 등의 행동을 하면서 죄책감을 느끼지 못하는 사람은 또한 제I축에서 성장애가 있는 사람으로 진단될 수 있다. 제III축은 어떤 의학적 조건에 주목하기 위해 사용된다. 제IV축은 증상을 악화시킬 수 있는 스트레스와 같은 어떤 다른 심리적, 사회적, 혹은 환경적 요인을 기술한다. 예컨대, 예로 든 사람의 경우 외로움을 많이 타고, 낮은 자존감과 빈약한 사회 기술을 가지고 있었을 수 있다. 제V축은 어떤 일반적인 기능화를 평가하기 위해 사용된다. 예컨대, 위의 예는 그 사람이 직업을 가질 수 있을 만큼 잘 기능하고 있었고, 이웃은 그러한 사람에게서 특별히 이상한 점이 있다는 사실을 주목하지 않았을 수 있다. 따라서 다섯 가지 축은 각각 전체적인 임상 진단에 기여할 수 있는 다른 요소에 초점을 맞춘다.

4. 주요 정신장애

1) 불안장애

불안장애(anxiety disorder)는 공포 또는 지속적 불안 그리고 이러한 불안을 감소시키기 위한 행동이 적응적이지 못할 때 명명되는 정신장애다. 이러한 불안장애는 크게 범불안장애, 공황장애, 공포증, 강박장애의 네 가지로 구분된다.

(1) 범불안장애

범불안장애(generalized anxiety disorder)는 거의 모든 일에 대해 과도하거나 비현실적인 걱정을 하거나 어떤 나쁜 일이 발생할 것이라고 느끼는 증상을 보인다. 이러한 불안감이 최소한 6개월 이상 매일 발생되는 경우에 범불안장애로 진단받는다. 이는 심리적, 신체적 증상을 포함한다. 심리적 증상은 신경과민, 집중력 문제, 자신의 걱정에 대한 통제 불능 등이며, 신체적 증상은 만성 피로, 땀과 안면 홍조, 심장 고동, 불면증, 축축한 손, 두통, 근육 긴장 또는 통증 등이다.

(2) 공황장애

공황장애(panic disorder)는 순환적이며 예상치 못한 공황발작의 특징적 증상을 보인다. 여기서 공황발작은 일정 시간 빠른 심장박동, 발한, 전율, 가쁜 호흡, 숨막힘, 가슴 통증, 구토, 어지러움, 공포감 등과 같은 증상을 의미한다. 공황장애를 겪는 사람은 강한 염려가 정상적인 심리 기능에 영향을 미치는 또 다른 공황발작을 일으킬지도 모른다는 것을 염려한다. 이러한 사람은 알코올 및 기타 약물 남용의 위험이 높으며, 높은 자살 시도율을 보이며, 사회 기능의 저하 및 원만하지 못한 결혼생활을 하고 있는 것으로 나타났다. 특히 그들 중 약 1/3은 우울증을 겪고 있는 것으로 나타났다. 미국 성인의 약 4%가 공황장애를 겪고 있으며, 여성이 남성에 비해 2~3배 더 많이 겪는 것으로 보고되고 있다.

(3) 공포증

공포증(phobia)은 대상이나 상황 속에서 발생 가능한 위험에 대해 느끼는 강하고 비합리적인 공포로 특징지어진다. 강한 공포는 생리적 각성의 증가를 수반한다. 따라서 이러한 공포증을 겪는 사람은 공포를 일으키는 대상으로부터 피하기 위해 애를 쓰게 된다. 만약 공포를 일으키는 사건을 피할 수 없다면 그 사람은 강한 불안을 느끼게 될 것이다. 공포증은 크게 사회공포증(social phobia)과 특정공포증(specific phobia)으로 구분된다. 사회공포증은 사회적 상황에서의 수행에 대한 비합리적이고 뚜렷하며 지속적인 공포로 특징지어진다. 이러한 공포증을 겪는 사람은 창피당하거나 당황할 것에 대해 공포를 느낀다. 한편 특정공포증은 특별한 대상이나 상황(예, 비행, 높은 곳, 거미, 피를 보는 것)이 예상되거나 혹은 그에 노출됨으로써 비합리적으로 유발되는 두드러지고 지속적인 공포다. 흔히 이는 비행공포증, 고소공포증, 동물공포증, 상해공포증 등으로 구분하여 부른다.

(4) 강박장애

강박장애(obessive-compulsive disorder)는 지속적이며 반복적인 비합리적 사고, 충동, 혹은 통제할 수 없으며 정상 기능을 방해하는 이미지에 해당되는 강박관념과 어떤 무의미한 행동이나 의식(예, 손 씻기, 물건 정돈)을 반복해서 수행하는 통제할 수 없는 강박 행동으로 구성된다. 가장 일반적인 충동은 청결, 점검, 세기 등이며, 다소 일반적이지는 않지만 구매,

저장, 정돈 등이 포함된다. 예를 들면, 불결에 대한 강박관념을 가진 사람은 피부가 벗겨질 때까지 손을 씻기도 하며, 현관문이 잠겨 있는지에 대한 강박관념을 가진 사람은 몇 분마다 문이 잠겨 있는지를 점검한다. 이 장애는 미국 성인의 약 3%가 가지고 있으며, 전 세계적으로 일반인의 약 2~3%가 강박장애를 겪고 있는 것으로 보고되고 있다.

2) 기분장애

기분장애(mood disorder)는 거의 모든 사고와 행동에 영향을 미치는 지속적이면서도 혼란스러운 정서 상태를 의미한다. 이는 주로 정상으로 돌아갈 때까지 무기력함이 지속되는 주요우울장애와 우울증과 과도하게 흥분된 조증이 교대로 나타나는 양극성장애로 구분된다.

(1) 주요우울장애

주요우울장애(major depressive disorder)는 최소한 2주 동안 지속적으로 기분이 저하되어 어떤 것에도 흥미를 느끼지 못하고, 어떤 활동에서도 즐거움을 얻지 못하는 특징을 보인다. 이러한 장애를 가진 사람은 최소한의 섭식, 수면, 사고, 집중이나 의사결정 문제, 활력 결핍, 자살 생각, 무가치감과 죄책감 등의 증상을 보인다. 미국 성인의 약 17%가 주요우울장애를 겪고 있으며, 여성이 남성보다 더 많은 비율을 차지하고 있는 것으로 나타났다.

(2) 양극성장애

양극성장애(bipolar disorder)는 우울증과 조증의 교차 출현으로 특징지어진다. 조증은 최소한 1주 동안 행복감, 명랑, 기분 고양으로 나타나며, 최고조에 달하는 자존심, 수면 욕구의 감소, 말이 빨라지고 잦아짐, 사고가 빨라짐, 쉽게 산만해짐, 쾌락을 주는 활동 추구 등의 증상이 포함된다.

(3) 기분부전장애

주요우울증보다는 덜 심한 증상으로 고려되는 또 다른 기분장애가 기분부전장애(dysthymic disorder)다. 기분부전장애는 만성적으로 2년 이상 지속적으로 나타나는 우울한 상태로 특징지어진다. 우울 상태에 있는 동안 최소한 식욕부진, 불면증, 피로, 낮은 자존감, 낮은 집중력, 절망감 등의 증상 가운데 2개 이상을 경험하게 된다. 기분부전장애를 가지고 있는 개인은 인구의 약 6% 정도 되며, 어떤 경우에는 계절성 정동장애(SAD)로 분류되기도 한다. SAD를 가진 사람들은 가을과 겨울 동안 일조량의 감소 결과로 우울해진다.

3) 성격장애

성격장애(personality disorder)는 개인적, 사회적 인생에서 손상된 기능이나 큰 고통을 일으키는, 유연하지 못하고 장기간 지속되는 비적응적 특질로 구성된다. 미국 성인의 약 12%가 성격장애를 가지고 있는 것으로 나타났다. DSM-IV-TR에서는 제II축에 분류되어 있으며, 10개의 성격장애가 세 개의 군집으로 묶여 있다.

첫째로 이상하고 기묘한 증상으로 특징지어지며 사회적으로 고립되어 있는 양상을 보이는 A군 성격장애에는 편집성 성격장애, 분열성 성격장애, 분열형 성격장애가 포함된다. 둘째로 감정적이며 극적이고 변덕스러운 증상이 특징인 B군 성격장애에는 반사회적 성격장애, 연극성 성격장애, 경계선 성격장애, 자기애성 성격장애가 포함된다. 마지막으로 불안, 두려움, 근심 등이 주요 특징인 C군 성격장애에는 회피성 성격장애, 의존성 성격장애, 강박성 성격장애가 포함된다.

(1) 편집성 성격장애

편집성 성격장애(paranoid personality disorder)는 다른 사람을 신뢰하지 못하고 의심을 하여 적대적인 태도를 취하는 특징을 보인다. 따라서 이 장애를 겪는 사람은 주로 주변 사람과 갈등과 불화를 경험하게 된다.

(2) 분열성 성격장애

분열성 성격장애(schizoid personality disorder)는 친밀한 관계에 대해 과도하게 불편해하며, 사고를 왜곡시키고, 괴이한 행동을 하는 것으로 특징지어진다. 이러한 장애를 겪는 사람들은 관계가 단절되어 있으며, 감정이 매우 둔화되어 있고, 활력이 없으며, 매우 단조롭고 무미건조한 삶을 살아가는 경향이 있다.

(3) 분열형 성격장애

분열형 성격장애(schizotypal personality disorder)는 사회적으로 고립되어 있으며, 타인과 관계를 맺지 못하고 기이한 생각과 행동을 보이는 것이 특징이다. 이러한 특징은 분열성 성격장애와 유사하나, 분열형 성격장애는 그보다 더 심각한 증상을 보인다.

(4) 반사회적 성격장애

반사회적 성격장애(antisocial personality disorder)는 잘 알려져 있는 성격장애 중 하나로 사회적 규범을 지키지 않고 무책임하고 폭력적인 행동을 반복적으로 나타내는 성격장애다. 공격성이 강하며 규범을 잘 이탈하기 때문에 많은 수의 범죄자가 이 성격장애 유형에 포함된다.

(5) 연극성 성격장애

연극성 성격장애(histrionic personality disorder)는 영화 〈바람과 함께

사라지다〉의 스칼릿 오하라와 같이 자신의 감정을 과도하게 표현하며 다양한 형태로 남의 관심을 끌려는 행동을 보이는 것이 특징이다. 이는 히스테리성 성격장애로 불리기도 한다.

(6) 경계선 성격장애

경계선 성격장애(borderline personality disorder)는 영화 〈베티 블루〉의 베티와 같이 자신에 대한 정체성, 타인과의 관계성, 그리고 정서가 매우 불안정한 것이 특징이다. 따라서 이 장애를 겪는 사람들은 자신의 행동에 일관성이 없으며 자해적 행동과 약물 남용이 반복되는 경향성을 보인다.

(7) 자기애성 성격장애

자기애성 성격장애(narcissistic personality disorder)는 영화 〈악마는 프라다를 입는다〉의 미란다처럼 지나친 자기도취에 빠져 이기적이고 자기과시적인 행동을 보이기 때문에 타인에게 혐오감을 주는 것으로 특징지어진다. 이러한 장애를 겪는 사람들은 자신의 이익을 위해 타인을 이용하며, 타인의 감정을 이해하는 공감 능력이 결여되어 있다.

(8) 회피성 성격장애

회피성 성격장애(avoidant personality disorder)는 사회적 관계의 욕구는 높으나 비난이나 비판, 거절에 대한 두려움 때문에 대인관계의 접촉을 피하며, 실패하였을 때 무시당할 것이 두려워 사회적으로 위축되는 특징을 가지고 있다.

(9) 의존성 성격장애

의존성 성격장애(dependent personality disorder)는 스스로 독립적인 생활을 하지 못하고, 타인으로부터 보살핌을 받으려는 과도한 요구 때문에 타인에게 복종적이거나 매달리는 특징을 가지고 있다. 이러한 장애를 겪는 사람은 의존하고 있는 대상으로부터 버림받는 것에 대해 지속적인 불안을 경험하며, 지나치게 의존적이기 때문에 타인으로 하여금 부담감을 느끼게 하는 경향성이 있다.

(10) 강박성 성격장애

강박성 성격장애(obessive-compulsive personality disorder)는 강박장애와 유사하게 완벽주의적이며, 세부적인 사항에 집착하고, 과도한 성취감과 인색함을 보이는 성격장애다. 그러나 강박장애는 자아 이질적(자신의 의식적인 것과 일치하지 않음)이기에 이를 겪는 사람은 대부분 강박 증상이 사라지기를 원하지만, 강박성 성격장애는 자아 동질적(자신의 의식적인 것과 어느 정도 일치함)이기에 이를 겪는 사람은 스스로 잘 기능하고 잘 적응하고 있다고 생각하는 경향성을 보인다.

4) 신체형 장애

신체형 장애(somatoform disorder)는 실제로 의학적 문제를 찾기 어려움에도 불구하고 신체적 증상(예, 구토, 통증, 마비 등)이 나타나는 특징을 보인다. 이는 상위 범주로서 하위 개념으로는 신체화 장애(somatization disorder)가 있으며, 물리적 원인은 없으나 심리적 문제나 스트레스에 의해 촉발되는 여러 증상(예, 통증, 신경적 증상)으로 특징지어진다. 또 다른 하위 개념에는 전환장애(conversion disorder)가 있다. 이는 불안이나 정서적 스트레스가 어떤 신체적 혹은 계통적 원인이 확인될 수 없는 실제 신체, 운동, 감각의 장애(감각 상실 및 마비)로 변화되어 나타나는 장애다. 질병이 없다는 의사의 진단에도 불구하고 스스로 신체적 질병이 있다고 믿고 자신의 건강 상태에 과도하게 집착하는 건강염려증(hypochond riasis) 역시 신체형 장애의 하위 개념 중 하나다.

5) 정신분열증

정신분열증(schizophrenia)은 최소한 6개월간 지속되는 심각한 정신장애로 망상, 환각, 정돈되지 않는 말과 행동, 정서 표현의 결여 등의 증상 가운데 최소한 2개 이상을 포함한다. 이런 증상은 개인적 혹은 사회적 기능을 방해한다. 미국 성인 인구의 약 0.2~2%(약 450만 명)가 정신분열증을 가지고 있으며, 정신병원에 입원한 환자 가운데 약 30%는 정신분열증 때문으로 다른 정신장애와 비교해서 높은 입원율을 보인다.

(1) 정신분열증의 증상

정신분열증의 구체적인 증상을 살펴보면 다음과 같다.

- 사고장애(disorders of thought): 앞뒤가 맞지 않는 사고 패턴, 새로운 단어 창출(언어신작증[neologism]이라 부름), 한 가지 화제에 머물지 못함, 그리고 비합리적인 신념이나 망상으로 특징지어진다. 예컨대, 한 남자 환자는 자신의 어머니와 누이동생이 자신을 제거하려는 음모를 꾸미고 있다고 믿는다.
- 주의장애(disorders of attention): 집중력과 초점 맞추기에서의 어려움을 수반한다. 예컨대, 한 환자는 보고 듣는 것을 동시에 할 수 없기 때문에 TV에 집중할 수 없다고 말한다.
- 지각장애(disorders of perception): 이상한 신체 감각과 환각이 수반된다. 환각은 환경으로부터 어떤 자극이 없는데도 감각적 경험을 하는 것을 말한다. 가장 일반적인 환각은 귀에서 어떤 목소리가 들리는 것과 같은 청각적인 것(환청)이다. 다른 왜곡된 지각에는 신체의 일

부가 너무 작거나 너무 크게 느껴지는 것(환시)을 포함한다.

- 운동장애(motor disorders): 이상한 안면 표정 짓기, 극단적인 활동을 보이다가 장시간 전혀 움직이지 않는 것 등의 반응이 수반된다.
- 정서(감정)장애(emotional disorders): 전혀 혹은 거의 정서적 반응을 보이지 않거나 상황과 부적절한 정서 반응을 보인다. 예컨대, 한 환자는 친한 친구가 죽었다는 소식을 접하고는 크게 웃는다.

(2) 정신분열증의 하위 유목

이런 장애를 가진 환자는 정확하게 위에서 열거된 동일한 증상을 가지고 있지는 않다. DSM-IV는 각각 다른 증상으로 특징지어지는 5개의 하위 정신분열증 범주를 기술하고 있다. 그 가운데 일반적인 3개의 하위 범주만을 설명하기로 한다.

- 편집성 정신분열증은 환청이나 다른 사람이 위협을 하고 있다는 생각과 같은 망상으로 특징지어진다.
- 분열성 정신분열증은 흔히 자신의 신체와 관련된 기괴한 아이디어(예, '뼈가 녹고 있다'), 어수선한 말, 어린애 같은 행동, 큰 기분 교차(크게 웃다가 우는), 그리고 흔히 외모나 위생에 대한 무관심으로 특징지어진다.
- 긴장성 정신분열증은 거칠게 흥분하다가 장시간 움직이지 않는, 때로는 수 시간 동안 마치 얼어붙은 것과 같이 같은 자세를 유지하는 증상으로 특징지어진다.

정돈되지 않은 사고 및 망상과 같은 증상은 모든 유형의 정신분열증에 공유되기 때문에 정신분열증의 유형을 구분 짓기 어려운 경우가 있다.

6) 해리장애

해리장애(dissociative disorder)는 의식, 정체감 및 행동의 정상적인 통합에 갑작스럽고 일시적인 이상이 생긴 상태를 의미한다. 누군가가 불렀을 때 잠시 다른 곳에 정신이 팔려 있어서 듣지 못했다고 말하는 상황은 정상적인 해리 경험에 해당되지만 자기 자신, 시간, 또는 환경에서 의식이 완전히 단절되어 비정상적인 해리 경험을 겪고 있다면 해리장애로 분류된다.

(1) 해리성 기억상실증

해리성 기억상실증(dissociative amnesia)은 중요한 개인적 정보나 사건을 회상할 수 없는 상태로, 일반적으로 스트레스나 외상적 사건과 관련된 것으로 특징지어진다. 정보 망각의 중요성이나 정도가 너무 커서 정상적인 망각에 의해서는 설명될 수 없다.

(2) 해리성 둔주

해리성 둔주(dissociative fugue)는 집이나 직장에서 갑자기 예기치 않게 멀리 떠나 과거를 기억할 수 없는 혼돈 상태에 처하는 경우를 의미한다. 이런 장애를 가진 사람은 자신이 누구인지 기억할 수 없거나 자신에 대한 정체감 혼란을 겪게 된다. 해리성 둔주 역시 스트레스나 외상적 생활 사건과 관련되어 있다. 일반적으로 둔주 상태는 갑작스럽게 회복되어 어느 순간 자신의 정체감이나 과거에 대한 대부분의 것을 기억할 수 있게 된다.

(3) 해리성 정체감 장애

해리성 정체감 장애(dissociative identity disorder)는 한 사람이 서로 알거나 알지 못하는, 그리고 다른 시기에 다르게 나타나며 다른 일을 행하는 몇 명의 다른 사람 혹은 정체감을 소유하는 정신장애를 의미한다. 이를 다중인격(multiple personality)이라 부르기도 한다. 때로 해리성 정체감 장애는 정신분열증으로 오해받기도 하는데, 정신분열증은 성격이 분리되기보다는 손상되었다는 점에서 다르다.

7) 성장애

성장애(sexual disorder)는 크게 성도착증이라고도 불리는 변태성욕(paraphilias)과 성정체감 장애(gender identity disorder)로 구분된다. 변태성욕에는 사람이 아닌 다른 대상(예, 스타킹, 브래지어 등)에 집착하여 그것을 만지거나 냄새를 맡음으로써 강한 성적 충동과 흥분을 느끼는 물품음란증(fetishism)이 있으며, 자기 신체의 일부를 노출시킴으로써 흥분을 추구하는 노출증(exhibitionsim)도 있다. 또한 사춘기 이전의 아이를 상대로 하는 성행위를 통해 성적 흥분을 느끼는 소아기호증(pedophilia), 타인의 성행위나 성기를 바라봄으로써 성적 만족을 느끼는 관음증(voyeurism 혹은 scotophilia), 성적 대상자로부터 괴롭힘을 당함으로써 성적 만족을 느끼는 성적 피학증(sexual masochism)과 성적 흥분을 위하여 상대방에게 심신의 괴롭힘을 주는 성적 가학증(sexual sadism)도 존재한다. 반면 성정체감 장애는 자신의 정상적인 생물학적 성에 대해 불편함과 부적당함을 느껴 성전환 수술을 통해 반대의 성으로 살고 싶은 욕망을 갖는 것으로 특징지어진다.

제12장

사회행동

1. 사회심리학의 기초
2. 사회 인지
3. 사회적 영향
4. 사회적 관계

1. 사회심리학의 기초

인간은 개별적인 존재이지만, 우리 모두는 한 집단에 속해 있는 개개인이다. 따라서 사회심리학자들은 사회적 맥락, 즉 사람들과의 상호작용 과정에서 생각, 감정, 행동이 어떻게 영향을 받으며, 그것이 개개인에게 어떻게 영향을 미치는지를 연구하고자 한다.

1) 귀인이론

귀인이론(attribution theory)은 사람들이 어떻게 개인의 몇 가지 행동 표본에 기초하여 그 사람이 행한 행동의 특별한 이유가 무엇인지 결정하는지를 설명하는 이론이다. 주어진 행동의 원인을 이해하려고 시도할 때, 사람들은 전형적으로 원인이 상황적인지 혹은 소인적인지를 결정하려고 한다. 만일 눈이 심하게 내린 한 겨울날 학교에 지각한 학생의 행동을 보고 "눈이 많이 와서 지각했구나!"라고 말했다면 학생의 지각한 행동의 원인을 눈이 많이 온 외부적 상황으로 귀속시키는 것이다. 그러나 화창한 날에 한 학생이 지각을 했다면 대부분의 사람은 "게을러서 지각했구나!"라고 말할 것이다. 이는 지각 행동을 그 학생의 소인적 특성에 귀인시킨 것이다.

해럴드 켈리(Harold Kelly, 1967)는 한 사람의 행동이 상황적 요인에 의해 동기화된 것인지, 소인적 요인에 의해 동기화된 것인지를 결정하기 위해서 사람들은 세 가지 유형의 정보를 사용한다고 보았다. 첫째, 다른 사람이 동일한 상황에서 유사하게 행동을 하는 정도인 **합치성**(consensus) 정보가 있다. 예를 들어, 특정 과제가 주어지고 그것을 마감일보다 2주 앞서 완성한 K라는 사람이 있다고 가정하자. 대다수의 사람도 과제를 마감

일에 2주나 앞서 완성한다면 K의 행동은 합치성이 높지만, 대부분의 사람이 마감일에 급급해서 마무리하거나 마감일을 넘겨서 과제를 완성한다면 K의 행동은 합치성이 낮다고 할 수 있다. 둘째, 개인이 유사한 상황에서 유사한 행동을 할 것인지의 정도인 **일관성**(consistency) 정보가 있다. 만일 K가 과제의 성격과 관계없이 모든 과제에서 위와 같은 행동(2주나 앞서 과제를 완성)을 보인다면 일관성이 높다고 할 수 있다. 마지막으로 그 행동이 다른 상황에서도 발생하는지의 정도인 **특이성**(distinctiveness) 정보가 있다. 만약 K가 과제와 관련 없는 청소나 빨래와 같은 일에서도 유사하게 미리미리 처리한다면 특이성이 낮다고 할 수 있으나, 유독 과제의 경우에만 부지런한 행동을 보인다면 특이성이 높다고 할 수 있다. 이 세 가지 유형의 정보를 동시에 고려하면 사람들의 행동의 원인이 소인적인지 혹은 상황적인지를 구별할 수 있다([그림 12-1] 참조).

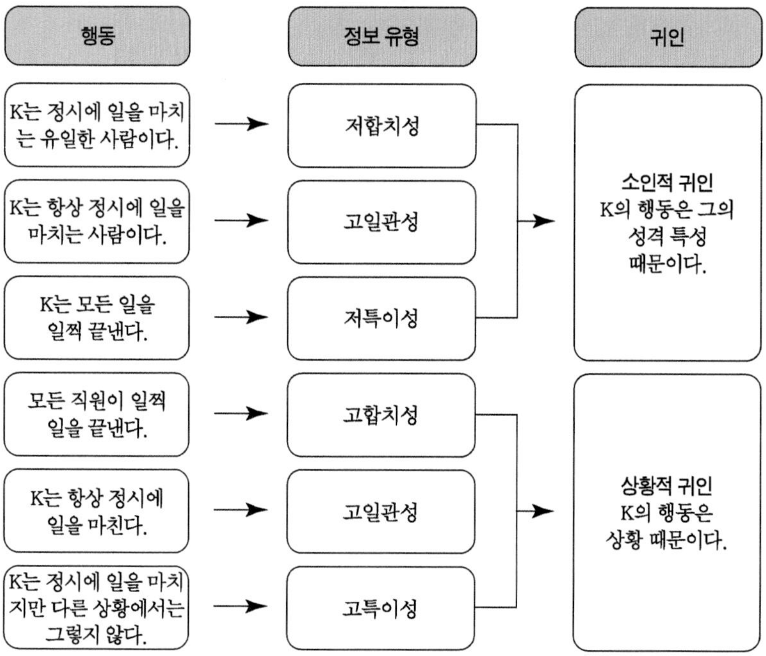

[그림 12-1] 켈리의 귀인 모형(서창원, 민윤기, 2007)

2) 귀인 오류

만약 우리가 앞의 켈리가 제시한 이론에 근거하여 항상 합리적인 방식으로 정보를 처리한다면 세상은 훨씬 더 유연하게 움직일 것이다. 그러나 불행히도 켈리의 귀인이론은 최소한 사람들의 합치성, 일관성, 특이성에 대한 구체적인 지식을 가지고 있는 경우에만 비교적 정확하게 예측해 줄 뿐이다. 일반적으로 사람들은 논리적인 방식으로 타인의 정보를 처리하지 않는다. 이는 귀인과정에 오류가 있음을 시사하는 것이다.

(1) 기본 귀인 오류

귀인을 하는 과정에서 가장 일반적으로 나타나는 오류 중 하나는 타인의 행동 원인을 그 사람의 소인으로 귀인시키고, 자신의 행동 원인은 상황으로 귀인시키는 경향성이다. 이러한 경향성을 기본 귀인 오류(fundamental attribution error)라고 하는데, 상당히 만연된 현상이다. 예를 들면, 리포트를 정해진 시간에 끝내지 못한 행동의 원인을 평가할 때 내가 이와 같은 행동을 하였다면 리포트를 쓰기 위해 필요한 자료가 도서관에 없었기 때문에 끝내지 못한 것이라고 환경에 귀인할 것이다. 반면 다른 사람이 그와 같은 행동을 하였다면 너무 게을러서 리포트를 제시간에 끝내지 못한 것이라고 성격 결함에 귀인할 것이다.

그렇다면 이러한 기본 귀인 오류가 나타나는 이유는 무엇인가? 한 가지 이유는 사람들이 귀인을 하는 데 이용할 수 있는 정보의 성질과 관련되어 있다. 특별한 장면에서 다른 사람의 행동을 관찰할 때 가장 눈에 띄는 정보는 그 사람의 행동 자체다. 개인이 직접적으로 처해 있는 주변 상황은 비교적 안정적이고 불변적이기에 사람이 주의의 초점이 된다. 그러나 사람이 자기 자신의 행동을 고려할 때에는 자신의 행동은 비교적 일관적이며 안정적으로 생각하고 환경의 변화가 더욱 두드러지기 때문에 상황적 요인에 기초된 귀인을 하기 쉬운 것이다.

(2) 후광효과

후광효과(halo effect)는 한 사람의 일부 특징에 대해 가지고 있는 지식이 그 사람의 다른 바람직한 특성을 일관성 있게 추측하는 데 사용되는 현상을 의미한다. 예를 들어, 외모가 매력적인 여성을 보았을 때 '저 여성은 매우 지적일 거야!' 라고 추측했다면 바로 후광효과에 따른 것이다. 이러한 후광효과가 나타나는 이유는 내현성격 이론(implicit personality theories)에서 찾아볼 수 있다. 이는 어떤 특징이 그 사람에게서 집합적으로 발견된다는 생각을 반영한 것으로 경험과 논리의 조합에 기초한 것이다. 즉, 한 사람의 특성들은 그 사람 내에서 집합을 이루고 있고, 그 집합 속에 있는 하나의 특성이 긍정적이라면 다른 특성도 그 집합 내에 포함되어 있기 때문에 긍정적이라고 판단된다는 논리다.

(3) 폴리아나 효과

1913년에 발표된 엘리너 포터(Eleanor Porter)의 소설 속 주인공인 폴리아나는 맹목적인 낙관주의를 가진 인물이다. 이러한 주인공과 같이 사람들은 세상은 즐겁고 즐길 만하다고 보려는 경향성을 가지고 있으며, 타인에 대해 흔히 긍정적인 방향으로 지각하는 경향성을 가지고 있다. 이처럼 타인을 일반적으로 긍정적인 방식으로 평가하려는 경향성을 폴리아나 효과(Pollyanna effect)라고 부른다.

(4) 유사성 가정 편파

당신의 친구들은 당신과 얼마나 유사한가? 대부분의 사람은 친구들이 자신들과 매우 유사하다고 믿는다. 그러나 이러한 느낌은 우리가 알고 있는 사람들에게만 국한되지 않는다. 처음 만난 사람일지라도 사람들이 자신들과 유사하다고 생각하는 유사성 가정 편파로 알려진 일반적인 경향성이 있다. 실제로 다른 사람이 자신들과 다르다면 유사성 가정 편파는 판단의 정확성을 감소시킨다. 더구나 타인에 대한 판단은 평가를 받는 사람들의 특성보다 판단자 자신의 특성을 더 잘 반영할 수 있다는 흥미로운 가능성이 제기되었다. 특히 거의 정보를 가지고 있지 않은 다른 사람에 대해 그 사람이 어떤 사람일 것이라고 가정하는 사람은 실제로 자기 자신에 대한 기술을 반영하는 것일 수 있다.

2. 사회 인지

다른 사람에 대해 가지고 있는 많은 정보 중 어떤 정보가 중요하며, 어떤 정보가 중요하지 않은지는 어떻게 결정할 수 있는가? 이 문제에 대해 관심을 가지고 있는 사회심리학자들은 사회를 이해하는 기본 과정으로서 **사회 인지**(social cognition)를 연구한다. 그들은 사람들이 사람과 사회적 경험에 대한 인지 집합, 즉 **도식**(schema)을 가지고 있음을 확인하였다. 도식은 기억 속에 저장된 정보를 조직하고, 사회 세계의 작용을 마음에 표상하며, 사회 자극과 관련된 정보를 범주화하고 해석하기 위한 구조적 틀을 제공한다. 예를 들면, '엄마' 에 대한 도식은 따뜻함, 보호, 양육과 같은 특성을 포함하고 있다.

1) 인상 형성

사회 인지에 대한 초기 연구는 타인에 대한 전반적인 인상을 형성하는 과정에 초점을 맞추었다. 애시(Asch, 1946)의 고전적 연구가 대표적이다. 그는 학생들에게 초청 강연을 해 줄 강사에 대해 다음과 같이 소개하였다. 한 집단의 학생들에게는 그 강사가 '온화하고, 성실하며, 비판적이고, 실제적이며, 단호한 사람' 이라고 소개하였으며, 다른 집단의 학생들에게는 그 강사가 '차갑고, 성실하며, 비판적이고, 실제적이며, 단호한 사람' 이라고 소개하였다. 두 집단 모두에게 이 강사에 대한 인상을 평가하도록 한 결과, 동일한 사람에 대해 두 집단의 평가 결과는 상반된 것으로 나타났다. '온화하다' 는 말로 소개를 시작한 집단의 학생들은 '차갑다' 는 말로 소개를 시작한 집단의 학생들에 비해 강사를 상당히 더 긍정적인 것으로 평가하였다. 이러한 결과는 사람들이 인상을 형성할 때 어떤 중요한 특질(중심 특질)이 중요하다는 것과 다른 특성이 어떤 중심 특질과 짝을 이루어 제시되느냐에 따라 다른 특성들은 다르게 해석될 수 있다는 것을 시사하는 것이다.

2) 고정관념

"저 사람은 흑인이야." "그 사람은 동남아시아 사람이야." 또는 "저 운전자는 여성이야."라는 말에는 이미 고정관념(stereotype)이 내포되어 있다. 대부분의 사람은 거의 자동적으로 인상을 형성하게 되는데, 이러한 사실은 중요한 점을 시사해 준다. 즉, 도식이 사회 세계를 조직하는 데 도움을 줄 수 있을지라도, 특히 다른 사람에 대해 과도하게 단순화된 이해를 조장할 때 부정적인 측면을 가지기도 한다는 것이다. 가장 일반적인 고정관념은 위의 예처럼 인종, 민족, 그리고 성에 대한 것이다. 또한 집단과 관련된 고정관념도 존재하는데 일명 내집단-외집단 편향(ingroup-outgroup bias)이다. 사람들은 자신이 속하지 않은 집단의 구성원(외집단)에 대해서는 덜 호의적이고, 자신이 속한 집단의 구성원(내집단)에 대해서는 더 호의적인 경향이 있다. 이처럼 고정관념은 차별을 일으킬 뿐더러, 실제로 고정관념을 가지고 있는 집단 구성원으로 하여금 자신의 집단에 대한 고정관념을 반영하는 식으로 행동하도록 이끈다. 이를 **자기 충족적 예언**(self-fulfilling prophecy)이라 부른다. 자기 충족적 예언은 어떤 사건이나 행동의 발생 가능성을 증가시키도록 작용하는 미래의 사건이나 행동의 발생에 대한 기대다. 한 연구에서 특정 집단의 아이들에게 '지능지수가 낮은 아이들' 이라고 명명하였다. 실제로는 그 아이들이 그렇지 않음에도 불구하고 어느 정도의 시간이 지난 후에 살펴보니 그들의 지능지수가 현저하게 떨어진 것으로 나타났다(Rosenthal & Jacobson, 1968). 즉, 그들은 자신들이 지능지수가 낮은 아이들이라는 인상에 일관된 방향으로 행동을 조정하였던 것이다.

3. 사회적 영향

1) 태도

태도(attitude)는 특별한 사람이나 대상에 대해 좋아하거나 싫어하는 반응의 학습된 소인이다. 이러한 태도는 애인에 대한 것처럼 매우 긍정적인 것에서부터 라이벌에 대한 것처럼 부정적인 것에 이르기까지 매우 다양하다. 사회심리학자들은 일반적으로 태도가 세 가지 요소로 구성되어 있다고 설명한다([그림 12-2] 참조). 그중 하나는 **감정 요소**(affect component)로 어떤 것에 대한 긍정적이거나 부정적인 정서를 포괄하는 것이다. 다른 하나는 **행동 요소**(behavior component)로 태도와 관련하여 어떤 특별한 방식으로 행위를 하게 하는 소인이나 의도에 해당된다. 마지막은 **인지 요소**(cognition component)로 대상에 대해 가지고 있는 신념과 사고를 의미한다.

이러한 태도가 행동에 영향을 미친다는 것은 그리 새삼스러운 사실은 아닐 것이다. 그러나 흥미로운 점은 행동이 태도에 영향을 미칠 수 있다

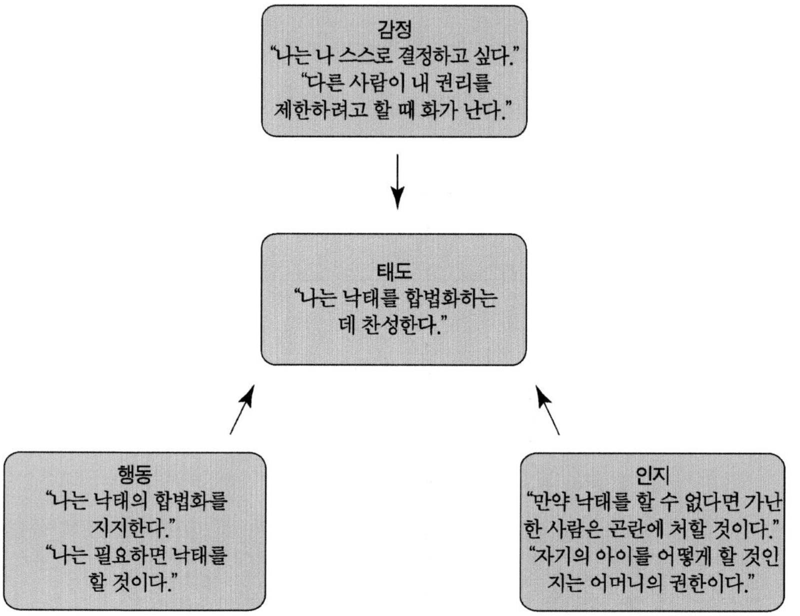

[그림 12-2] 태도의 구성 요소(서창원, 민윤기, 2007)

는 것이다. 사회심리학자인 페스팅거(Festinger, 1957)의 **인지부조화** 이론(cognitive dissonance theory)은 이런 현상을 잘 설명해 준다. 이 이론은 개인이 상반되는 두 가지 태도나 사고(인지)를 가지고 있을 때 심리적인 일관성을 추구하고자 태도를 변화시키는 것을 의미한다. 예를 들면, 흡연이 암을 일으킨다는 것을 알고 있는 흡연자는 '나는 흡연을 한다' '흡연은 암을 유발한다' 라는 상반된 인지를 갖게 된다([그림 12-3] 참조). 흡연자는 이러한 인지 부조화를 줄이기 위해 '나는 흡연을 하지 않는다' 는 식으로 하나의 인지를 수정하거나, '흡연과 암이 관련된다는 증거가 없거나 약하다' 는 식으로 인지의 중요성을 변화시키거나 인지 간의 관계를 부인한다. 또한 '나는 열심히 운동한다' 는 식의 인지를 추가함으로써 흡연 행위를 보상하기도 한다.

[그림 12-3] 금연 광고(Richard & Zimbardo, 2009)

2) 태도 변화

사람들의 태도를 변화시키기 위해서 주로 사용되는 방식은 설득이다. 효과적으로 설득하려면 다음의 요인을 고려해야 한다. 첫째, 설득 정보를 전하는 사람이 정보의 효과성에 큰 영향을 미친다. 즉, 설득자가 매력적이거나 전문성과 신뢰성을 가진 인물이라면 보다 효과적으로 설득될 가능성이 높다. 둘째, 설득 정보가 어떤 종류의 정보인가가 태도 변화에 영향을 줄 수 있다. 설득 대상자들이 설득 정보에 대해 이미 호의적이라면 일방적으로 설득자가 설득 정보를 제공하는 것이 효과적인 반면, 설득 정보가 불명확해 보이는 것이라면 설득자와 설득 대상자 간에 양방향으로 설득 정보가 제공되는 것이 효과적이다. 셋째, 일단 설득 정보가 전달되었다면 설득 대상자의 특성이 설득 여부를 결정하게 된다. 예를 들어, 설득 대상자가 지적이라면 설득 정보를 더 잘 이해하고 기억할 수 있기 때문에 설득이 촉진될 수 있다. 그러나 설득 대상자가 설득 정보에 대해 더 많은 지식을 가졌다면 자신의 의견을 고수하려는 태도를 취하기 때문에

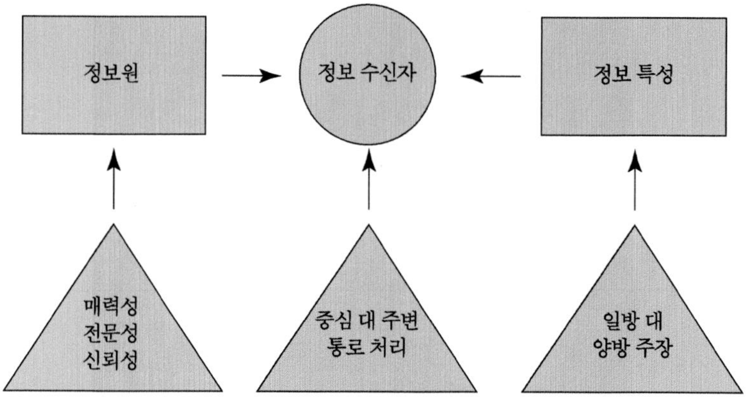

[그림 12-4] 태도 변화의 주요 요소와 특성

설득이 이루어지지 않을 수도 있다.

3) 동조

동조(confirmity)란 다른 사람들의 신념이나 기준에 따르려는 욕구에 의해 일어나는 행동이나 태도 변화를 의미한다. 동조 압력을 증명하는 일련의 실험은 애시(Asch, 1951)에 의해서 수행되었다. 그는 실험 참가자에게 [그림 12-5]처럼 기준이 되는 선분과 길이가 동일하다고 생각되는 선분을 세 개의 선분이 제시된 카드에서 찾도록 지시하였다. 이러한 실험은 비교적 분명한 대답을 할 수 있어 참가자에게는 쉬운 과제로 보였다. 실험 참가자는 여섯 명의 실험 보조자(실험 참가자는 이들을 다른 실험 참가자로 인식)와 함께 한 집단으로 구성되었으며, 가장 마지막에 반응하도록 좌석 배정을 받았다. 그러나 매우 이상한 일이 벌어지기 시작했다. 앞선 여섯 명의 실험 보조자들이 모두 실험 참가자가 정답이라고 생각하는 답과는 다른 엉뚱한 답을 제시하기 시작한 것이다. 결국 실험 참가자는 자신이 정답이라고 생각하는 답을 말할지, 아니면 집단을 따라 다른 모든 사람이 제시

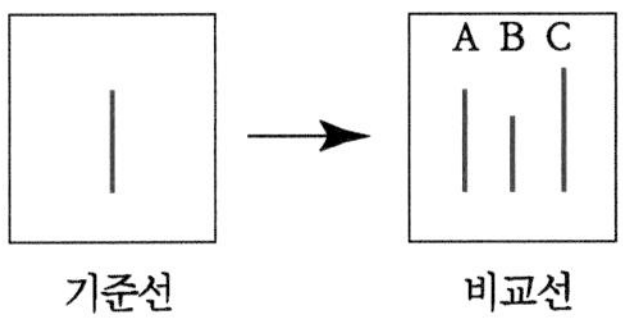

피험자는 좌측 기준선을 보고, 그 다음에 우측 비교 선분 가운데 어느 것이 길이가 같은지 대답한다.

[그림 12-5] 애시의 동조 실험(서창원, 민윤기, 2007)

한 답을 말할지의 딜레마에 빠지게 된다. 결과는 대다수의 실험 참가자가 다수에 의해 제시된 답에 동조하는 경향을 보이는 것으로 나타났다.

이러한 동조 압력은 몇몇 변인에 의해서 달라질 수 있다. 집단의 특성은 동조 압력을 변화시키는 변인 중 하나로, 집단의 매력도가 클수록 그 구성원의 동조가 커지며, 자신의 집단 내 지위가 낮고 집단에 대한 유사성이 낮을수록 개인에게 미치는 집단의 힘은 커지게 된다. 또한 동조 압력은 사람들이 사적으로 반응할 수 있을 때보다 공적으로 반응하도록 할 때 더 커지게 된다. 그리고 사람들은 모호한 과제일수록 사회적 압력을 받기 쉬우며, 집단 내에서 자신과는 생각이 다르지만 다수의 통일된 의견과는 다른 의견을 제시하는 사람이 한 사람이라도 존재하면 동조 압력은 크게 줄어들게 된다.

4) 순종

동조는 일반적으로 사회 압력이 직접적인 명령의 형태로 작용하지 않는 상황에서 나타나는 현상을 말한다. 그러나 어떤 상황에서는 훨씬 더 명백한 사회적 압력이 존재한다. 즉, 특별한 관점이나 행동방식을 택하도록 하는 직접적이면서 공공연한 압력이 존재하는 상황이 있다. 이처럼 직접적인 사회적 압력에 반응하여 나타나는 행동 유형을 순종(compliance)이라고 부른다.

(1) 문간에 발 들여놓기 전략

문간에 발 들여놓기 전략(foot-in-the-door technique)이란 사람들이 처음에 작은 요구에 동의하고 나면 나중에 보다 큰 요구에도 따르게 되는 경향을 의미하는 말이다. 한 연구에서 처음에 안전운전 캠페인에 서명하는 정도의 작은 요구에 동의한 사람들이 추후 자신들의 집 앞에 '운전 주의'라는 큰 표지판을 설치하는 큰 요구에 어떤 반응을 보일지 살펴보았다. 그 결과, 서명에 동의한 사람들은 55%가 표지판 설치에 동의한 반면, 서명에 동의하지 않은 사람들은 17%만이 표지판 설치에 동의한 것으로 나타났다. 이러한 효과가 나타나는 이유는 크게 두 가지다. 하나는 작은 요구에 개입함으로써 그 사람이 그 화제에 대해 더욱 관여할 수 있고, 이로 인해 나중에 순종할 가능성이 커진다는 것이다. 다른 하나는 자기지각 이론에 기초한 것으로, 최초 요구에 순종함으로써 자신이 요청이 있을 때 도움을 주는 사람이라고 생각하게 되어 후에 더 큰 요구에 직면할지라도 태도와 행동의 일관성을 유지하기 위해서 순종하게 된다는 것이다.

(2) 얼굴부터 들이밀기 전략

얼굴부터 들이밀기 전략(door-in-the-face technique)이란 거절될 것으로 기대되는 큰 요구에 이어 보다 작은 요구가 뒤따랐을 때 작은 요구에 따르는 경향을 의미하는 말이다. 예를 들면, 한 방문객이 사회복지 기금을 모으기 위해서 기부금을 요청하면서 5만 원을 요구했다면 대다수의 사람은 선뜻 기부금을 내지 않고 거절할 것이다. 그러나 거절 이후에 1,000원만이라도 기부해 달라고 요청한다면 대부분의 사람이 기부금을 낼 가능성이 높다. 이러한 전략이 효과를 보이는 이유는 사람들이 다른 사람에게 더 잘 보이려는 욕구가 있기 때문이다. 처음에 거절한 것은 타당한 이유에서 그렇다고 이해할 수 있지만, 두 번째 작은 요청을 거절하는 것은 자신을 비협조적인 사람으로 느끼게 할 수 있기에 순종하는 것이다.

5) 복종

순종은 다른 사람의 요구에 순수하게 동의하도록 하는 수단을 제공하지만 어떤 경우에는 다른 사람의 명령에 기인한 행동 변화, 즉 **복종**(obedience)을 유도한다. 복종에 대해 이해하기 위해서 잠시 다음의 예를 살펴보자.

> 나는 새로운 기억 향상법을 개발하였습니다. 당신은 사람들에게 일련의 단어 목록을 가르치고 나중에 검사를 하여야 합니다. 검사 절차는 검사에서 실수를 할 때마다 학습자에게 전기충격을 가하는 것입니다. 전기충격은 30V에서 450V까지의 전기충격을 일으키는 전기충격 기계를 이용하게 됩니다. 기계에는 '약한 충격' 에서 '위험' 까지 표시된 스위치가 있습니다. 그러나 걱정하지 마시기 바랍니다. 전기충격은 통증을 일으킬 수 있지만 영구적인 손상을 입히지는 않을 것입니다.

이 예는 1960년대 스탠리 밀그램(Stanley Milgram)이 수행한 고전적 실험을 설명한 것이다. 실제로 실험은 학습과는 아무 관련이 없는 것이었고, 다만 실험 참가자가 실험자의 요구에 어느 정도 복종할 것인지를 연구하려는 것이 목적이었다. 사실 전기충격을 받는 사람은 실제로 실험 보조자였으며, 어떤 전기충격도 받지 않도록 장치된 방에서 전기충격을 받고 있는 것처럼 연기하도록 하였다. 실험 참가자들이 절대로 위험 수준까지 전기충격을 가하지 않을 것으로 예측하였으나, 이 예측은 빗나가고 말았다. 전체 실험 참가자 중 2/3가 실험자의 요청에 따라 가장 높은 수준의 전기충격 스위치를 조작하였다.

실험이 끝난 후, 실험 참가자들의 인터뷰를 통해 확인된 것은 그들이 학습자에게 발생하는 어떠한 문제도 실험자에게 책임이 있다고 믿었기 때문에 복종하였다는 것이다. 이러한 밀그램의 결과는 제2차 세계대전이 끝난 후 나치 장교들이 한결같이 '명령에 따랐을 뿐입니다' 라고 반응한 것과 일맥상통하는 것으로, 강력한 권위는 복종을 일으킬 수 있다는 것을 잘 보여 준다.

실험자(권위를 가진 인물)와 함께 있는 교사(실험 참가자) / 전기충격 발생기 / 학습자(실험자의 보조원)

상황의 어떤 요인이 교사로 하여금 전기충격의 상한선까지 계속해서 올리도록 하였을까?

[그림 12-6] 밀그램의 복종 실험(Richard & Zimbardo, 2009)

6) 자신의 입장 고수 전략

우리는 우리가 다른 사람의 영향을 얼마나 쉽게 받는지, 그리고 그것이 비교적 간접적으로 영향을 주는지 혹은 직접적으로 영향을 주는지를 살펴보았다. 이런 종류의 압력에 처했을 때 어떻게 하면 자신의 입장을 고수할 수 있는가? 사회심리학 이론과 연구는 자신의 입장을 충실히 고수하도록 하는 데 도움을 줄 수 있는 많은 기법을 제시하였다.

(1) 주입

마마(smallfox)를 피하기 위해 사람들은 소량의 마마균 주사를 맞는다. 이 주사는 장래에 노출될 수도 있는 주요 마마균을 몰아내기 위해 신체에 항체를 생성시킨다. 마찬가지로 사람들이 장래에 처하게 될 수도 있는 설득 상황에 자신의 관점을 고수하도록 해 주는 절차는 역주장 표본 상황에 자신을 노출시키는 것이다. 이를 주입(inoculation)기법이라 한다. 그 예로 맥과이어(William McGuire, 1964)는 피험자들이 처음에 반대 주장 상황에 노출될 때 설득에 보다 저항할 수 있다는 사실을 증명하였다. 반대 주장 상황에 노출되는 것(주입이라 불리는)은 피험자 자신이 가지고 있는 관점을 지지하는 정보에 노출되는 것보다 신념 변화를 덜 일으킨다.

(2) 사전 경계

사람들이 자신에게 설득 메시지가 전달되어 오는 상황에 처하면 역주장이 제공되지 않을지라도 사전 경고라는 전략이 사회적 영향을 줄여 줄 수 있는데, 이를 사전 경계(forewarning)라 한다. 이는 특히 문제가 중요하고 영향을 받는 사람이 많은 정보를 가지고 있을 때 효과적이다. 특별한 내용을 알지 못한 채 설득 메시지가 전달되어 온다는 것을 아는 것만으로도 태도 변화는 덜 일어날 수 있다. 그 이유는 사람들이 그들이 가지고 있는 태도에 반하는 정보를 받는다는 것을 알 때 자신의 태도를 지지하기 위해 주장을 하는 경향이 있기 때문이다.

(3) 일관성

자신에 대한 설득 가능성을 줄이고 오히려 설득자의 태도를 변화시킬 수 있는 한 가지 기법은 일관성(consistency)이다. 특히 다수가 소수에게 영향력을 행사하는 조건에서는 자신들의 입장을 고수하기 위한 소수의 저항은 실제로 다수의 태도를 변화시킬 수 있다. 분명히 자신의 입장을 고수하는 것은 다른 사람으로 하여금 그들의 입장을 다시 생각하게 만들 수 있으며, 결국에는 소수의 의견에 의해 설득되기가 쉽다.

4. 사회적 관계

1) 사랑

로버트 스턴버그(Robert Sternberg, 1986)는 『사랑은 어떻게 시작하여 사라지는가(Cupid's Arrow: The course of Love through Time)』라는 책에서 사랑의 세 가지 요소로 친밀감, 열정, 헌신을 설명하고 있다. 이는 사랑의 삼각형을 이루는 3요소에 해당된다. 첫 번째 요소인 친밀감(intimacy)은 상대방과의 관계에서 유대감이나 결속감 등을 느끼는 것이다. 이는 사랑하는 사람과 함께 있으면 행복감을 느끼고, 힘들고 위급할 때 서로 의지할 수 있으며, 상대방을 이해하고 있다고 느끼고 또 자신 역시 상대방에게 이해받고 있다고 느끼는 것, 마음을 터놓고 깊이 있는 의사소통을 할 수 있는 것, 상대방을 자신의 인생에서 중요한 사람이라고 인식하는 것 등과 관련된다. 이러한 친밀감은 물리적으로 근접하여 빈번하고 다양한 접촉을 하는 것, 그리고 그 접촉에서 두 사람 사이의 생각과 행동의 유사성을 확인하고 상대방이 나에게는 없는 특성을 지니고 있어 서로 보완할 수 있는 상호작용을 바탕으로 형성된다. 두 번째 요소인 열정(passion)은 상대방과 하나가 되고 싶은 욕구라고 할 수 있다. 상대방을 향한 지배, 복종 욕구나 소유욕, 성 행동을 하고 싶어 하는 욕구 등이 이에 해당된다. 앉으나 서나, 자나 깨나 당신 생각밖에 할 수 없다는 것은 열정 상태를 잘 표현해 주는 말이다. 세 번째 요소인 헌신(commitment)은 사랑의 유지에 관한 것이다. 사랑의 요소인 헌신에는 결정이라는 요소가 선행되는 경우가 많다. 즉, 상대방을 사랑하기로 결정을 내리고 난 다음에 그 사랑을 장기적으로 유지하려고 노력하게 되는 것이다. 또한 헌신은 친밀감과 열정의 결과인 경우도 많다. 반대로 사랑에 대한 결정과 헌신이 친밀감과 열정을 불러오는 경우도 있다. 지금 막 결혼한 부부에게 '백년해로하라'거나 '검은 머리가 파뿌리가 되도록 행복하게 살라'는 덕담은 사랑의 헌신이라는 요소에 가장 적절한 표현일 것이다.

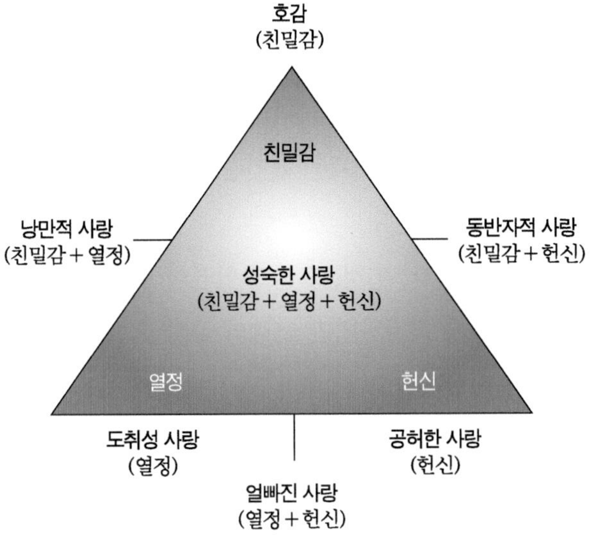

[그림 12-7] 스턴버그의 사랑의 삼각형(Sternberg, 1986)

(1) 사랑의 유형

① 호감: 친밀감만 있고 열정이나 헌신은 없는 사랑이다.

② 도취성 사랑: 열정이란 요소만 있는 사랑으로, 일종의 첫눈에 반하는 사랑이다.

③ 공허한 사랑: 헌신이란 요소만 있는 사랑으로, 중년기에 이혼을 시도하는 많은 부부가 친밀감도 열정도 없이 오랜 기간을 의무감으로

살아왔다고 고백하는 경우가 이에 해당된다.

④ 낭만적 사랑: 친밀감과 열정이 결합된 사랑으로, 감정적 · 육체적으로 서로에게 빠져 있는 상태라고 할 수 있다. 문학작품이나 영화 속에서 접하게 되는 많은 이야기는 이러한 낭만적 사랑에 토대를 두고 있다.

⑤ 동반자적 사랑: 친밀감과 헌신이 결합된 사랑으로, 상대방에게 불타는 열정을 느끼는 것은 아니지만 다른 사람에게 한눈을 팔지도 않는 경우에 해당된다. 많은 부부가 열정은 식어 버렸으나 서로를 배려하는 결혼생활을 유지하고 있다.

⑥ 얼빠진 사랑: 열정과 헌신이 결합된 사랑으로, 친밀감이 없는 상태에서 불 같은 열정으로 대개는 단기간 상대에게 헌신하기 때문에 얼빠진 사랑이라고 부른다.

⑦ 성숙한 사랑: 친밀감, 열정, 그리고 헌신이 결합되어 있는 이상적인 사랑이다. 다수가 희망하지만 서로의 끊임없는 노력이 없이는 이루어지기 힘든 사랑이라고 할 수 있다. 또한 세 요소가 모두 결합되어 있다고 하더라도 어느 한 요소가 두드러진다면 균형 잡힌 완전한 삼각형의 사랑을 이룰 수 없다.

(2) 호감의 요인

① 근접성(proximity): 만약 당신이 기숙사나 아파트에 살고 있다면 처음 이사하면서 사귄 친구를 생각해 보자. 물리적으로 당신과 가장 가까이에 살고 있는 사람과 친교를 맺고 있지는 않았는가? 실제로 대인 매력 연구에서 근접성은 호감을 가지게 하는 가장 두드러진 요인의 하나다.

② 반복 노출: 개인에게 반복적으로 노출되는 것만으로도 매력을 일으키기에 충분하다. 흥미롭게도 어떤 자극(사람, 사진, 기록 등)에 반복

적으로 노출되면 흔히 그것을 더 좋아하게 된다. 자극에 친숙해짐으로써 그에 대해 긍정적인 감정을 일으킬 수 있다. 친숙성으로부터 발생되는 이러한 긍정적인 감정은 자극 자체로 전이된다. 물론 예외는 있다. 최초의 상호작용이 매우 부정적인 경우에는 반복 노출이 호감이 아닌 혐오감만 증가시킬 것이다.

③ 유사성(similarity): 속담에 끼리끼리 모인다는 말이 있다. 사회심리학자들은 우리가 우리와 유사한 사람을 좋아하는 경향이 있음을 발견하였다. 즉, 태도, 가치, 혹은 특질이 유사한 사람에게서 호감을 갖게 된다는 것이다. 유사성이 대인 매력을 증진시키는 이유는 유사한 태도를 가진 사람들은 서로를 더 긍정적으로 평가할 것으로 가정되기 때문이다. 다시 말해, 누군가 우리를 긍정적으로 평가한다는 것을 알게 되면 우리도 그 사람을 좋아하게 된다는 호감의 호혜효과(reciprocity-of-liking effect)가 존재한다.

④ 욕구 보완(need complementarity): 우리 모두는 유사성이 매력과 관련된다는 일반 규칙에 대한 예외가 있음을 안다. 어떤 커플은 성격, 흥미, 그리고 태도에서 완전히 다른 것으로 보이지만 서로 친교를 맺고 있음을 볼 수 있다.

⑤ 신체적 매력: 대부분의 사람에게는 '아름다운 것은 선한 것이다' 는 등식이 매우 잘 적용된다. 결국 다른 요인이 동일하다면 신체적으로 매력이 있는 사람들은 덜 매력적인 사람보다 인기를 더 얻을 수 있다. 신체적 매력은 서로 더 많이 알게 됨으로써 감소될 수는 있지만, 대학생의 경우 이는 데이트 상황에서 초기 호감을 촉진시키는 가장 유일하고 중요한 요소다.

이상의 요인 외에, 호감을 형성하는 데 영향을 주는 다른 요인으로는 신뢰감, 충성심, 따뜻함, 다정다감, 유머감, 솔직함 등이 있다.

2) 공격성

공격성(aggression)은 다른 사람에게 의도적으로 부상이나 손상을 입히는 행동이다. 생태학자인 로렌츠(K. Lorenz)는 다른 동물과 마찬가지로 인간 역시 먹이를 확보하기 위한 기제로 전투 본능을 가지고 있다고 주장함으로써 공격성의 본능이론을 지지하였다. 그러나 사회라는 틀 속에서 공격성을 그대로 표출하는 것은 바람직하지 못하기 때문에 공격성을 정화시키는 과정이 필요하다고 제안하였다. 즉, 스포츠나 게임을 활성화시킴으로써 사회적으로 허용된 정화 수단을 통해 공격적인 에너지가 표출되도록 해야 한다는 것이다.

한편 일부에서는 공격성을 본능으로 접근하기보다 좌절을 통해서 발현되는 것으로 보았다. 예를 들면, 어떤 사람이 내일 아침까지 제출해야 하는 보고서를 작성하고 있었는데 프린터의 토너가 떨어져 프린트를 하지 못했다(1차 좌절). 그래서 토너를 사기 위해 동네 컴퓨터 상점에 가 보았으나 마침 정기휴일이라 문을 닫았다(2차 좌절). 이러한 좌절로 인해 그 사람이 갑자기 화가 치밀어 상점 문을 발로 걷어찼다면(공격성 발현) 좌절-공격(frustration-aggression) 이론으로 해석할 수 있다.

공격성은 학습될 수 있는가? 관찰학습 접근에 따르면 공격성은 학습될 수 있다. 공격성의 본래적 측면에 초점을 둔 본능이론과는 정반대의 입장을 취하는 관찰학습 이론은 사회 및 환경 조건이 어떻게 개인에게 공격성을 가르칠 수 있는지를 강조한다. 다시 말하면, 공격성은 피할 수 없는 조건이 아니라 보상과 처벌에 따라 이해될 수 있는 학습된 반응이라는 것이다. 반두라의 보보 인형 실험에서도 알 수 있듯이, 모델에 대한 노출은 공격성의 효과를 이해하는 데 중요한 시사점을 제공한다. 에런 등(Eron et al., 1972)은 TV에 폭력물 영상이 많이 제시된다는 점을 고려할 때, TV를 많이 시청한 대상자는 덜 시청한 대상자보다 더 공격적이라는 결과를 제시하기도 하였다.

3) 친사회적 행동

공격성과는 극단적으로 다른 인간 본성의 긍정적인 측면은 **친사회적 행동**(prosocial behavior)이다. 이는 남을 돕는 행동으로서 이를 통해 어떠한 종류의 이득도 얻지 않는 것이 특징이다. 몇몇 연구자는 친사회적 행동의 이러한 정의에 과도하게 집중하여, 이타적인 행동을 하고 어떠한 외부적 보상은 받지 않았지만 단지 스스로 뿌듯함을 느꼈다면 그 행동이 순수한 의미의 친사회적 행동이 아니라고 말하기도 한다. 그렇다면 도움이 필요한 사람에게 도움을 제공하게 만드는 요인은 무엇인가?

한 가지 중요한 요인은 얼마나 많은 사람이 주변에 있느냐 하는 것이다. 1964년에 발생한 키티 제노비스(Kitty Genovese) 사건은 이를 잘 보여주는 예라 할 수 있다(1장의 '생각해 보기' 참조). 즉, 도움을 주려는 상황에서 이를 목격한 사람들이 많아지면 개개의 사람이 느끼는 책임감은 줄어든다는 것이다. 이를 **책임감 분산**(diffusion of respnsibility) 또는 **방관자 효과**(bystander effect)라고 부른다. 위급 상황으로 한 사람이 간질로 발작을 일으키는 상황을 설정한 자신들의 연구에서, 달리와 라타네(Darley & Latané, 1968)는 간질로 인해 발작을 일으키는 사람을 도울 수 있는 사람이 유일하다면 대다수의 사람은 발작을 일으킨 사람을 도와주려 할 것이라고 주장하였다. 이처럼 도움 행동을 일으키는 중요한 요인이 있긴 하지만, 대부분의 사회심리학자는 그렇다고 해서 하나의 속성이 도움을 주는 사람과 그렇지 않은 사람을 구분하는 것은 아니라고 주장한다.

참고문헌

강봉규(2004). 심리검사의 이론과 기법(증보판). 서울: 동문사.

서창원, 민윤기(2007). 생활 속의 심리학. 서울: 시그마프레스.

오세진, 김용희, 김청송, 김형일, 신맹식, 양계민, 양돈규, 이요행, 이장한, 이재일, 정태연, 현주석(2010). 인간행동과 심리학(3판). 서울: 학지사.

윤가현, 김문수, 김정희, 남기덕, 도경수, 박권생, 박영호, 손영숙, 송인섭, 심응철, 유승엽, 윤영화, 이철원, 이현진, 조한익, 천성문(2005). 심리학의 이해(2판). 서울: 학지사.

장휘숙(2007). 전생애 발달심리학(제4판). 서울: 박영사.

정의석(2008). 대학생을 위한 심리학. 서울: 시그마프레스.

현성용, 김교헌, 김미리혜, 김아영, 김현택, 박동건, 성한기, 유태용, 윤병수, 이봉건, 이순묵, 이영호, 이주일, 이재호, 진영선, 채규만, 한광희, 황상민(2008). 현대 심리학 이해(2판). 서울: 학지사.

Adler, A. (1990). Generalized one-sided laws of the iterated logarithm for random variables barely with or without finite mean. *Journal of Theoretical Probability, 3*, 587-597.

Ainsworth, M. (1979). *Infant-mother attachment. American Psychologist, 34*, 932-937.

Akmajian, A., Demers, R. A., & Harnish, R. M. (1984). *Linguistics: An introduction to language and communication.* Cambridge, MA: MIT

Press.

Allan, M., Collins, A., & Quillian, M. R. (1969). Retrieval time from semantic memory. *Journal of verbal learning and verbal behavior, 8*(2), 240–248.

Asch, S. E. (1946). Forming impressions of personality. *Journal of Abnormal and Social Psychology, 41*, 258–290.

Asch, S. E. (1951). Effects of group pressure upon the modification and distortion of judgements. In H. Guetzkow (Ed.), *Groups, leadership, and men.* Pittsburgh: Carnegie Press.

Atkinson, R. C., & Shiffrin, R. M. (1968). Human memory: A control system and its control processes. In K. W. Spence & J. T. Spence (Eds.), *The psychology of learning and motivation* (Vol. 2). New York: Academic Press.

Atkinson, R. C., & Shiffrin, R. M. (1971). The control of short-term memory. *Scientific American, 225*, 82–90.

Baird, A. A. (2010). *Think psychology* (10th ed.). Upper Saddle River, NJ: Pearson Education.

Bandura, A., & Walters, R. H. (1963). *Social learning and personality development.* New York: Holt, Rinehart, & Winston.

Baron-Cohen, S., Leslie, A. M., & Frith, U. (1985). Does the autistic child have a "theory of mind?" *Cognition, 21*, 37–46.

Bartoshuk, L. M. (1979). Bitter taste of saccharin related to the genetic ability to taste the bitter substance 6-n-propylthiouracil. *Science, 205*, 934–935.

Bartoshuk, L. M., & Beauchamp, G. K. (1994). Chemical senses. *Annual Review of Psychology, 45*, 419–449.

Binet, A., & Simon, T. (1905). Méhodes nouvelles pour le diagnostique du niveau intellectuel des anormaux. (New methods for diagnosing the intellectual level of subnormals). *L'année Psychologique, 11*, 191–336.

Bower, G. H. (1983). Affect and cognition. *Philosophical Transaction: Royal Society of London, Series B, 302*, 387–402.

Broad, W. J. (1992, February 11). Recipe for love: a boy, a girl, a spacecraft. *The New York Times*, pp. C1, C9.

Broadbent, D. E. (1958). *Perception and communication.* Oxford, UK:

Pergamon.

Carlin, A. S., Hoffman, H. G., & Weghorst, S. (1997). Virtual reality and tactile augmentation in the treatment of spider phobia: A case report. *Behaviour Research and Therapy, 35*, 153-158.

Chomsky, N. (1968). *Language and mind.* New York: Harcourt Brace Jovanovich.

Chomsky, N. (1978). Language and unconscious knowledge. In J. H. Smith (Ed.), *Psychoanalysis and language* (pp. 3-44). New Haven, CT: Yale University Press.

Clearwater, Y. (1985). A human place in outer space. *Psychology Today, July*, 34-43.

Darley, J. M., & Latané, B. (1968). Bystander intervention in emergencies: Diffusion of responsibility. *Journal of Personality and Social Psychology, 8*, 377-383.

Deci, E. L., & Ryan, R. M. (1985). *Intrinsic motivation and self-determination in human behavior.* New York: Plenum.

DeVilliers, J. G., & DeVilliers, P. A. (1978). *Language acquisition.* Cambridge, MA: Harvard University Press.

Drewnowski, A. (1980). Attributes and priorities in short-term recall: A new model of memory span. *Journal of Experimental Psychology: General, 109*, 208-250.

Drewnowski, A. (1997). Taste preferences and food intake. *Annual Review of Nutrition, 17*, 237-253.

Ekman, P. (1972). Universals and cultural differences in facial expressions of emotion. In J. Cole (Ed.), *Nebraska symposium on motivation, 1971*(Vol. 19, pp. 207-282). Lincoln, NE: University of Nebraska Press.

Ekman, P., Levenson, R. W., & Friesen, W. V. (1983). Autonomic nervous system activity distinguishes among emotions. *Science, 221*, 1208-1210.

Eron, L. D., Huesmann, L. R., Lefkowitz, M. M., & Walden, L. O. (1972). Does television cause aggression? *American Psychologist, 27*, 253-263.

Ferster, D., & Spruston, N. (1995). Cracking the neuronal code. *Science, 270*, 756-757.

Festinger, L. (1957). *A theory of cognitive dissonance.* Evanston, IL: Row &

Peterson.

Firestein, G. S., Nguyen, K., Aupperle, K. R., Yeo, M., Boyle, D. L., & Zvaifler, N. J. (1996). Apoptosis in rheumatoid arthritis: p53 overexpression in rheumatoid arthritis synovium. *The American Journal of Pathology, 149,* 2143-2151.

Friedman, J. M., & Polifka, J. E. (1996). *The effects of drugs on the fetus and nursing infant: A handbook for health care professionals.* Baltimore: Johns Hopkins University Press.

Gardner, H. (1983). *Frames of mind: The theory of multiple intelligences.* New York: Basic Books.

Gershkoff-Stowe, G., Thal, D. J., Smith, L. B., & Namy, L. L. (1997). Categorization and its developmental relation to early language. *Child Development, 68,* 843-859.

Gibson, E. J., & Walk, R. D. (1960). The "visual cliff". *Scientific American, 202,* 64-71.

Godden, D. R., & Baddeley, A. D. (1975). Context dependent memory in two natural environments: On land and underwater. *British Journal of Psychology, 66,* 325-331.

Granhag, P. A. (1997). Realism in eyewitness confidence as a function of type of event witnessed and repeated recall. *Journal of Applied Psychology, 82,* 599-613.

Green, R. (1978) Sexual identity of 37 children raised by homosexual or transsexual parents. *American Journal of Psychiatry, 135,* 692-697.

Harlow, H. F., & Zimmerman, R. R. (1959). Affectional responses in the infant monkey. *Science, 130,* 421-432.

Harris, B. (1979). Whatever happened to Little Albert? *American Psychologist, 34,* 151-160.

Harris, G., Thomas, A., & Booth, D. A. (1990). Development of salt taste in infancy. *Developmental Psychology, 26,* 534-538.

Hartman, W., & Fithian, M. (1984). *Any man can.* New York: St. Martin's.

Hayes, B. K., & Delamothe, K. (1997). Cognitive interviewing procedures and suggestibility in children's recall. *Journal of Applied Psychology, 82,* 562-577.

Hoffman, C., Lau, I., & Johnson, D. R. (1986). The linguistic relativity of person cognition: An English-Chinese comparison. *Journal of Personality and Social Psychology, 51*, 1097-1105.

Holmes, T. H., & Rahe, R. H. (1967). The social readjustment rating scale. *Journal of Psychosomatic Research, 11*, 213-218.

Hull, C. L. (1943). *Principles of behavior: An introduction to behavior theory.* New York: Appleton-Century-Crofts.

Hunt, M. (1993). *The story of psychology.* New York: Doubleday.

James, W. (1890). *Principles of psychology.* New York: Holt.

Kagan, J. (1998). Biology and the child. In W. Damon & R. M. Lerner (Eds.), *Handbook of child psychology* (Vol. 1). New York: John Wiley & Sons.

Kaplan, R. (1974). Some psychological benefits of an outdoor challenge program. *Environment and Behavior, 6*, 101-116.

Kelly, H. H. (1967). Attribution theory in social psychology. In D. Levine (Ed.), *Nebraska symposium on motivation.* Lincoln, NE: University of Nebraska Press.

Kimble, G. A. (1989). Psychology from the standpoint of a generalist. *American Psychologist, 44*, 491-499.

Kinsey, A. C, Pomeroy, W. B., Martin, C. E., & Gebhard, P. H. (1953). *Sexual behavior in the human female.* Philadelphia: W. B. Saunders.

Kinsey, A. C., Pomeroy, W. B., & Martin, C. E. (1948). *Sexual behaviour in the human male.* Philadelphia: W. B. Saunders.

Kosslyn, S. M. (1995). Mental imagery. In S. M. Kosslyn & D. N. Osherson (Eds.), *An invitation to cognitive science: Visual cognition*, Vol. 2(2nd ed., pp. 121-165). Cambridge, MA: MIT Press.

Kronsick, J. A., Betz, A. L., Jussim, L. J., & Lynn, A. R. (1992). Subliminal conditioning of attitudes. *Personality and Social Psychology Bulletin, 18*, 152-162.

Kurahashi, T., & Menini, A. (1997). Mechanism of odorant adaptation in the olfactory receptor cell. *Nature, 385*, 725-729.

Lasnik, H. (1990). *Essays on restrictiveness and learnability.* Dordrecht: Kluwer Academic Publishers.

Lazarus, R. S. (1984). On the primacy of cognition. *American Psychologist, 39*,

124-129.

LeDoux, J. E. (1994). Emotion, memory and the brain. *Scientific American, 270*, 32-39.

Lepper, M. R. (1983). Social-control processes and the internalization of values: An attributional perspective. In E. T. Higgins, D. N. Ruble, and W. W. Hartup, (Eds.), *Social cognition and social development* (pp. 294-330). New York: Cambridge University Press.

Lepper, M. R., & Greene, D. (1978). *The hidden costs of reward*. Hillsdale, NJ: Erlbaum.

Loftus, E. F. (1975). Leading questions and the eyewitness report. *Cognitive Psychology, 7*, 560-572.

Loftus, E. F. (1979). *Eyewitness testimony*. Cambridge, MA: Harvard University Press.

Loftus, E. F. (1993). Desperately seeking memories of the first few years of childhood: The reality of early memories. *Journal of Experimental Psychology: Learning, Memory & Cognition, 21*, 803-814.

Loftus, E. F. (1997). Repressed memory accusations: Devastated families and devastated patients. *Applied Cognitive Psychology, 11*, 25-30.

Loftus, E. F., & Hoffman, H. G. (1989). Misinformation and memory: The creation of memory. *Journal of Experimental Psychology: General, 118*, 100-104.

Loftus, E. F., Miller, D. G., & Burns, H. J. (1978). Semantic integration of verbal information into a visual memory. *Human Learning and Memory, 4*, 19-31.

MacLean, P. (1990). *The triune brain in evolution: Role in Paleocerebral functions*. New York: Springer.

Maier, N. R. F. (1931). Reasoning in humans II: The solution of a problem and its appearance in consciousness. *Journal of Comparative Psychology, 12*, 181-194.

Martin, D. L., Cheyer, A., & Lee, G. L. (1996). Agent development tools for the open agent architecture. In Proceedings of the First International Conference on the Practical Application of Intelligent Agents and Multi-Agent Technology (pp. 387-404). Blackpool, Lancashire, UK, April. The

Practical Application Company Ltd.

Maslow, A. H. (1970). *Toward a psychology of being*(3rd ed.). New York: Van Nostrand.

Masters, W., & Johnson, V. (1966). *Human sexual response.* Boston: Little Brown.

Matsumoto, D. (1987). On the role of facial response in the experience of emotion: Methodological issues and a meta analysis. *Journal of Personality and Social Psychology, 52*, 769-774.

Mayer, J. D., & Salovey, P. (1997). What is emotional intelligence? In P. Salovey & D. J. Sluyter (Eds.), *Emotional development and emotional intelligence: Educational implications.* New York: Basic Books.

McGuire, W. (1964). Inducing resistance to persuasion. In L. Berkowitz (Ed.), *Advances in experimental social psychology*(Vol. 1). New York: Academic.

Miller, G. A. (1956). The magical number seven, plus or minus two: Some limits on our capacity for processing information. *Psychological Review, 63*, 81-97.

Myers, D. G. (2007). 심리학의 탐구(김유진, 민윤기 공역). 서울: 시그마프레스. (원저는 2005년 6판 출간)

Myers, I. B., & Briggs, K. C. (1962). *The Myers-Briggs type indicator.* Princeton, NJ: Educational Testing Service.

Myers, I. B., & McCaulley, M. H. (1995). MBTI 개발과 활용(김정택, 심혜숙, 제석봉 공역). 서울: 한국심리검사연구소. (원저는 1985년 출간)

Neath, I. (1998). *Human memory: An introduction to research, data, and theory.* Pacific Grove, CA: Brooks/Cole.

Newell, A. (1990). *Unified theories of cognition.* Cambridge, MA: Harvard University Press.

Newell, A., & Simon, H. A. (1972). *Human problem solving.* Englewood Cliffs, NJ: Prentice-Hall.

Norman, D. (1982). *Learning and memory.* San Francisco: Freeman.

Pavlides, C., & Winson, J. (1989). Influences of hippocampal place cell firing in the awake state on the activity of these cells during subsequent sleep episodes. *Journal of Neuroscience, 9*, 2907-2918.

Peterson, L. R., & Peterson, M. J. (1959). Short-term retention of individual verbal items. *Journal of Experimental Psychology, 58*, 193-198.

Piaget, J. (1929). *The child's conception of the world*. New York: Harcourt Brace Jovanovich.

Pratkanis, A. R. (1992). The cargo-cult science of subliminal persuasion. *Skeptical Inquirer, 16*, 260-272.

Prince, A., & Smolensky, P. (1997) Optimality: From neural networks to universal grammar. *Science, 275*(5306), 1604-1610.

Ramachandran, V. S., & Anstis, S. M. (1986). Perception of apparent motion. *Scientific American, 254*(6), 102-109.

Reyneri, A. (1984). Mysteries, the nose knows, but science doesn't. *Science 84*(5), 26.

Richard, J., & Zimbardo, P. G. (2009). 심리학과 삶(박권생, 박태진, 성현란, 이종한, 최해림, 홍기원 공역). 서울: 시그마프레스. (원저는 2007년 출간)

Rinn, W. E. (1991). Neuropsychology of facial expression. In R. Feldman & B. Rime (Eds.), *Fundamentals of nonverbal behavior* (pp. 3-70). New York: Cambridge University Press.

Rösch, E. (1974). Linguistic relativity. In A. Silverstein (Ed.), *Human communication: Theoretical perspectives*. Hillsdale, NJ: Lawrence Erlbaum.

Rosenthal, R., & Jacobson, L. (1968). *Pygmalion in the classroom: Teacher expectation and pupils' intellectual development*. New York: Holt, Rinehart and Winston.

Rouse, W. B., & Morris, N. M. (1986). On looking into the black box: Prospects and limits in the search for mental models. *Psychological Bulletin, 100*(3), 349-363.

Rundus, D. (1971). Analysis of rehearsal processes in free recall. *Journal of Experimental Psychology, 89*, 63-77.

Schachter, S., & Singer, J. E. (1962). Cognitive, social, and physiological determinants of and emotional state. *Psychological Review, 69*, 379-399.

Schaie, K. W. (1965). A general model for the study of developmental problems. *Psychological Bulletin, 64*, 92-107.

Schneider, W., & Shiffrin, R. M. (1977). Controlled and automatic information processing: I. Detection, search, and attention. *Psychological Review, 84*, 1-66.

Schwartz, B., & Reisberg, D. (1991). *Learning and memory.* New York: Norton.

Simon, H. A. (1974). How big is a chunk? *Science, 183*, 482-488.

Skinner, B. F. (1938). *The behavior of organisms.* New York: Appleton-Century-Crofts.

Skinner, B. F. (1957). *Verbal behavior.* New York: Appleton Century Crofts.

Spearman, C. (1904). "General intelligence" objectively determined and measured. *American Journal of Psychology, 15*, 201-293.

Sperling, G. (1960). The information available in brief visual presentations. *Psychological Monographs, 74*, 1-29.

Squire, L. R., & Knowlton, B. J. (1995). Memory, hippocampus, and brain systems. In M. S. Gazzaniga (Ed.), The cognitive neurosciences(pp. 825-837). Cambridge, MA: MIT Press.

Sternberg, R. J. (1985). *Beyond IQ: A triarchic theory of human intelligence.* New York: Cambridge University Press.

Sternberg, R. J. (1986). A triangular theory of love. *Psychological Review, 93*, 119-135.

Terman, L. M. (1916). *The measurement of intelligence.* Boston: Houghton Mifflin.

Thelen, E. (1995). Motor development: A new synthesis. *American Psychologist, 50*, 79-95.

Tolman, E. C. (1959). Principles of purposive behavior. In S. Koch (Ed.), *Psychology: A study of a science* (Vol. 2, pp. 92-157). New York: McGraw-Hill.

Treisman, A. M. (1964). Verbal cues, language, and meaning in selective attention. *American Journal of Psychology, 77*, 206-219.

Treisman, A. M., & Gelade, G. (1980). A feature-integration theory of attention. *Cognitive Psychology, 12*, 97-136.

Tulving, E., & Pearlstone, Z. (1966). Availability versus accessibility of information in memory for words. *Journal of Verbal Learning & Verbal Behavior, 5*, 381-391

Turnbull, C. M. (1961). Some observations regarding the experiences and behavior of the BaMbuti Pygmies. *American Journal of Psychology, 74,* 304-308.

Warrington, E. K., & Weiskrantz, L. (1970). Amnesic syndrome: Consolidation or retrieval? *Nature, 228,* 628-630.

Wason, P. C. (1966). Reasoning. In B. M. Foss (Ed.), *New horizons in psychology.* Harmondsworth, UK: Penguin.

Watson, D., & Clark, L. A. (1994). The PANAS-X: Manual for the positive and negative affect schedule-expanded form. Unpublished manuscript, University of Iowa, Iowa City.

Watson, J. B. (1913). Psychology as the behaviorist views it. *Psychological Review, 20,* 158-177.

Watson, J. B. (1924). *Behaviorism.* New York: Norton.

Watson, J. B., & Rayner, R. (1920). Conditioned emotional reactions. *Journal of Experimental Psychology, 3,* 1-14.

Wechsler, D. (1939). *The measurement of adult intelligence.* Baltimore: Williams and Wilkins.

Whorf, B. L. (1956). *Language, thought, and reality.* Boston: MIT Press.

Winson, J. (1990). The meaning of dreams, *Scientific American, 263*(5), 86-96.

Wolpe, J., & Lazarus, A. A. (1966). *Behavior therapy techniques: A guide to the treatment of neuroses.* Oxford: Pergamon Press.

Wood, N., & Cowan, N. (1995). The cocktail party phenomenon revisited: How frequent are attention shifts to one's name in an irrelevant auditory channel? *Journal of Experimental Psychology: Learning, Memory, and Cognition, 21,* 255-260.

Yerkes, R. M., & Dodson, J. D. (1908). The relation of strength of stimulus to rapidity of habit formation. *Journal of Comparative Neurology and Psychology, 18,* 459-482.

Zajonc, R. B. (1980). Feeling and thinking: Preference need no inferences. *American Psychologist, 35,* 151-175.

찾아보기

인명

내용

저자 소개

■ 민윤기

충남대학교 심리학과 학사
중앙대학교 대학원 심리학과 석사
North Carolina State University 심리학과 박사
(주전공: 인지심리학, 인지공학, 감각/지각 심리학, 인간공학)
전) 미국 Duke Power 원자력 발전소 Human Factors 교육담당
세종대학교 겸임교수
한국과학재단 융합과학분과 전문분과위원
지식경제부 산업원천기술개발 과제기획위원
현) 충남대학교 심리학과 교수
충남대학교 자유전공학부 겸무교수

[주요 저 · 역서 및 논문]

행동과학을 위한 기초통계: SPSS WIN의 활용(시그마프레스, 2005), 생활속의 심리학(2007 문화관광부 우수도서; 시그마프레스, 2007), 심리학의 탐구(역, 시그마프레스, 2007), 인지심리학(역, 박학사, 2007), Sub-components' differential functions of working memory during visual search: An fMRI study(2009), Usefulness of Off-median pointing task as an indirect measuring method of perceived distance(2008), 대상-및 공간-기반 주의가 작업기억에 미치는 영향(2008), Development of Real-Time Subjective Emotionality Assessment(RTSEA) System(2007) 외 다수

■ 김보성

충남대학교 심리학과 학사
충남대학교 대학원 심리학과 응용심리학 석사
충남대학교 대학원 심리학과 응용심리학 박사
(주전공: 인지심리학, 인지공학, 공학심리학)
전) 2006년 의 · 치학 교육입문검사 공간능력 보조출제위원

충남대학교 심리학과 '심리통계 및 실습' TA(Teaching Assistant)
중부대학교 원격대학원 온라인 튜터
우송대학교 교양교직부 강사
한밭대학교 산업경영공학과, 기계설계공학과 강사
현) 충남대학교, 충북대학교 심리학과 강사
공주대학교 그린홈에너지기술연구소 연구교수

[주요 저 · 역서 및 논문]

The characteristics of elderly drivers' driving behavior on intersection using graphic driving simulator(2010), 의미적 속성을 가진 시 · 청각자극의 SOA가 시청각 통합 현상에 미치는 영향: 중복 표적 효과와 시각 우세성 효과를 중심으로(2010), 시각과 청각 정보의 의미적 일치성에 따른 시각 우세성 효과의 변화(2009), 좌/우 회전 구간에서 고령 운전자의 공간 정보 처리 능력과 운전 수행의 관계(2009), 단서와 표적 자극의 의미적 일치성이 양상 변화 효과에 미치는 영향(2009), 운전 도로조건 복잡성에 따른 인지적 부하수준과 심박률의 변화(2009), 다중 정보 제시 상황에서 공간, 시각, 청각 정보의 정보 양상 우세성 관계: 디스플레이와 제어장치 설계를 위한 함의(2008), 자극과 반응양상 부합성이 선택적 대상-기반 주의에 미치는 영향(2008) 외 다수

■ 안권순

충남대학교 심리학과 학사
중앙대학교 대학원 심리학과 임상심리학 석사
동국대학교 대학원 교육학과 임상심리학 박사
(주전공: 임상 및 상담심리학)
원광대학교 의과대학 신경정신과 임상심리 인턴수료
전) 대전광역시 청소년자원봉사센터 교육개발 부장
충남대학교, 한밭대학교, 동국대학교, 경남대학교 강사

한국대학상담학회 사무국장
한서대학교 평생교육원장
현) 서산시 청소년문화의 집 관장
한서대학교 교수학습개발센터장
한서대학교 아동청소년복지학과 교수

[주요 저 · 역서 및 논문]
과제수행과 성격특성과의 관계(형설출판사, 2004), 대학에서의 진로지도 방향(형설출판사, 2004), 심리학의 실제(형설출판사, 2004), 청소년자원봉사활동을 통한 인성교육(형설출판사, 2004), 청소년자원봉사활동의 이론과 실제(형설출판사, 2004), 비행청소년과 일반청소년의 비행경험 및 관련 요인 연구(2008) 외 다수

■ **한건환**
충남대학교 심리학과 학사
충남대학교 대학원 심리학과 기초심리학 석사
충남대학교 심리학과 기초심리학 박사수료
(주전공: 기초심리학, 방법론)
전) 중부대학교 원격대학원 교육상담심리학과 강의전담교수
현) 한서대학교 아동청소년학과 겸임교수

[주요 저 · 역서 및 논문]
알기 쉬운 win SAS 다루기(선학사, 1999), 일반적 가치와 성격특성이 청소년과 대학생 및 성인의 의사결정에 미치는 영향(2005), 성인기 의사결정능력과 SOC 전략 및 생활만족과의 관계(2007), 협동학습의 상호의존성 구조와 신뢰수준에 따른 대학생의 협동과 집단적 효능감 및 성과기대의 차이(2007), 아동의 낙관성, 내외적 동기, 자기효능감 및 학업성취의 관계성(2007) 외 다수

인간생활과 심리학

2011년 3월 13일 1판 1쇄 발행
2025년 10월 15일 1판 10쇄 발행

지은이 • 민윤기 · 김보성 · 안권순 · 한건환
펴낸이 • 김 진 환
펴낸곳 • (주) 학지사
04031 서울특별시 마포구 양화로 15길 20 마인드월드빌딩 5층
대표전화 • 02) 330-5114 팩스 • 02) 324-2345
등록번호 • 제313-2006-000265호
홈페이지 • http://www.hakjisa.co.kr
인스타그램 • https://www.instagram.com/hakjisabook

ISBN 978-89-6330-621-6 93180

정가 **18,000**원